《大学语文论丛》顾问委员会

主　任

谭　帆（华东师范大学教授）

委　员（以姓氏拼音为序）

陈　洪（南开大学教授）　　　　尚永亮（武汉大学教授）

孙玉文（北京大学教授）　　　　王灿龙（中国社会科学院语言研究所研究员）

张福贵（吉林大学教授）

《大学语文论丛》编辑委员会

主　任

万明明（湖北大学文学院）

委　员（以姓氏拼音为序）

毕　耕（华中农业大学文法学院）　　陈　鑫（湖北大学文学院）

杜朝晖（湖北大学文学院）　　　　韩建立（吉林大学文学院）

何二元（杭州师范大学人文学院）　　胡向东（华中师范大学文学院）

姜新祺（华中科技大学出版社）　　李军湘（中南财经政法大学新闻与文化传播学院）

刘继林（湖北大学文学院）　　　　邱庆山（湖北大学文学院）

石　锓（湖北大学文学院）　　　　王光和（湖北大学文学院）

吴跃平（武汉职业技术学院）　　　熊海英（湖北大学文学院）

杨建波（湖北大学文学院）　　　　余兰兰（湖北大学文学院）

余迎胜（湖北大学文学院）　　　　张鹏飞（湖北大学文学院）

周金声（湖北工业大学外国语学院）

大学语文论丛

第2辑·第1卷（总第3卷）

湖北大学文学院
湖北省大学语文研究会 ◎主办

杨建波 石锓 张鹏飞 ◎主编

陈鑫 李军湘 ◎副主编

华中科技大学出版社
http://www.hustp.com

中国·武汉

内容简介

《大学语文论丛》主要登载学者专家、大学语文教师和其他教师关于大学语文方面及新文科建设方面的学术成果与教学成果,突出理论性与实践性,以期构建大学语文完整的理论体系与教学体系,构建符合汉语特点的中国大学语文教育体系。

图书在版编目(CIP)数据

大学语文论丛.第2辑.第1卷:总第3卷/杨建波,石锓,张鹏飞主编.—武汉:华中科技大学出版社,2022.10
  ISBN 978-7-5680-8721-6

Ⅰ.①大… Ⅱ.①杨… ②石… ③张… Ⅲ.①大学语文课-教学研究-文集 Ⅳ.①H193-53

中国版本图书馆CIP数据核字(2022)第187835号

大学语文论丛　第2辑·第1卷(总第3卷)　　杨建波　石　锓　张鹏飞　主编
Daxue Yuwen Luncong　Di 2 Ji · Di 1 Juan(Zong Di 3 Juan)

策划编辑:周晓方　宋　焱	
责任编辑:唐梦琦	
封面设计:原色设计	
责任校对:余晓亮	
责任监印:周治超	
出版发行:华中科技大学出版社(中国·武汉)	电话:(027)81321913
武汉市东湖新技术开发区华工科技园	邮编:430223
录　排:华中科技大学惠友文印中心	
印　刷:湖北恒泰印务有限公司	
开　本:787mm×1092mm　1/16	
印　张:14.5　插页:2	
字　数:322千字	
版　次:2022年10月第1版第1次印刷	
定　价:88.00元	

本书若有印装质量问题,请向出版社营销中心调换
全国免费服务热线:400-6679-118　　竭诚为您服务
版权所有　侵权必究

总序

课程·学问·能力·责任[①]

大学语文是一门课程，研究大学语文是一门学问，教好大学语文是一种能力，为大学语文争取发展空间是一份责任。

作为一门课程，大学语文自1978年恢复高考，重新开设以来，已走过四十余年历程，并取得了世所瞩目的成就。然而，伴随着社会形势的急遽变化以及由此带来的不可避免的升沉起伏、荣辱毁誉，大学语文的发展过程也备历艰辛。从总的方面看，贯穿其间的一个核心问题，是如何为这门课程准确定位、如何使之成为一门独立学科。定位不准，就难以对教学内容、教学目标等予以科学的设计；不能成为独立学科，就始终处于"妾身未分明"的状态，只能在夹缝中讨生活。由湖北省大学语文研究会组编，我和杨建波教授主编的《大学语文》[②]的"前言"中，有这样一段话：

> 大学语文是一门关注普及而旨在提高的语言文化课程，其突出特点，在于把母语教育和人文教育有机地结合起来，通过提高运用语言、品味文学、诠释经典之能力来提高学生的综合人文素质。这里，运用偏重于工具层面，品味偏重于审美层面，阐释偏重于文化层面；运用是基础，品味、阐释是提高。倘若脱离了工具性，便失去了这门课程的基础；倘若脱离了人文性，便迷失了这门课程的方向。因而，如何使学生通过文本学习，既强化语言的理解运用能力，又提升经典解读和美学感悟能力，最终由技进道，使语言的工具性借助人文性得以高层次

[①] 本文作者尚永亮：武汉大学教授，长江学者，教育部高等学校中国语言文学类专业教学指导委员会前副主任委员，湖北省大学语文研究会名誉会长。

[②] 尚永亮，杨建波.大学语文[M].3版.北京：中国人民大学出版社，2020.

的转换和升华，便成为教育者特别值得关注的问题。

这里所说几点是否准确，还可再议，但突出强调这门课程的工具性和人文性，却是大体无误的。由此出发，深入探讨与之相关的学科内涵、外延、人才培养类型、培养方式和目标，以及谋划与之配套的高层级的研究生教育等举措，提出一个具有科学性、体系性的建设方案，似乎应是构成独立的大学语文学科的必由之路。

就学问、学术而言，大学语文研究理应具有自身的鲜明特点。一方面，其范围是广阔的，举凡文、史、哲、艺等人文科学的领域均可自由出入，任意驰骋；另一方面，其对象又是具体的，有针对性的，重在从学科关联角度细读文本，发现问题。一方面，这种研究应具相当的学理性，倘欠缺学理性，少了严密的论证环节和思想、理论的映射、抽绎，研究便会流于简单化和平面化——这乃是当下大学语文研究常为人诟病的一大痼疾；另一方面，它又应具有较强的实用性，是对教材编写、教学过程中所遇难题的研探，对教学艺术、教学手段的切磋，对课程内容、学科建设等一系列问题的商讨——这是大学语文研究的传统和特色，自当坚持并大力发扬之。如此说来，大学语文研究应该既有广阔的研究领域，以开阔视野，又在此一领域有所抉择，深耕细作；既注重学理阐发和综合思考，强化问题意识和理性思维，又彰显其实用特色，以个案研究带动面与线的开展，坚决杜绝游谈无根的空泛议论和概念游戏。这对大学语文研究者来说，较之其他单一学科或许是一个足可施展才华的机遇，同时也是一个难度不小的挑战。

说到能力，这似乎是所有问题的重中之重。一门课程教学效果的好坏、影响力的大小乃至教育质量的高低，固然与多方面因素有关，但首要因素是教师的综合能力，并集中体现在学术和教学两大层面。学术偏于知，教学偏于行；行而少知，则势难致远；知不及行，则易蹈虚空。进一步说，倘无学术能力，欠缺丰厚的知识储备、广阔的学术眼光、发现问题和解决问题的能力，一堂课纵你口若悬河，学生所得怕也寥寥无几；倘无教学能力，缺乏开启思维、授人以渔的科学方法，饶你学富五车，教出的弟子也未必高明。因而，如何使受教育者既知其然又知其所以然；既学习既有的知识，又善于举一反三、从已知推知未知；既打牢语言的功底，又养成对文学的敏感；既具丰厚的学养，又有动手能力，写得出好的文章，这些对大学语文教师乃至每一位高校教育者都是一种真正的考验。这是一个高标准，但只有取法乎上，身体力行，识能兼备，知行合一，才能提升一门课程或学科的层级和段位，才能做到"强将手下无弱兵"。

至于发展空间问题，是每一学科都会面临的问题，而于大学语文尤为迫切。回首历史，早在大学语文课程恢复之初，匡亚明、徐中玉等前辈学者便以不同形式振臂高呼，为其学科筹划、教材编纂、研究会组建导夫先路；此后数十年中，更有谭帆、杨建波等大批学者躬践其事，备历辛劳；时至 2019 年，又有全国政协委员王灿龙就大学语文课程改革及其现实境遇提交提案，直抒己见。实事求是地说，这些年，大学语文教师的地位是不高的，在项目申报、职称评审等方面都受到若干不公平的对待。大学语文课程也频频受到来自应用写作、通识教育之类课程的冲击,课时减少,教学人员流失,有些高校甚至取消了大学语文课程。这里有各种因素在起作用,但根本原因在于教育高层的政策导向。面对此一局面,求生存,谋发展,既向外用力,通过多方宣传、呼吁以争取话语空间和应有地位,又向内用力,夯实课程基础,深化学术内涵,提升自我水准,便显得格外重要了。

  大概正是有鉴于此,全国大学语文研究会和湖北省大学语文研究会于2016年联合创办了《大学语文论坛》辑刊,由华东师范大学出版社连续出版四辑,产生了不小的影响。现由湖北大学文学院、湖北省大学语文研究会与华中科技大学出版社合作,以系列丛书的形式,每年推出两辑《大学语文论丛》,内设"课程与教学""教材与教法""教师与学生""学科探源""学术集萃""文艺争鸣""佳作咀华""微型论坛"等板块。这是继《大学语文论坛》之后大学语文界的又一盛事,它既是为大学语文教学与研究增添活力的平台,又是向外展示大学语文实力的窗口,更是争取大学语文发展空间的得力举措,而从根底处说,其中流露的乃是以杨建波会长为代表的一批大学语文教育工作者在艰难环境中不懈努力、自强不息的生命激情、敬业精神和社会责任感。对此,我深表敬意,并预祝《大学语文论丛》继往开来,彰明学术,在风雨兼程中成为可供大学语文教育工作者和广大读者游弋栖息的精神家园。

2021 年 3 月于武汉大学

目录

本辑特稿

2 | 杨建波 ⋯ 在《大学语文论丛》首发式上的讲话

第一章 课程与教学

8 | 周金声 谷海燕 ⋯ 加强国家通用语言文字教育,铸牢中华民族共同体意识
19 | 王桂宏 ⋯ 《大学语文学本》前言
23 | 周作菊 ⋯ 以语言为本的大学语文教学研究
30 | 岑泽丽 刘珂 ⋯ "金课"背景下大学语文课程四维混合式教学设计与研究
38 | 顾庆文 ⋯ 新文科视域下对大学语文的新认识
44 | 赵长慧 ⋯ 论新文科视域下大学语文的革新
52 | 祖秋阳 ⋯ 以文化人,以美育人,文美与共——大学语文"一心两全"教学探索与实践
59 | 范金平 ⋯ 以提高大学生政治文化素养为导向的大学语文课程建设
66 | 曾凡云 ⋯ 以成就学生为目的,构建新型的师生关系——以语言素质拓展教学改革为例
72 | 张瑶艳 彭飞 ⋯ 陆游爱国主义诗歌对当代大学生的启迪
79 | 葛慧 ⋯ 《伤逝》说课
87 | 徐同林 ⋯ 言之有文 不言之教——接受CUCN融媒体中心采访录

第二章　学科探源

92　陈志伟　陈晓玲 … 论大学语文之课程定位与学科归属

102　陈泽新 … 挑战与适应：大学语文学科转向中的价值冲突及其处理策略

第三章　教师与学生

110　杨华 … 新文科视野中大学语文教师的自身发展

118　曹高仁 … 在爱心与使命中绽放美丽——写给美丽的冯天芳老师

120　常健 … 致吴满珍老师的信

第四章　教材研究

123　韩建立 … 《归去来兮辞并序》教学三题

131　唐荣昆 … 唐诗二首试说

131　　　试说《琵琶行》中的人物动态塑像

134　　　州官与牧童的亲切对话——杜牧《清明》主题人物新探

138　窦旭峰 … 孟子说诗之法视域下的《长恨歌》"风情""长恨"说

第五章　佳作咀华

144　耿占春 … 毁灭、见证与救赎——读程韬光的《诗圣杜甫》

151　陈道雷 … 把笑的种子种在每个人的心底——李广田《笑的种子》赏析

156　张爽 … 乡土小说生生不息——路遥的《人生》和黄佩华的《生生长流》的"母题"共性分析

第六章　学术集萃

164　周赛华 … 《南北方音》南音的几个问题

170　叶琼琼　张楠 … 论戴望舒诗歌"夜"意象的隐喻性

181　周治南 … 无为而治思想与生态文化观探源

187　张霞 … 宋代中国有可能发展出内生型工业革命吗？——从官商关系与地理区位因素中寻找答案

第七章　文化撷英

195　杨志翔　流萤 … 民俗文化中的元宵节和元宵诗词

204　南瑛　张金龙 … 陇南口传故事《摇钱树》的文化意蕴与艺术特色

第八章　微型论坛

211 | 刘玮 ⋯ 小议家国情怀在古代诗词中的体现

215 | 邓占云 ⋯ 试析典故"三径"的出处

217 | 肖颖超　闵倩倩 ⋯ 教育戏剧在古诗文教学中的应用

本辑特稿

杨建波：在《大学语文论丛》首发式上的讲话

在《大学语文论丛》首发式上的讲话

杨建波[①]

各位领导、各位老师、各位同学：

在介绍《大学语文论丛》之前，我先介绍一下大学语文。

1. "无用之用"是大学语文的根本属性

教育有两种社会功能，一种是显在的功能，另一种是潜在的功能。潜在的功能就是"无用"的功能。小学语文与初中语文的功能主要是显在的，而高中语文与大学语文的功能主要是潜在的，尤其是大学语文。大学语文对于人生的作用在短时间内难以看出，然而人的灵魂、精神、气质、能力、思想和思维方式，却因受到这份熏陶而脱俗不凡，最终表现在人的可持续发展的潜力和后劲上。它不是一门求职的专业或技能，但它是在为人生打底色，为事业打基础。没有这种底色，人生将变得苍白浅薄；没有这个基础，事业将变成沙垒的大厦，甚至会让人在职场中无所适从。诸如现代社会所需要的口才、情商、思维能力、写作能力、洞察能力、活动能力、组织能力、办事能力、谈判能力、协调能力、沟通能力、社交能力，乃至凝聚力、号召力、向心力等，大多是人们所具有的语文能力的延伸扩展或者与语文能力有关。一个既有专业知识又有较强语文能力的人会比只有专业知识而语文能力低下的人在事业上更有发展空间，因为这种人能最大限度地发挥本专业及本专业之外的潜力和才智，因而也更能在激烈的竞争中立于不败之地。这就是语文的潜在功能，即语文的"无用之用"。

[①] 杨建波：湖北大学教授，全国大学语文研究会副会长，湖北省大学语文研究会名誉会长，武汉地区大学语文研究会名誉会长。

2. 语言是大学语文的本质特点

近20年来,中国教育最大的进步是由新中国成立以来的专才教育变成了通识教育。由于通识课程的大面积开设,20世纪80年代后期与90年代前期大学语文一门独大的局面被打破,大学语文面临着生存的重大危机。怎样才能在如林的通识课程中站稳脚跟,寻求发展?什么才是唯我独有的优势?"语言"。"语文教育本质上是一种母语教育。"抓住了语言就抓住了语文的本质特征。大学语文就是一门研究汉语的规律性和实用性,品味汉语的审美性和艺术性,阐释汉语的民族性和文化性的课程;是一门通过语言来提升学生的汉语水平、文化素养和精神境界的以体现对人的终极关怀的课程。

所有的学科都是以语言为载体的,但这些学科关注的只是语言所承载的内容、语言所表述的专业知识,语言对它们来说是纯粹的工具、媒介。只有语文,不仅要关注内容,更要关注语言本身,除关注语言本身所包含的各种信息外,更要关注它们的引申意义、象征意义和情感意义;还要研究语言是如何排列组合的,是以怎样的方式来承载内容的,以及这种方式的表达效果如何。也就是说大学语文的语言不是纯知识性、纯工具性的,它既包括工具知识层面,又包括审美层面、文化层面,由工具知识层面向审美和文化层面升华。语言的工具性也即语文的工具性由此在审美和文化层面得到了高品位的体现。

3. 运用语言、品味语言、阐释语言是大学语文的教学要求

大学语文凭借以语言文字为载体的文学经典和其他文化经典,培养学生熟练地运用汉语思考、阅读、说话、作文的能力;培养学生以艺术的眼光品味、欣赏汉语的能力;培养学生从文化层面阐释、解读汉语的能力。简言之,即运用语言、品味语言、阐释语言。

4. 以思为统率,将听、说、读、写、思五种能力自如地协调运用是大学语文的终极目标和理想境界

在听、说、读、写之后加上思,把听、说、读、写、思作为大学语文的终极目标是我们的一个创新之处。听、说、读、写是较直接的语文能力。思则指思想和思维方式、思考能力。它是一种涵盖在听、说、读、写诸种能力之上的更高级的语文能力,也是大学语文较之于中学语文需格外强调与培养的能力。

《周易·系辞上》云:"形而上者谓之道,形而下者谓之器。""形而上者"指思想、文化、修养、法则、原理、思维方式等这些所谓"无用""无形"的东西;"形而下者"指有形的器物、工具等物质形态的东西。道是大脑,器是具体的器官;道是主动的,器是被动的;道是一个整体、一个系统,而器只是一个具体的对象与某种具体的技术。听、说、读、写属于"器"的层面、工具的层面,思则属于"道"的层面。思是使听、说、读、写摆脱纯工具性和纯技术性,由器物层面进入人文层面的唯一途径。一个只掌握了听、说、读、写技巧,而不善于思考、没有思想的人,充其量只是工具而已。故大

学语文教育的理想境界就是使学生以"道"层面的思统率"器"层面的听、说、读、写。做到既能够将听、说、读、写、思五种能力自如地协调运用,善于在听、说、读、写的过程中独立思考、辨别正误,又能够把自己思考形成的思想通过说与写顺畅地表达出来。

5. 构建符合汉语特点的中国大学语文教育体系是我们的奋斗目标

十几年来,我们初步形成了符合汉语特点的中国大学语文教育体系。该体系涵盖以下内容。

(1) 语言是中华文化最主要的载体,也是语文课程最本质的特点。大学语文以语言来教化人、培育人。

(2) 运用语言、品味语言、阐释语言是大学语文的教学要求。

(3) 以思为统率,将听、说、读、写、思五种能力自如地协调运用是大学语文的理想境界与终极目标。

(4) 建构以语言为中心的科学的教学模式,努力提高课堂教学质量。

(5) 在将专业知识融入课堂教学的同时,打造以中文专业为依托,多学科融通的"无专业"境界。将学识化为能力,让能力超越学识。

(6) 通识教育形势下,建立以大学语文为核心的课程群。类语文课、泛文化课、准娱乐课、纯技巧课(包括应用写作、公文写作)、知识性课、欣赏性课等都纳入大学语文课程群中的卫星课程。大学语文为必修课,其他为选修课。

(7) 建构符合语文课程特点的思政教育模式——将思想政治教育融入教材的文本教学之中。

(8) 大数据背景下,坚守语文本位。明确老师与学生永远是课堂教学的主人。处理好人与机、读书与读屏、文本与课件三者的关系。教师除了是一个教学软件制作者外,更应是一个人文学者和教育家。当然这个体系还需不断受实践检验,在教学实践中进一步完善。

6. 终极目标实现的关键在教师,必须培养一支专业化的大学语文教师队伍

教育部中文教育指导委员会主任张福贵教授在华东师范大学于2021年4月主办的"大学语文40年:课程与教学高端论坛"上的主题发言中讲道:"我们现在的大学语文教师的构成,几乎都是中文背景的。我倒觉得,我们大学语文教师的队伍应该是大学语文专业,而不是中文专业及其二级专业的教师队伍。我们增强专业化,不是说把我们的学术方向向我们中文专业及其二级学科靠拢,以此来增强我们大学语文的这种学科性、学术性。我倒觉得,我们应该逐渐地培养一支非常专业化的队伍,他就是大学语文专业毕业的,他就是专门研究大学语文的,他就是从事大学语文教育的,不是我们中文教育的副产品,也不是我们中文教育改行的这样的一些老师,这中间有一个过渡阶段,我们应该逐渐向真正的专业化过渡。除研究中文专业及其二级学科之外,我们还应针对大学语文学科、大学语文教育以及大学语文实践这些方面做一些深入的研究。我们特别缺少大学语文本体研究的成果。"张教授说的正是眼下大学语文教师队伍致命的弱点，应引起我们足够的注意。

7. 新文科为大学语文的发展创造了一个好机遇

如何完善和强化自身的建设，新文科给我们大学语文提供了一个非常好的机遇，也对大学语文教师提出了新的更高的要求。我们应当像张福贵教授说的那样，加强对大学语文本体的研究，有雄心建立自己的学科、自己的专业——大学语文学科、大学语文专业，而不是让自己从属于中文专业的二级学科或教育专业的二级学科。我们大学语文应当是新文科建设的最大受益者，因为就学科性质来看，大学语文的综合性最强；就课程性质来看，大学语文内容最广博。新文科打破专业壁垒，实现各学科融通的精神最符合大学语文的特质，最切合大学语文的实际，最长大学语文教师的志气。有了新文科的"尚方宝剑"，大学语文教师再也不用因认为自己"无专业"而自惭形秽了。

在国家全面启动新文科建设的背景下，《大学语文论丛》应运而生，《大学语文论丛》的编辑出版是新文科赐予我们的一个珍贵的礼物。

1）编写出版《大学语文论丛》的背景及经过

2014年在郑州全国大学语文研究会学术年会上，湖北、陕西、福建、浙江四省的大学语文研究会在我倡导下决定成立四省大学语文论坛联盟，与全国大学语文研究会间隔一年轮流举办全国大学语文论坛（因为全国大学语文研究会两年开一次年会），以保证每年都有全国性的活动。第一届全国大学语文论坛由湖北省大学语文研究会主办，在湖北大学举行。那次论坛办得十分成功。鉴于全国至今还没有一本大学语文专门期刊的情况，我倡议在四省大学语文论坛联盟的基础上编写出版系列丛书《大学语文论坛》。这个倡议得到了全国大学语文研究会谭帆会长和程华平秘书长的积极支持和响应。谭会长遂与华东师范大学出版社联系，得到华东师范大学出版社的慷慨允诺和支持。于是由谭会长和我任主编，从2017年至2021年，共在华东师范大学出版社免费出版了4辑《大学语文论坛》，取得了良好的社会效应。

2019年下半年，华中科技大学出版社主动与我联系，希望与湖北大学文学院、湖北省大学语文研究会建立合作共建关系。湖北省大学语文研究会（张国光先生成立的二级学会）在20世纪八九十年代曾与华工出版社（即今华中科技大学出版社）有过很密切的合作，今天双方的合作算是重续前缘。我们的合作从编辑出版《大学语文论丛》系列丛书开始。在已经出版了4辑的《大学语文论坛》的基础上，由湖北大学文学院出资，由湖北省大学语文研究会组稿编辑的《大学语文论丛》已经出版了第一辑。上了知网，还将准备冲击C刊。系列丛书的总序请武汉大学教授、长江学者、湖北大学语文研究会名誉会长尚永亮撰写。恰逢今年国家全面推行新文科建设，故《大学语文论丛》的编辑出版可以看作是新文科赐予我们的一个珍贵的礼物。《大学语文论丛》乘着新文科的东风应时而来。

2) 编写出版《大学语文论丛》的意义

(1) 此系列丛书立足湖北,面向全国。它的稿源来自全国大学语文教师和大学语文研究者。在全国没有一种大学语文专门期刊、华东师范大学出版社已免费出版4辑《大学语文论坛》,第5辑还能否续出的情形下,《大学语文论丛》无疑成了大学语文教师发表言论的专门阵地。它是一个展示全国大学语文教师学术成果和教学成果的窗口,是一个囊括东西南北中同仁们智慧、思想、资源的聚宝盆,是一个任由有心人采撷的文学、语言、历史、哲学、教育乃至科技的新文科百花园。

(2)《大学语文论丛》的受众是全国的大学语文教师,但鉴于大学语文课程的综合性、广博性,故又不限于大学语文教师。《大学语文论丛》的语文是广义的,而不是狭义的。从事文科教育的各类教师均可以从中找到自己需要的东西。它一年两卷,设有如下基本栏目:课程与教学、教材与教法、教师与学生、学科探源、学术集萃、文化撷英、佳作咀华、微型论坛。还可以视来稿适当增减栏目。这八个栏目除了前面两个栏目外,其余的六个栏目均适合所有新文科范畴内的教师。所以我们希望大学语文教师和其他科目的教师也积极为《大学语文论丛》赐稿。

(3)《大学语文论丛》的宗旨是创建"符合汉语特点的中国大学语文教育体系",我们要让它成为湖北的"专利"和品牌。我们要把湖北省大学语文研究会打造成创建"符合汉语特点的中国大学语文教育体系"这样一个品牌,要把湖北大学大学语文打造成这样一个品牌,要把由我们主编的《大学语文论丛》打造成这样一个品牌。《大学语文论丛》力图建立大学语文学科和大学语文课程新的理论框架,推介在新理论指导下的科学的教学模式,扶持大学语文各种学术流派,宣传大学语文教师的家国情怀和奉献精神。其中有教师业务修养方面的,有人格素质方面的;有立足于宏观的,有立足于微观的;有认识论、方法论上的,有具体教学操作上的。期盼它成为全国大学语文教师和其他文科教师最忠诚的、最可靠的向导和朋友,成为一流的新文科系列丛书。

最后要特别感谢湖北大学文学院的支持,感谢石锓老师的声援。我在此代表湖北省大学语文研究会、代表湖北大学大学语文教研室向文学院领导和石锓老师重重地道一声"谢谢了"!文学院把出版此系列丛书看作是文学院事业的一部分。没有文学院党委和行政的高瞻远瞩,没有他们道义与经济上的支持,也就没有这套系列丛书。同时还要感谢华中科技大学出版社,钦佩他们的精耕细作,把《大学语文论丛》当作品牌来打造的眼光和睿智,感谢他们为发展母语教育、弘扬母语文化所做的一切!

2021 年 11 月 1 日

第一章　课程与教学

周金声　谷海燕：加强国家通用语言文字教育，铸牢中华民族共同体意识

王桂宏：《大学语文学本》前言

周作菊：以语言为本的大学语文教学研究

岑泽丽　刘琍：「金课」背景下大学语文课程四维混合教学设计与研究

顾庆文：新文科视域下对大学语文的新认识

赵长慧：新文科视域下大学语文的教学革新

祖秋阳：以文化人，以美育人，文美与共——大学语文「一心两全」教学探索与实践

范金平：以大学生政治文化素养提高为导向的大学语文课程建设

曾凡云：以成就学生为目的，构建新型的师生关系

张瑶艳　彭飞：陆游爱国主义诗歌对当代大学生的启迪

葛慧：《伤逝》说课

徐同林：言之有文　不言之教——接受CUCN融媒体中心采访录

加强国家通用语言文字教育，铸牢中华民族共同体意识[1]

周金声[2] 谷海燕[3]

摘要：新疆作为多民族聚居区，落实国家通用语言文字教育意义深远，语言相通有利于各民族心意相通，它是铸牢中华民族共同体意识的基础，更是各族人民开创美好生活的保障。加强国家通用语言文字教育，不但要解决一些基本硬件问题，还要加强师资培训，提高教师信息化水平，充分利用网络开展线上线下协调教学和语用活动，加强各省份"文化润疆"工作，助力边疆、内地联手提高通用语言文字教学水平，落实国学、汉语普及教育，努力提升脱贫人口获取信息和学习发展的能力，增强人力资源水平和竞争力，从而促进新疆实现乡村振兴开新局、应变局、稳大局。

关键词：国家通用语言文字；铸牢中华民族共同体意识；教育措施

2021年8月召开的第五次中央民族工作会议上，提出了"铸牢中华民族共同体意识是新时代党的民族工作的'纲'，所有工作都要向此聚焦"的顶层设计思路。此次会议在汉语言文字治理的探索史上具有重大政治意义、理论意义和实践意义，因为习近平总书记就铸牢中华民族共同体意识的深远意义，以及推动各民族共同走向社会主义现代化、促进各民族交往交流交融、提升民族事务治理体系和治理能力现代化水平等任务进行了深入论述，为我们指明了多民族国家发展文化事业的

---

[1] 本文系教育部中外语言交流合作中心2021年国际中文教育研究课题重点资助项目研究成果之一。
[2] 周金声：武昌理工学院教授。
[3] 谷海燕：新疆警察学院讲师。

方向和工作重点。① 狠抓国家通用语言文字教育,不落下任何角落,高度重视信息技术的重要作用,在通用语言文字教学中浸润中华经典文化和社会主义核心价值观,是保证新疆长治久安、发展新疆经济的成功之路。

一、加强新疆少数民族地区国家通用语言文字教育影响深远

(一)维护国家统一和长治久安的需要

早在先秦时期,当时的西域地区就与中原地区有一定的联系。随着秦、汉统一王朝的建立,多民族大一统成为中国历史发展的主脉,西域地区就在中国统一多民族国家的格局下发展起来。西汉在西域设都护府,开始使用汉语言文字行使管理西域的职权。唐代中央政权对西域的管理不断加强,西域三十六国之一的于阗王国自称唐朝宗属,随唐朝国姓姓李,这个王国一方面翻译佛典,一方面在西域传播道学、儒学,政府官员和贵族子弟修习汉语言文字,并留下了多个石碑,其中有用汉文、粟特文、突厥文三种文字刻写的九姓回鹘可汗碑,但保留下来的只有汉文铭文。② 宋代,西域"成了荟萃各种文明的文化交会点。汉文化在这里具有悠久的历史和广泛的影响"③。高昌回鹘尊宋朝为舅,自称西州外甥。维吾尔人"优素福·哈斯·哈吉甫突破伊斯兰教思想的禁锢……吸收中原伦理道德的基本准则",撰写出《福乐智慧》,认为:"人们之间总要互通音讯,没有文字何以交流感情。文字工作对国君不可缺少,国君靠它治国,井井有条。"④ 到了清代,清政府平定准噶尔叛乱,中国西北边界得以确定,左宗棠倡导给维吾尔少年教习《论语》,此后,清政府对新疆地区实行了更加系统的治理政策。1949年,中华人民共和国成立,新疆和平解放,1955年成立新疆维吾尔自治区,形成了13个主要民族定居、聚居分布的格局。新疆地区既是新疆各民族的家园,也是中华民族共同家园的组成部分,更加需要通用的语言文字进行管理和交流。

但是,改革开放以来,境外反华势力乘虚而入,境内外"东突"势力和宗教极端主义分子相互勾结,利用各种机会对少数民族青少年进行非法传教和洗脑活动,"两面人"主持编写的少数民族语文教材恶意排斥中华文化,无视新疆各民族共同创造的多姿多彩、辉煌灿烂的传统文化,企图割裂中华文化与新疆各民族文化的联

---

① 邹阳阳.《国家通用语言文字法》与铸牢中华民族共同体意识研究[J].西北民族大学学报(哲学社会科学版),2021(6):45-53.
② [德]加文·汉布里.中亚史纲要[M].吴玉贵,译.北京:商务印书馆,1994:86.
③ 热依汗·卡德尔.东方智慧的千年探索——《福乐智慧》与北宋儒学经典的比较[M].北京:民族出版社,2009:136.
④ 转引自热依汗·卡德尔.东方智慧的千年探索——《福乐智慧》与北宋儒学经典的比较[M].北京:民族出版社,2009:140-141.

系。"极端主义思想的渗透与蔓延极易催生暴力恐怖"[①],严重毒害了广大少数民族青少年的身心健康,是造成恐怖事件的根源。

习近平总书记在2017年参加新疆代表团审议时强调要引导各族群众增进对伟大祖国、中华民族、中华文化、中国共产党、中国特色社会主义的认同,"像石榴籽那样紧紧抱在一起"。在2019年9月全国民族团结进步表彰大会上,习总书记又阐述了新时代治国理念"多元一体"民族观,明确要求"坚持准确把握我国统一的多民族国家的基本国情,把维护国家统一和民族团结作为各民族最高利益……坚持促进各民族交往交流交融,不断铸牢中华民族共同体意识"。

中国通用语言文字是中华民族共同文化的基因。我国56个民族组成的大家庭,千百年来主要靠汉语言文字与各族语言乃至各地方言互译互通、相互影响,逐渐形成了现代普通话与通用文字,成为各族人民交流思想感情、增进了解、增强团结的桥梁和纽带。中华文化讲求平和近人,包容性强,是世界上使用人口最多的独特文化。两千多年来就是因为汉字"书同文"极大地保障了大一统的中国没有分裂。因此,狠抓国家通用语言文字和中华优秀文化普及教育,是增强民族凝聚力的关键举措;是树牢"五个认同"意识,增强国家意识、公民意识和中华民族共同体意识的先决条件;是新疆稳定之基、改革之基、发展之基。

强国必须强语,强语助力强国。民相亲在于心相通,心相通则需语文通。语言、文化、经济融通是文化强国的必由之路。只有帮助少数民族掌握和使用国家通用语言文字,才能更好地交流交际,才能够在更大的空间内学习和就业,更好地参与建设新疆、发展新疆,才能真正实现习近平总书记提出的"谋长远之策、行固本之举、建久安之势、成长治之业"的目标。

(二) 新理念、新文化推进乡村振兴的需要

新疆人民熟悉和掌握国家通用语言文字,就能把文化、科学、现代化、互联网、物联网等理念逐步融入当地农民的观念中去,从根本上改变农民的生产、生活方式,为实施乡村振兴战略注入新活力。要通过解决产业、文化、生态、人才、组织等问题来达到新型农村的发展要求,乡村旅游工作要进一步因地制宜、因乡制宜、因村制宜、因人制宜,充分利用新思维、新理念、新文化来谋划乡村振兴战略,而这一切都离不开国家通用语言文字的助力支持。新文化即打开眼界,要有国际化的视角,不要老站在固有的角度想问题,要把视角打得更开一些。如果不懂汉语,这种视角就没有办法打开,学习不了先进的文化,就没有新思维,跟不上时代的发展。

各少数民族只有掌握了国家通用语言文字,才能通过电视、书籍、网络等获取更多先进的文化和科学技术;才能更好地了解外面的世界,拓展发展空间,更快地融入现代社会;才能超越故步自封的小圈子,在是非比较中拥有正确的人生价值

---

① 引自2019年3月国务院新闻办公室发布的《新疆的反恐、去极端化斗争与人权保障》白皮书。

观，不容易被他人引诱做违法乱纪的事；才更容易利用网络学习自己感兴趣的事物，与各族人民沟通交流、增进情感，增强中华民族的凝聚力！

（三）铸牢中华民族共同体的需要

按照第三次中央新疆工作座谈会提出的"将中华民族共同体意识教育纳入新疆干部教育、青少年教育、社会教育"的要求，必须在新疆各族青少年中深入开展中华民族共同体意识教育，让中华民族共同体意识根植各族青少年的心灵深处，引导青少年将个人追求融入努力实现国家富强、民族振兴、人民幸福的伟大梦想之中。① 以铸牢中华民族共同体意识为主线，遵守《国家通用语言文字法》，加强国家通用语言教育意义深远。新疆各族人民只有掌握国家通用语言文字，才能更好地了解国家政策，感受到党中央对新疆的大力支持与帮扶；只有掌握国家通用语言文字，才能更好地彼此交流，增强民族团结；只有掌握国家通用语言文字，才有更多的就业机会，与全国各族人民一道实现乡村振兴，共同过上富裕安定的生活，从而铸牢中华民族共同体意识。

二、新疆少数民族在国家通用语言文字教育方面面临的问题

（一）国家通用语言文字教育的师资水平参差不齐

为了开展汉语教育，很多边远地区只能聘任非中文专业的教师负责语文课程教学，乡镇以下的学校的语文教师大多是非师范专业，个别教师方言口音较重，学生很难听懂，其教学效果自然与预期存在较大差距。很多教师没有编制，有些学校无法为广大教师提供应有的待遇和福利，个别单位对外地教师的人文关怀也不够，导致师资团队的不稳定。近年来当地招聘了一些汉族教师，并以大学生支教、干部支教、援疆支教等形式补充师资力量，但因流动性大，仍不能满足对汉语教师的需求。新疆边远地区学校的汉语教育师资水平较低的问题在极大程度上阻碍了其教学工作，更影响了国家通用语言文字教育的推广和深入发展。教育乃百年之基，当务之急是提高国家通用语言文字教育的师资水平。

（二）学生基础水平较弱

新疆边远地区大部分学生缺少国家通用语言文字的使用环境，他们仅仅在幼儿园接受过汉语教育，回家又继续用母语进行交流，生活区域周围使用国家通用语言文字的机会也很少，所以练习运用汉语的时间很少，造成听说能力不达标、读写能力更差的情况。许多学生很难听懂教师讲解的内容，甚至某些学生根本听不明

---

① 张建军.铸牢新疆青少年中华民族共同体意识[N].兵团日报（汉）,2021-11-22(007).

白教师的话,更别说理解内容了,这也无形中增加了他们的学习压力。并且学生在课下也很少使用汉语进行交流,这是新疆边远地区国家通用语言文字教育效果不理想的主要原因之一。通过驻村教师了解到,当地大部分农村父母不懂汉语,无法与孩子用汉语进行交流或辅导。很多父母也没有意识到学习的重要性,对孩子的教育疏于管理。张娟娟、陈旭远利用WPPSI对伊犁地区少数民族儿童的测试中发现,个别得分极低的儿童实际上不能听懂主试的问题。在小学一律使用汉语进行教学,这些儿童往往会因难以听懂教师的授课内容而在学业测验中失败。如果这种状况持续且长期得不到有效改善,会导致他们对以后的成功期望过低甚至放弃学业,表现出习得性无助的取向,从而变得沮丧和不思进取,影响他们的学业成就和学习体验。① 这不能不引起我们的高度重视!

(三)缺乏良好的汉语环境,学习方式比较单一

新疆县乡以下的大部分学生只是在学校中接受汉语教育,授课课时平均每天不会超过6小时,学生除了课堂很少有进行汉语交流的机会和平台。农村学生还要帮助家里干农活,父母对孩子的学习也不够重视,学生学习动力不足,缺乏目标激励。以南疆最大的少数民族群体维吾尔族为例,截至2018年,他们在集贸市场、医院、政府部门、工作劳动场所使用汉语占比为0.92%、2.12%、2.33%、3.46%②,鲜少有机会接触和学习汉语。大多数情况下,仅使用母语就能够满足日常交际需要。农村学校更是很少有汉族同学,除了教师几乎没有汉语交流对象,生活中也没有汉族朋友。加上家庭经济条件的制约,很多家庭没有电脑或智能手机,互联网线上学习也不能很好地开展,即使硬件条件满足,很多教师及学生也不清楚从哪找合适的学习资源。有些学生学习动力不足,有手机时宁愿打游戏也不愿查几个生字,只靠教师上课讲解,时间太短,练习太少。

(四)缺少合适的教材

教材不但是课程准则的特殊代言人,也是许多行家学者的专业结晶。它是学问的精髓,也是智慧的结晶。它不是普通材料的堆积,而是依照国家对人才培养的总目标,结合教学对象身心成长的特点和培养目的及其发展途径编写的资料,是教学标准的体现,是教学内容的载体,是契合学生年龄阶段求知能力需要的教学依据。某些地区技术类专业缺少合适的教材,导致最简单的专业术语学生听不懂、不会说,造成学生在工作中效率低下,技术难以提高。

---

① 中国学者:普及国家通用语言文字 是保障新疆各族人民发展权的重要前提[EB/OL].(2009-03-16).https://www.sohu.com/a/300474210_362042.
② 黄晓东,宋晓蓉,张全生.新疆南疆维吾尔族国家通用语言普及情况之问题研究[J].新疆社会科学,2018(2):87-94.

（五）针对性的国家通用语言文字教育网络资源匮乏

目前针对少数民族学习国家通用语言文字的网络资源也比较匮乏。在基础教育阶段，学生统一使用人教版教材，网上资源虽然多，却很少有针对少数民族学生的，特别是小学初级阶段。以汉语为母语的学生已经掌握听、说的能力，他们一开始学习就是读、写阶段，但对少数民族学生来说，汉语是作为第二语言从头开始学习听、说、读、写的，现有的网络资源并不太适合少数民族学生，而且很多网络资源质量不高，只是课本的重复，没有详尽、全面的解析，其中的一些文化现象，少数民族学生也很难理解。对于职业院校的少数民族学生来说，国家通用语言文字教育的网络资源更是极度匮乏。职业院校少数民族学生普遍汉语较差，汉语水平的高低将决定其专业学习的程度及未来就业的广度。目前，网络上没有针对新疆少数民族且具备相关翻译的专业汉语学习资源。尤其是毕业后，没有教师教授，想自学相关专业方面的汉语，在网上很难找到合适的资料，不利于其进一步的发展。

三、加强国家通用语言文字教育，铸牢中华民族共同体意识

推广普及国家通用语言文字可以加强各民族之间的交往交流。语言文字是交往交流的重要载体。中国有56个民族，许多民族有自己的语言或文字，各民族交流互动需要一个统一的语言，国家通用语言文字的普及意义深远，势在必行。习近平总书记也在全国民族团结进步表彰大会、十三届全国人大四次会议内蒙古代表团审议、第三次中央新疆工作座谈会等会议中多次指出推广国家通用语言文字有利于加深中华民族共同体意识。通过推广普及国家通用语言文字，不断增进各族人民之间的亲密联系，树立起各族人民亲如一家的意识，从而正确处理好中华民族共同体意识和各民族意识的关系，本民族意识自觉服从和服务于中华民族共同体意识。①

（一）加强师资培训，提高教师教育信息化水平

随着社会的发展，人们的学习方式、思维方式和工作方式已经开始被信息技术改变，现代的教育方式也由单一形式向多元化的方向发展。信息时代中，知识更新速度加快，教师应该成为信息时代的排头兵。

首先，要提高教师对教育信息化的认识。教育现代化，首先需要教育观念的现代化。利用现代教育信息技术进行学习、创造和探索，能够提高教师的科学素养和教研能力，能够帮助教师适应时代的需求。通过理论学习、宣传教育等各种途径，提高教师的教育信息化认识，使教师要充分认识到：以多媒体和网络技术为代表的

---

① 陈立鹏，汪颖.习近平关于铸牢中华民族共同体意识重要论述的理论要点[J].中南民族大学学报（人文社会科学版），2021,41(10):16-25.

现代信息技术已彻底改变了学习方式,学生在学习的过程中不再单一地学习课本。

其次,加强对教师的培训。培训可从两个方面来进行,一是针对骨干教师成员,二是针对全体教师。对骨干教师的培训主要是吸收新技术,掌握新方法、研究新动向;对全体教师的培训主要是针对日常教学以及办公管理的一般技术的应用操作,并逐渐由易到难。可以从省(自治区)、市、县、乡到村分层次进行骨干面授培训,也可以利用网络对所有在职教师分批培训。

最后,学校加强信息化管理新体制建设,提高教育信息化程度。校领导要做信息化的领头人,努力实现办公自动化,并制定相关政策,加大教育信息化投入,给教师创造使用教育信息化手段的条件,教师可以运用文字处理软件来撰写论文、编写教案,运用电子表格软件收集学生的成绩并对其进行统计分析等,实现办公自动化。家校还可以和网络化联系起来,创建校园家庭共享网络,利用信息技术的互动功能和高速传递功能,将学校的教育活动延展到家庭。通过校园家庭共享网络,教师可以向学生家庭发送孩子成绩和相关通告,可及时地将对家长的建议、孩子行为规范表现等情况通报给家长,家长与教师可通过网络互相了解孩子在学校和家庭的情况,相互交流意见,使学校与学生、家长的沟通实现真正意义上的零距离。同时,学校还可以通过校园网站,展示本校教师优秀的教案、论文、课件等教育资源,实现教育资源共享。教师也可以通过网络与各地教师进行交流,分享研究成果和经验,使自己的业务水平得到提高。

(二)编写符合"中华语文观"和少数民族学习特点的特色教材

目前,新疆各中小学统一使用的是人教版教材,缺乏针对性,部分内容不适合少数民族学生的学习。我们近十年围绕"汉语作为第二语言教学"研究创新编写并实验了"字词本位汉语语用教学"教材教法,取得了多方面的成功经验。我们希望配合新疆地区实施国家通用语言文字的教育工作,进一步以"中华语文观"为指导,在新疆地区各层级学校进行基础层面的教学范式研究,编写新形态辅助教材,协助当地教育部门切实解决实际问题。

建议以"中华语文观"理念引领新疆地区普及国家通用语言文字教学研究,创新教材教法。从"中华语文观"在实际生活中的应用看,单音节字词和多音节词语交叉起着基因要素的根本作用,是承载语义的基本单位,缺少哪一方面都不能充分精确而优雅地表情达意。语文教育首先要帮助学生掌握组字构词的方法,培养其汉字思维习惯,有了一定字词数量的储备,学生就能够很快表达基本思想,获得自主学习的能力。"汉字在汉语中实在应处于核心地位,是一个'纲',纲举才能目张。"①无论研究中华语文本体还是研究语文教学,对字和词(既指单字词也指多字

---

① 潘文国.汉字是汉语之魂——语言与文字关系的再思考[J].华东师范大学学报(哲学社会科学版).2009(2):75-80,93.

词语)都不能忽视,坚持以字、词为本,语文教学就能举一反三、事半功倍。特别是针对国内少数民族学生,必须从字词入手,从教学理念、教学内容到教材教法构建新模式,培养学生识字认读、听说交流双强的能力,绝不能仅仅培养汉语文盲。这个理念务必贯穿从学前教育到大学教育的全过程。

目前高职院校在加大招生力度,对于职业院校的学生,汉语也是很重要的学习内容,专业名词、术语不懂,很难进行专业技术工作。所以,也应该组织专业教师与国家通用语言文字教师一起编写正规出版的适合高职专业使用的职业语文教材。比如,可以尝试编写机电专业语文、烹饪专业语文等,以提高少数民族教学内容的针对性。

(三)在国家通用语言文字教育教学中融入国学经典文化

国学经典是民族文化价值观的集中载体。比如最能体现中华"一体"特征的公认圣典《论语》,蕴含着孔子平等、和睦、包容和大同的民族观,是"人类命运共同体"的文化根源,应该成为各族人民家家珍藏、人人必读的经典。古有"半部《论语》治天下"之说,但《论语》教学没有深入国民基础教育体系,即使初中语文教材中引入了若干句孔子名言,也存在解释不到位的情况。

2018年教育部印发《中华经典诵读工程实施方案》,要求组织"送经典下基层","建设中华经典诵写讲基地"。2019年10月,中共中央、国务院发《关于全面深入持久开展民族团结进步创建工作铸牢中华民族共同体意识的意见》,要求"推动中华优秀传统文化融入国民教育","推进'互联网+民族团结'行动"。教育部部长陈宝生强调这是一个固本工程,如果不采取果断措施,中国人的重心就会发生漂移。要将优秀传统文化融到教材体系中去,这是铸魂工程,不仅需要贯穿人才培养全过程,也是中国人打底色的工程。另外,中央要求创新中国特色社会主义民族理论政策的话语体系,提升在国际上的影响力和感召力。所以,我们认为务必增加在语文教材中的国学经典的内容,小学低年级的课本就应该多收入国学经典名言,比如"四海之内皆兄弟""礼之用,和为贵""学而时习之,不亦乐乎""千里之行,始于足下"等,都应该尽早教授给学生。学习语言者在获得经典文化熏陶的同时,也把爱我中华的种子埋入每个青少年的心灵深处。

(四)利用融媒体开展线上线下协同教学

十三届全国人大第三次会议的《政府工作报告》指出要大力推进教育信息化建设,推动教育公平发展和教学质量提升。这几年,全国大中小学线上教育发展得如火如荼,但新疆却有很多地区的学校无法开展线上教育。首先是因为硬件设施不足,大部分学生的家庭没有电脑、没有网络,有些学生甚至没有智能手机。其次,相当一部分教师的教育信息化水平欠缺,不具备开展网上教学的能力。

这块短板必须补上才可能完成通用语言文字教育助力乡村振兴的规划。对于地域辽阔、人口密度不高的新疆来说更为重要,也十分必要。凡事预则立,不预则废。在 5G 时代到来的今天,各级政府和教育部门必须对此高度重视,提前下功夫。通过抓典型、树榜样的方式,培育一批试点单位和骨干教师,让这些领头羊单位和个人充分利用现行网络资源开展线上线下协调教学。通过网络等信息化技术和融媒体手段,增加优质教育资源的可及性,切实推进优质资源的均衡共享,让更多的师生享受到人性化、智能化的教学体验。在典型带动的基础上做好推广和示范,加强相关培训,引进内地智力资源,开发面向新疆的特色教育软件和课程。比如上海韬图动漫公司创制的 MixAR 动漫趣味汉字博物馆,将枯燥的汉字学习变成形象有趣的动漫学习体验,易于理解、记忆,可以增加学习的趣味性,提高学生学习的主动性。武昌理工学院"一带一路"文化研究院联合喀什大学昆天国学院开发通用语言文字与维吾尔语双语《孔子的智慧》线上线下课程,都是有益的尝试。

如果这些项目获得政府支持和资助,加快建设步伐,早日实现远程教学、教学资源共建共享和应用普及,不但有助于更新教学和自学的方式方法,提升语文学习的趣味性,实现随时随地开展学习活动,提高新疆少数民族汉语和国学水平,还可以缩小地区和城乡间教育差异,助力乡村振兴。

(五)兄弟省份加强互动合作,提高教学水平

(1)各省份援疆应朝着"文化润疆"的方向。首先,新疆的乡村教育资源较为缺乏,需要加大加快中华传统文化的普及教育。其次,构建文化援疆与校企合作创新机制,面向基层开展汉语和国学普及教育。在乡镇办企业、搞农业机械化都需要人才,可以由政府牵头引导,鼓励各省份与新疆的企业、学校牵手开发合作项目。比如山东援疆指挥部资助曲阜师范大学国学院与喀什大学合作创建昆天国学院;面向企业和基层学校进行汉语和国学普及教育培训,上海援疆指挥部支持上海语言文字工作委员会资助华东师范大学面向喀什泽普县对少数民族教师进行线上汉语教学能力提升培训,都取得了很好的成效。如果借鉴这些经验进一步将各省份更多的大学与新疆的大学、中小学整合起来,争取获得文化机构、文化企业的支持,搭建网络合作平台,针对当地需求创建文化节目,开展文化培训,将会产生更大的效应。

(2)将一部分汉语国际教育资源转用于新疆的汉语和国学普及教育事业。近年来,汉语国际教育专业发展迅猛,但目前全球疫情尚未稳定,外派汉语教师志愿者的数量大大缩减,因此该专业的学生有供过于求的趋势。而从汉语作为第二语言的教学角度看,对少数民族学生的汉语教学与国际中文教育属于同一范畴,而且对国内少数民族学生进行汉语教学的要求会更高,对该专业的学生来说,不仅专业基本对口,而且还有利于提高自身的教学水平。所以,一方面可以将内地高校的汉语国际教育专业的学生与新疆中小学对口联系,帮助他们开展线上线下汉语教学活动和汉语角活动,营造良好的汉语学习环境,另一方面可以动员一部分学生到新

疆做汉语教师志愿者,解决师资问题。

（3）通过内地学校与新疆乡村小学合作,开展营造汉语环境,落实语言扶贫的目标。《新疆南疆维吾尔族国家通用语言普及情况之问题研究》中写道:"调研样本显示,尽管南疆维吾尔族想学普通话意愿非常强烈的比例高达88.06%,但语言环境的缺失是他们学习和使用普通话的最大障碍。""调研显示,在新疆,汉族比例越高的地区,普通话语言环境越好,维吾尔族人口的普通话水平也越高。南疆维吾尔族人口占比高达81.46%,这就意味着南疆地区汉族人口比例为20%以下的情况居多,这在很大程度上决定或者影响了南疆地区维吾尔族使用普通话的整体水平。""社会语言环境以及家庭语言环境的缺失使得南疆维吾尔族的普通话水平普遍偏低,而语言环境对普通话的学习与掌握具有重要作用,语言的学习与掌握必须依赖于外部环境。"①解决这个问题最好的办法是内地居民大批移民新疆,但这种办法受到多种因素的制约,一时难以实现。那么就需要发挥内地学校的语文扶贫精神和利用网络平台解决这个障碍。如果通过内地高校团委、学生工作部门,特别是促进汉语国际教育专业的本科生、研究生与新疆乡村小学对接,衔接帮扶班级,通过大学生加强内地与新疆两地中小学的联系,利用网络开展两地学生"手牵手学汉语"活动,从线上开展第二课堂活动到开办汉语角,从校园到家庭,每周安排一两次集体对话或者网上游艺活动,帮助他们应用汉语交流和游戏,就可以在一定程度上解决语言环境的问题。这样发展到一定程度后,再组织跨区游学旅行活动,选派内地学生到新疆进行汉语普及教育学习实践,不但可以帮扶边疆学生提高汉语水平,对内地学生来说也是一个极好的锻炼和学习机会,让他们在为国家进行语文扶贫贡献的过程中增强自身的文化自信心和提高社会工作能力。

（六）学校与政府协同努力

根据《高中阶段教育普及攻坚计划（2017—2020年）》,南疆地区率先实行15年免费教育,所有学生都有上高中或高职的机会,学生可以更好地在校系统地学习国家通用语言文字。但还是有大批的少数民族成年人掌握国家通用语言文字的能力较差,且人数不少,对此,只能采取重点突破、逐步解决的办法。

第一,行政工作中要加入国家通用语言文字"扫盲"任务,应在各市县教育局成立国家通用语言文字学习工作领导小组,在乡镇成立相应的学习机构,每个人的汉语水平要达到相应的标准。第二,利用夜校提高村民使用国家通用语言文字的能力。虽然夜校普遍存在,但因种种原因,教育质量参差不齐。首先要选择优秀的教师担任夜校汉语教师,同时改变单一的教师讲授的方式,增加学习的趣味性。比如,师生互动模拟村民去医院就医过程、去商场买东西等场景,也可利用多媒体结

---

① 黄晓东,宋晓蓉,张全生.新疆南疆维吾尔族国家通用语言普及情况之问题研究[J].新疆社会科学,2018(2):87-94.

合相应的视频学习汉语,加深学习者的印象。其次,由于成人工作家庭琐事较多,很难像学生全部精力专注于学习,因此要加强学习内容的重复性,每隔一段时间就要复习旧的学过的内容,防止遗忘。还要将每天的学习内容发送给村民,他们可以用手机保存下来,并根据自己的实际情况,合理地安排学习时间,或是自主重复学习加深记忆。最后,设置相应的奖励机制。成人学习的积极性普遍没有中小学生高,政府可以结合本地实际情况设置相应的奖励机制。由于每个人经历不同,汉语水平也不同,奖励应针对每个人的自身具体的进步情况进行对比,进步幅度较大的前几名可受到相应的奖励,比如提供外出学习农业科技的机会,或奖励生活用品等,以激发村民学习汉语的积极性。

中国56个民族都能使用统一的语言文字工作和交流,必将进一步增进各民族之间的感情,凝聚力量,共同努力,实现中华民族的伟大复兴!

《大学语文学本》前言[1]

王桂宏[2]

摘要：新时代的新人，应具备运用汉语展开独立精神活动的意识与能力。将大学语文教材定于"学本"，是基于对言语生命状态的观照，突出学生、学习、学情在汉语语用素养培育中的核心地位，力求建构一个学习者与经典文本中的言语生命平等对话、自我赋能的汉语母语高阶学习生态空间。

关键词：核心语用素养；大学语文；体系构建

近些年入校的大学生，到了2035年正近而立之年，到了2050年将成为社会中坚力量，而大学生在大学期间必须学会什么，届时才能为创造美好生活大展身手？必须具备什么素养，才能突破思维、心理、算法等的拘囿，走出现实与虚拟多重叠加的信息茧房，在众声喧哗中依然能照看自我心灵，认知他者世界？教育专家的意见几经迭代，逐渐达成共识：学校要坚持"五育"并举，为未来培养全面发展的人；教学的本质不是信息灌输，而是核心素养的培育；学生应具备在面对复杂、不确定的情境下，培养批判性思考、沟通、合作、创造的关键性能力。显然，对于中国人而言，这一切均离不开汉语语用素养的基础。

语言是思维的工具，又是思想的直接体现。海德格尔认为"唯有言说使人成为作为人的生命存在"，的确，从某种意义上讲，每个人都是需要运用语言符号进行思维和交际的言语生命，一个人的语言状态反映着他的生命状态。当我们把大学语文课程目标还原到"唤醒、培育大学生运用汉语展开独立精神活动的意识与能力"

---

[1] 本文系王桂宏主编《大学语文学本》前言，高等教育出版社2021年12月出版。
[2] 王桂宏：沧州师范学院教授。

这一语用素养层面去认识，便可显见：语言不单是交流与思维的工具，更是人类心智世界的建构物、创造物。它伴随着语境变迁和价值观假设、思维假定、心理定式等，在关系编织、意义生成、语言形式的选择、锤炼中，不断被表达为丰富的言语。大学语文课程的学习不应停留在对"语言文学""语言文章""语言文化""语言人文"等内容的听讲、记忆阶段，也不能停留在对听、说、读、写等基本技巧的训练阶段，而应当在大学期间这个特定的时间、空间及关系中，将阅读、体悟、思辨、审美、表达等个人心智活动有机整合，实现自我的认知、情感、精神、意志的汇聚，达成对语境、语体、语脉、语感等言语表达要素的策略认知，发展同自我、他人、世界展开对话、建构关系的能力。

本教材定位为"学本"，便是基于对言语生命状态的观照，突出学生、学习、学情在汉语语用素养培育中的核心地位，力求建构一个学习者与经典文本中的言语生命平等对话、自我赋能的汉语母语高阶学习生态空间。在有限的学时内，为即将走向社会的大学生提供经典、实用的研习文本，激活其本真的、鲜活的言语经验，在具有体悟性、反思性、建构性的语用活动综合实践中，学得、悟得、习得言语智慧，让知、言、行合一，提升文化品位及审美情趣，重拾好奇心和想象力，促进情感态度、思维方式、认知层次、思想境界和表达能力的提升，培养解决问题的能力，为个人的精神成长、事业成功、生活幸福助推加力！

一本好教材不但要体现出编者对课程的理解和价值期盼，更要考量学生的学习需要、学习条件、学习状态和学习效果。若能让学生读起来爱不释手，从书本中的获益从课堂延展到课外、从当下辐射到未来，则善莫大焉。为此我们在教材的体例编排及内容表达上进行了巧妙设计，大胆突破。

教材围绕如何促进学生的个人成长编排为八个单元，以语言表达与思维认知双线推进，循序渐进、互通圆融地夯实经典阅读、得体表达和精神成长的底子。每个单元围绕一个核心语用素养进行编排，由单元导学、课文、语用活动综合实践三部分构成。

（1）单元导学下设"单元主题""导学诗""自我诊断""学习目标"四项。"单元主题"先以一句颇具哲理的话语揭示本单元的教学落脚点，然后选取与单元主题意蕴契合、能激发学生阅读兴趣的诗歌作为"导学诗"，让学生体验大学语文的诗教气质，收获个体妙悟带来的感动。再通过"自我诊断"唤醒学生个体言语经验，帮助教师了解学情。最后通过"学习目标"帮助学生明确学习任务，也给教师的教学设计提供着力点。

（2）每个单元原则上编排六篇课文。每单元打破了"选文"独挑大梁的固有编排模式，文前以唤醒学习者内驱力视角安排了"作者/作品简介"板块，文后设有"学习活动""拓展阅读""认知支架"三个板块。

单元选文以《礼记》《论语》《老子》《诗经》《列子》《庄子》《战国策》《黄帝内经》《史记》《文心雕龙》《茶经》等中华文化经典为主脉，辅以不同国家、不同时代、不同学科的经典作品。借由汉字中包含的文化基因,经典中蕴藏的生命情志,文本中呈现的表达范式,在跨时代、跨学科、多体裁的对话、碰撞中,开启学生的思维智慧,提升学生的语用素养。

"作者/作品简介"并未沿袭固有的信息列举式表达,而是将作者与其所处时代视作一个言说语境,采用"心中有交流对象"的代入式描述,把作者这个言语生命样本展现在学生面前,以更具有温度的语言引领学生走近作者和文本,激发学生产生与其进行深度对话的探究愿望。对于作者不明的古籍,则介绍其编订者、学说创建者或成书情况等。

"学习活动"板块不同于一般为加深理解、复习知识而简单罗列的思考练习,而是对学生语文学习进行路径导引,将课文文本与学生的个人体验连接起来。该板块分设为"体悟""思辨""表达"三个模块,以培植学生敏锐的语境洞察力、独特的语意思考力和得体的语言表达力。"体悟"模块重在挖掘课文表达中的语境要素,或是结合课文创设角色和情境,引领学生转换身份进行创意表达,在观察并考量言说对象、场合、背景等表达相关要素的过程中,提高学习者的语境洞察力。"思辨"模块重在挖掘课文中的关键语句,在对精彩内容及其语言形式进行阅读理解、比较思辨、整合推断的过程中,提高学习者的语意思考力。"表达"模块兼顾口语交流与文本写作两方面。这是学生语言文字运用能力的综合呈现,也是大学语文课程学习的成果所在。口语交流和文本写作在命题时须结合课文及单元教学重点确定说写任务,尽可能满足大学生在未来学习、工作、生活上的需要,尽量给出具体的指导方法,提高学习者的语言表达力。

"拓展阅读"板块中包括与课文话题相关又通俗易通的著作或论文。以一篇课文引领学生触摸经典,并进行专题研读、比较阅读,从而打开学生的视野,生产新知。

"认知支架"板块结合了单元语用素养训练进行专题设计,择要传递给学生与阅读理解、言语表达、审美心理、智慧思辨相关的策略性知识,帮助教师和学生搭建大学语文课程教与学的脚手架,在大脑中建构核心语用知识概念地图,以内在思维认知的拓展跃迁带动语言表达水平的提升。

(3)单元后设置语用活动综合实践,连通课堂内外、校园内外,打破文本阅读与言语交际、语文素养与职业汉语能力之间的蔽障,对访谈、对话、面试、调查报告写作、学术论文写作等关乎学生未来学习、工作、生活的语用活动进行实践,引导学生观察生活、探究真相、解决问题,提升归纳信息、锤炼思想、表达见解的能力。

教学中教师应注意将大学语文课程的教学重心,从中小学时注重培养学生的正向阅读理解、鉴赏表达能力方面,转移到注重多元阅读、思辨探究和精当表达方面。引领学生将关注视角从自我延展到他人、社会、国家、世界,将个人的听、说、读、写技能放到一定的时空语境中去多加演练。

教学时可借助技术工具,同时采用经典诵读、比较阅读、专题研读、整本书导读等方式,课堂上着意设计激发学生思维的教学活动,强化学生在阅读、体悟、思辨、口头及书面表达各方面的整合,努力将教学设计与学生学习方式的转变、学习兴趣的培养、学习习惯的养成、学习方法的掌握相结合,提高教学的整合效应。

  本教材配有大学语文精品在线开放课,课程标准、教学大纲、教学课件、讲义、试题等课程配套资源丰富。教学中老师可采用线上线下混合式教学,也可利用慕课平台打造校际教、学、研共同体。助力学习者在开放共享的对话、切磋中,不断提升汉语核心语用素养,激活言语生命自觉,坚定中华文化自信,成长为百年变局中堪当民族复兴大任的时代新人。

以语言为本的大学语文教学研究

周作菊[①]

摘要：大学语文作为高校的公共基础课程，改革、创新其课堂教学是大学语文教师不倦探索的问题。本文提出大学语文以"语言"为本，从"语言工具""语言审美""语言文化"三个方面进行教学，探讨大学语文的本质特征，优化大学语文课堂教学，有助于摆脱大学语文目前边缘化的困境，有利于高校人才质量的培养。

关键词：大学语文；本体研究；语言

大学语文课程该如何界定？杨建波教授曾在其主编的《大学语文》前言中说大学语文"是一门通过语言来提升学生的汉语水平、文化素养和精神境界的、以体现对人的终极关怀的课程，即一门以语言培育人、教化人和熏陶人的课程"。大学语文的功能可用"运用语言、品味语言、阐释语言"十二个字来概括。[②] 何二元《母语高等教育研究》中提出："大学语文是母语高等教育。"[③]

单从语义学的角度来说，大学语文课程应该包括"语言文字""语言文章/文学""语言文化"等内容。"语言文字"主要体现大学语文的工具性和实用性；"语言文章/文学"主要体现大学语文的审美性；"语言文化"主要体现大学语文的人文性。这里的"语言文化"又包括语言本身蕴含的文化、汉字文化和文学中的文化，它是大学语文课程内容的重中之重，突显出大学语文课程对学术水平和文化素养的更高要求。无论文字、文学/文章还是文化，都离不开语言，杨建波在《将思政教育融入

[①] 周作菊：湖北大学讲师。
[②] 杨建波主编.大学语文[M].4版.北京：北京大学出版社，2017.
[③] 何二元，黄蔚.母语高等教育研[M].杭州：浙江大学出版社，2013.

文本的教学之中》提出:"'语言'是大学语文课程的本质特征,语言是区别大学语文与其他通识课程的唯一标准。"①大学语文课程以"语言"为本,在教学中紧抓"语言工具""语言审美""语言文化"三个方面进行教学,对于提升大学生的母语品质,提升他们的审美品位和文化修养具有重要意义。

一、以"语言工具"为本,培养大学生准确而优雅地运用汉语、汉字

哈佛大学前任校长查尔斯·艾略特说:"我认为有教养的青年男女唯一应该具有的必备素养,是精确而优雅地使用本国语言。"②汉语是中华民族的母语,是中华儿女最重要的交际工具;汉字是记录汉语的符号,是信息的载体;汉语、汉字更是中华文化的重要组成部分。语文课程恰是一门学习运用祖国语言文字的课程,因而大学语文课程的使命便是通过听、说、读、写、思的训练,进一步提升大学生语言文字运用能力,重塑语用品质。

余光中的散文名篇《听听那冷雨》③是语言文字运用的典范之作,需引导大学生反复品读,领悟作者高妙的语言艺术,可提升他们的鉴赏能力和写作能力。余光中是一位语言大师,他曾在《逍遥游》后记说:"我的理想是要让中国的文字,在变化各殊的句法中,交响成一个大乐队。"④在《听听那冷雨》中,作者注重音调,讲究节奏,大量运用双声叠韵,突显出语言的叠言之美;通过长句、短句参差错落,构成抑扬顿挫的韵律感,使散文极具音乐之美,仿佛在享受一场听觉盛宴。余光中还通过他的文体观"白以为常,文以应变,俚以见真,西以求新"⑤,来测试语言的速度、密度和弹性。在《听听那冷雨》中作者以现代人的口语为基础,斟酌采用西语,如"岂是什么 rain 也好 pluie 也好所能满足",采用欧化句式,如一些倒装句和从句,如"因为雨是最最原始的敲打乐从记忆的彼端敲起。瓦是最最低沉的乐器灰蒙蒙的温柔覆盖着听雨的人,瓦是音乐的雨伞撑起",使语言更活泼、更新颖。还运用文言句法如"五陵少年""疏雨滴梧桐,或是骤雨打荷叶"等,使语言更简洁、更浑成。或选用方言或俚语如"川娃儿",使语言显得更加生动而突出。带领学生反复品读这篇散文后,我们举行过一次文学情景活动,让一组学生在下雨天,相约沙湖畔听雨,或听雨滴梧桐,或听雨打芭蕉、荷叶,或在荷塘中央的瓦亭听雨,捕捉创作灵感,然后用自己喜欢的文体样式和表达方式写下"听雨"时的内心感受。学生以沙湖周围的景物为背景,配上他们抒写的听雨文字,录制成诗情画意的小视频,并在课堂播放,效

---

① 杨建波等.大学语文论丛[M].武汉:华中科技大学出版社,2021.
② 张晓敏.论大学语文课程改革方向[J].亚太教育.2015(33):110.
③ 杨建波主编.大学语文[M].4版.北京:北京大学出版社,2017:232-235.
④ 余光中.逍遥游[M].北京:中国友谊出版公司,2018:207.
⑤ 杨澜等.杨澜访谈——台海透视[M].北京:中国城市出版社,2006:170.

果很好。大学生在真实的语言运用情境中，通过自主的实践活动，提升了运用语言文字的能力。

白居易的《长恨歌》①是家喻户晓的唐诗名篇，诗歌语言精练、含蓄、优雅，大学生需字斟句酌地理解语言来把握诗歌的主题。诗人抓住唐皇"重色"，便着墨铺写杨女"丽、媚、娇、醉"的美色，"回眸一笑百媚生"极言杨玉环之美，一个"媚"字可以想象出杨女的眉目传情、风情万种。"侍儿扶起娇无力""金屋妆成娇侍夜"，一个"娇"字突显了杨女娇媚而柔弱的红颜形象。接着诗人铺写二人的骄奢淫逸生活："春宵苦短日高起，从此君王不早朝。"极尽讽刺！最终酿成"六军不发无奈何，宛转蛾眉马前死"的悲剧。迟暮失伴、大权旁落的唐玄宗开始孤单地思念："行宫见月伤心色，夜雨闻铃肠断声。"羽化登仙的杨太真真情再现："在天愿作比翼鸟，在地愿为连理枝。"李、杨二人的真情令人感动。对白居易《长恨歌》的主题，历来众说纷纭，主要观点有二：其一是讽刺说，其二是爱情说。我们在大学语文课堂上派出两组学生，分成正反两方，正方持讽刺主题观点，反方持爱情主题观点，组织学生双方展开辩论。学生在辩论中既要把握作者的观点、语言特点，又要用口头与书面语言阐述和论证自己的观点，还要驳斥对方的观点，在辩论中，学生语言的规范性、思维的逻辑性都得到了锻炼。通过辩论，学生对《长恨歌》文本分析质疑、多元解读，培养了他们的思辨能力，并提升了批判性思维能力。

二、以"语言审美"为本，培养大学生高尚的审美情趣和道德情操

文学是语言的艺术，童庆炳在《诗意人生，诗性守望——童庆炳先生访谈录（代序）》中说过："文学之所以是文学，就因为它是审美的。""文学具有自己独特的审美场域，这个审美场域来自语言。"②故鉴赏任何文学都必须首先进入语言层面，语言是文学的内容，是作家风格，是艺术个性，作品蕴含的文化就是通过语言才得以体现出来。语文课就是从文学语言的魅力出发，挖掘文学潜在的内涵润泽作用，来提升大学生的审美趣味。

文学语言中最富于表现力的是诗歌的语言，诗歌之美，美在它的语言，美在语言的诗情画意。例如张若虚的诗歌《春江花月夜》③素有"孤篇压全唐"之誉，这得益于诗人善于炼字，炼字体现语言的凝练美，钟惺曰："将春江花月夜五字炼成一片奇光，分合不得，真化工手。"④诗中"春""江""花""月""夜"五种经典的文学意象构成浑然一体的艺术境界，借中心意象"月"，将诗情、画意、哲理融为一体，意境空明，

---

① 杨建波主编.大学语文[M].4版.北京：北京大学出版社，2017：59-60.
② 童庆炳.文学审美论的自觉——文学特征问题新探索[M].北京：北京师范大学出版社，2011：8.
③ 杨建波主编.大学语文[M].4版.北京：北京大学出版社，2017：290-291.
④ 尚永亮主编.唐诗观止[M].西安：陕西人民教育出版社，2019：81.

想象奇特,言简意赅。尤其是开篇十句写景的诗句,先大笔挥洒,营造出浩大无垠的境界,如"海上明月共潮生"中的"海",使诗歌的意境更深邃浩瀚,"潮"既富动感又富声感,烘托出"月共潮生"的雄浑气势。然后细处点染,"月照花林""空里流霜",渲染出清幽迷离的氛围。开篇十句诗通过对物像和意境的形、色、声、势等各方面的描绘,显示诗歌语言的形象美。"江畔何人初见月?江月何年初照人?人生代代无穷已,江月年年望相似。"这几句诗通过时间、空间的折叠,通过有限和无限的弹性组合,抒写"变"与"不变"的哲理性思考,显示出诗歌语言的哲理美。全诗语言自然隽永,四句一换韵,韵律宛转悠扬,体现了诗歌语言的音乐美。

文学语言是艺术的语言,审美性是其根本属性。汪曾祺在《中国文学的语言问题》中说:"小说的魅力之所在,首先是小说的语言。"①何立伟的小说《白色鸟》②语言诗化,体现出作者不同流俗的审美追求。何立伟曾说:"我一直就想尝试着写一种绝句式的短篇小说。""整体的诗意,语言的实验,是我致力而为的。"③《白色鸟》的语言具有试验意义和垂范作用,主要体现在三点。一是语言富于绘画的质感的美,如"雪白雪白的两只水鸟,在绿生生的水草边,轻轻梳理那晃眼耀目的羽毛",如"河堤上或红或黄野花开遍了,一盏一盏如歌的灿烂"。作者多方组织声、色、形、光等画面,有"墨趣",有诗意,构成了一种浸透无限情蕴的意绪氛围。二是语言富有音乐的流动的美。运用叠音词,如"深深浅浅歪歪趔趔的足印",河水"粼粼闪闪";运用拟声词,如"忽然传来了锣声,哐哐哐哐""啪啦啦啦,这锣声这喊声,惊飞了那两只水鸟";运用语气词,如"啧,啧,你晓得好多道理";运用标点断句,如"美丽。安详。而且自由自在"等。有起伏的韵律感,抑扬顿挫,形成独特的音乐美,加深了感受、意绪的浓度。三是打破了语言、词汇、语法的规范,创造出一种新异的、富于表现力的语言,如"从那绿汪汪里,雪白地滑起来,悠悠然悠悠然远逝了"。"那绿汪汪"充当名词,"雪白地"作前置状语;如"汗粒晶晶莹莹种在了河滩上","晶晶莹莹"作定语后置,"汗粒"不用"掉"而用"种"等。作者趋新求奇,刻镂精工,形成语言的情感张力,带来独特的语言震撼。另外,修辞手法的运用,使小说营造出一种诗情洋溢的语境,如通感的妙用,"还格格格格盈满清脆如葡萄的笑音",拟人的运用,"四野好静。唯河水与岸呢呢喃喃"。小说以"哐哐"的锣声惊飞了白色鸟戛然而止,给人留下悠长的思考,"在有限里追求无限",构成了诗一般"留白"之美。正如汪曾祺在《中国文学的语言问题》中说:"语言的美,不在语言本身,不在字面上所表现的意思,而在语言暗示出多少东西,传达了多大的信息,即让读者感觉、'想见'的情景有多广阔。"④

文学是人学,可以"润物无声"地以德育人。王国维在《文学小言》曾说:"三代

---

① 汪曾祺.中国文学的语言问题[C]//汪曾祺文集·文论卷.南京:江苏文艺出版社,1993:1-5.
② 杨建波主编.大学语文[M].4版.北京:北京大学出版社,2017:246-249.
③ 龚军辉.唐诗意境的追寻者——访《白色鸟》作者何立伟[J].读写天地,2006(24):6-7.
④ 汪曾祺.中国文学的语言问题[C]//汪曾祺文集·文论卷.南京:江苏文艺出版社,1993:1-5.

以下诗人,无过屈子、渊明、子美、子瞻者。此四子者,若无文学之天才,其人格亦自足千古。"陶渊明以田园诗著称,其诗歌语言清新、平淡、质朴、自然。朱熹评陶诗说"渊明诗平淡,出于自然"。元好问《论诗三十首·其四》评陶诗赞道:"一语天然万古新,豪华落尽见真淳。"陶渊明《饮酒·其八》①:"青松在东园,众草没其姿。凝霜殄异类,卓然见高枝……吾生梦幻间,何事绁尘羁。"诗人以孤松自喻,借青松在"凝霜"中卓然挺立写自己高洁的品格。南梁钟嵘在《诗品》中评陶诗:"每观其文,想其人德。世叹其质直。""质直"的诗人辞官归田,追寻像青松一样超然绝俗的人生。品读陶诗可潜移默化地陶冶大学生的情操。

三、以"语言文化"为本,提升大学生的人文素养和精神境界

语言是文化的载体,承载着一个民族的独特文明,汉语言文字凝聚着华夏民族的文化精神,具有磁石一般的向心力,法国前总统德斯坦曾说:"中国的这种统一","是由语言加固的,不是因地区而异的口语,而是书面语,即那些在中国到处都绝对一致的著名汉字。"②语言和文化相伴相生,著名的语言学家海德格尔说过:"没有人类语言,人类文化即无法产生。"大学语文课程应特别重视语言文化,在课堂教学中挖掘语言本身的文化、汉字文化、文章/文学中的文化,不仅可以传承优秀的传统文化,而且可以提升大学生的人文素养和精神境界。

汪曾祺在《中国文学的语言问题》中说:"语言是一种文化现象。语言的后面是有文化的。"③我们可以借助语言本身透视文化底蕴。张若虚的诗歌《春江花月夜》中"鸿雁长飞光不度,鱼龙潜跃水成文"④,作者化用鱼雁传书的典故来表达望月怀人的心情。鱼雁传书之说,在中国古诗词中有不少记载,如"关山梦魂长,鱼雁音尘少"(宋代晏几道《生查子·关山魂梦长》),"手携双鲤鱼,目送千里雁"(唐代王昌龄《独游》),"尺素在鱼肠,寸心凭雁足"(南梁王僧孺《捣衣》)等。鸿雁传书的典故我们都熟悉,这里主要谈鱼龙传书,此典故源于汉代古乐府《饮马长城窟行》中"客从远方来,遗我双鲤鱼。呼儿烹鲤鱼,中有尺素书"。余冠英在《汉魏六朝诗选》中说:"双鲤鱼指藏书信的函,就是刻成鱼形的两块木板一底一盖,把书信夹在里面。"⑤所谓"鱼龙传书",就是把写好的书信夹在两块鱼形木板之间。此后人们常用"双鲤""鱼素""鱼书""鱼信"等代替书信。

汪曾祺在《中国文学的语言问题》中说:"语言是一种文化积淀,语言的文化积

---

① 杨建波主编.大学语文[M].4版.北京:北京大学出版社,2017:46.
② 党的生活杂志社编.中原文化:回望与前瞻[M].郑州:大象出版社,2017:22.
③ 汪曾祺.中国文学的语言问题[C]//汪曾祺文集·文论卷.南京:江苏文艺出版社,1993:1-5.
④ 杨建波主编.大学语文[M].4版.北京:北京大学出版社,2017:291.
⑤ 余冠英选注.汉魏六朝诗选[M].北京:中华书局,2012.

淀越是深厚,语言的含蕴就越丰富。"杰出的语言大师鲁迅在小说《离婚》中有一个细节描写,其中蕴含的语言文化极易被忽视:"爱姑便坐在他左边,将两只钩刀样的脚正对着八三摆成一个'八'字。"① 为什么是"钩刀样的脚"?"钩刀样的脚"指爱姑缠过足,是缠过又放了的小脚。辛亥革命后受五四新思想的启蒙,女性缠足的陋习被视为妇女解放道路上的绊脚石,是奴性意识的体现,放的小脚称作"解放脚或文明脚",成为女性接受新思想启蒙的一个标志。这篇小说写于1925年11月,1925年举国上下都已倡导废除缠足,爱姑"钩刀样的脚"即体现了她的新思想、新气象,折射出中国农村妇女的进步觉悟。女性缠足可追溯到唐末五代,南唐后主李煜宠爱的歌妓——窅娘,为了让舞姿更加曼妙婀娜,将脚缠裹成月牙形。北宋初缠足风俗兴起,如欧阳修《南乡子·好个人人》:"好个人人,深点唇儿淡抹腮。花下相逢,忙走怕人猜。遗下弓弓小绣鞋。""三寸金莲"成为明清以来对女性的畸形审美。清末民初,鲁迅作为新文化运动的主将,认为女子缠足不仅是国民身体的残缺,也是精神上的"病态",鲁迅"揭露病苦,以引起疗救"。

汉字作为语言的载体,也蕴含着丰富的历史文化信息,申小龙说:"'字'在中国文化的深层结构中,是有独立意涵和灵魂的语言符号。"② 杜甫的诗歌《新婚别》③ 写安史之乱中一对新婚夫妇的离别场景。"新婚"之"婚"在先秦古籍里写作"昏"。如《诗·邶风·谷风》:"宴尔新昏。""婚"和"昏"究竟有什么联系和区别呢?婚,《说文》曰:"婚,妇家也。礼,娶妇以昏时。"④《白虎通·嫁娶》曰:"婚姻者,何谓也?昏时行礼,故曰婚。"⑤"昏"字甲骨文写作𢁇,《说文解字》:"昏,日冥也,从日氐省,氐者,下也。"⑥ 昏的本义是太阳落下,黄昏。可见"昏"是本字,"婚"是后起字,说明古人娶妻结婚在日落黄昏时举行,古人在黄昏结婚是原始的"抢婚"民俗的遗风。《新婚别》里"暮婚晨告别"很好地点题"新婚",其中的"暮婚",仍保留汉字本身古老的民俗文化意蕴。这里的"别",是"告别",也可能是"死别""诀别"。"新""婚""别"三个汉字突显了安史之乱给百姓带来的巨大苦难。

大学语文课程重视以文化的眼光审视作品,挖掘文学或文章中所蕴含的文化内涵。《晏子论"和"与"同"》中:"公曰:'和与同异乎?'对曰:'异。'"⑦"和"字是音形义统一的文化符号,"和为贵""和而不同"是极具中国特色的传统文化。和,金文写作𠱫,小篆写作𠷼,隶书、楷书写作"和"。《说文解字·口部》:"和,相应也。从口,禾声。"⑧《汉语·郑语》中史伯说:"夫和实生物,同则不继。以他平他谓之和……

---

① 杨建波主编.大学语文[M].4版.北京:北京大学出版社,2017:144.
② 申小龙等.《汉字思维》[M].济南:山东教育出版社,2014:13.
③ 杨建波主编.大学语文[M].4版.北京:北京大学出版社,2017:51.
④ [东汉]许慎.说文解字[M].北京:中华书局,2015:259.
⑤ [东汉]班固.白虎通[M].新1版.北京:中华书局,1985.
⑥ [东汉]许慎.说文解字[M].北京:中华书局,2015:135.
⑦ 杨建波主编.大学语文[M].4版.北京:北京大学出版社,2017:17.
⑧ [东汉]许慎.说文解字[M].北京:中华书局,2015:26.

是以和五味以调口……和六律以聪耳。""和五味以调口"的"和"字,古时又写作"盉",《说文解字》:"盉,调味也。"①这里的"和"指调和饮食,调和味道。正如《晏子论"和"与"同"》说:"和如羹焉,水火醯醢盐梅,以烹鱼肉,燀之以薪。宰夫和之,齐之以味,济其不及,以泄其过。君子食之,以平其心。""和六律以聪耳"的"和",古时又写作"龢",《说文解字》:"龢,调也,读与'和'同。"②《一切经音义》引《说文解字》:"龢,音乐和调也。"这里的"和"指调和众声,调整声律,如《吕氏春秋·孝行》所言:"正六律,龢五声,杂八音,养耳之道也。"正如《晏子论"和"与"同"》说:"声亦如味,一气、二体、三类、四物、五声、六律、七音、八风、九歌,以相成也。清浊、大小、短长、疾徐、哀乐、刚柔、迟速、高下、出入、周疏,以相济也。君子听之,以平其心。"所以"和"强调多样性的统一,有差别的统一。"和"是强调多样性、差异性、矛盾性的统一与协调,而"同"指的是无差别的绝对同一。《论语》曰:"君子和而不同。"强调的是求同存异,承认差异性。《论语》曰:"礼之用,和为贵。"强调在人际交往中通过规范和约束而和谐、和睦地相处。

语言是人类社会最重要的交际工具和文学、文章载体,是人类文化的重要组成部分。大学语文以"语言"为本,从"语言工具""语言审美""语言文化"三个方面进行教学,不仅突显了大学语文区别于其他课程的本质特征,也很好地实现了大学语文以"语言培育人塑造人"的目标,引导大学生在对教材文本语言的品读中,在真实的语言运用情境中,提升自身的母语品质,提高运用国家通用语言文字的综合素养。

---

① [东汉]许慎.说文解字[M].北京:中华书局,2015:99.
② [东汉]许慎.说文解字[M].北京:中华书局,2015:42.

"金课"背景下大学语文课程四维混合式教学设计与研究

岑泽丽[①] 刘珮[②]

摘要：大学语文课程四维混合式教学设计，是以"金课"为最终目标，以现代信息技术为背景条件，以深度学习理念为导向，以线上线下混合式教学模式为核心，以课程思政为引领，以教学目标为突破口的全方位变革。它主要体现为四个方面的混合：教学模式上线上线下混合式教学、教学内容上知识传授和课程思政的融合、教学理念上深度学习导向和现代信息技术相结合、教学目标上人文素养和应用能力相结合。

关键词："金课"；大学语文；混合式教学

一、"金课"背景

（一）何谓"金课"

2018年教育部高等教育司司长吴岩在第十一届"中国大学教学论坛"上指出，课程是落实"立德树人"根本任务的具体化、操作化和目标化，是人才培养的核心要素，看似是教育的微观问题，解决的却是战略大问题，也是当前中国大学普遍存在

[①] 岑泽丽：武汉商学院通识教育学院副教授。
[②] 刘珮：武汉商学院通识教育学院副教授。

的短板、瓶颈、软肋。① 消灭"水课"、建设"金课",已成为近年来高等教育界乃至社会的热议话题。何谓"金课"？吴岩提出了"两性一度"的"金课"标准,即高阶性、创新性、挑战度。② 李志义认为课堂之"金"的五种组成为高阶课堂、对话课堂、开放课堂、知行合一、学思结合,相对应地,课堂之"水"的五种组成为：低阶课堂、灌输课堂、封闭课堂、重知轻行、重学轻思。③ 陆国栋认为,"金课"的基本特征可归纳为三个方面：师生互动、关注过程、严格要求。④ 笔者认为,拥有"金刚钻"的高素质教师是"金课"实施的前提,"金课"主要表现为：课程内容应体现前沿性和时代性；教学形式要适合课程特点,具有科学性和先进性；学生学习要具有探究性和个性化特点；教学目标应体现为知识、能力、素质的有机结合,注重培养学生解决复杂问题的综合能力和高级思维能力。⑤ "金课"是一门课程中教师、学生、教学目标、教学内容、教学形式、教学反馈等教学要素的最优配置和系统化呈现。

(二)"百度"时代,大学语文课程该何去何从

大学语文作为高等院校开设多年的一门通识课程,学科历史悠久。进入信息化时代,人们的学习模式发生了深刻的变革,大学语文课程如果还坚持传统的注重知识讲解的教学模式,势必会面临重重困境。

(1) 在"百度一下,你就知道"的时代,大学语文教师的价值何在？

"百度"时代,信息海量丰富,知识来源途径混杂多样,学生遇到了任何知识性的问题基本上"百度"一下就能得到答案,如果大学语文教师只把自己定位为知识的拥有者和传递者,那么试问我们存在的价值又何在呢？

所以我们必须转换角色,成为知识的引导者、推动者和共建者。面对泥沙俱下、真假不明的海量信息,教师引导学生辨别良莠、明辨是非,面对纷繁复杂的多元价值观,教师引导学生选择真善美的价值观,促进其身心和谐全面发展,只有这样,教师有了独特的存在价值,才不会被机器所取代。

(2) 大学语文和"高四语文"的区别何在？

学生在上大学之前已经有了十多年的语文基础,如果大学语文还是采取应试教育的教学模式,只注重知识的讲解和传授,学生处于被动的接受性学习之中,那么大学语文就会沦为"高四语文"。大学语文应注重知识的内化、迁移和应用,注重学生自主性、探究式学习,注重培养学生发散性思维、创新性思维、善于解决问题等高级思维能力。

(3) 面对"网络原住民",大学语文课程应该如何变革？

---

① 吴岩. 建设中国"金课"[J]. 中国大学教学,2018(12):4-9.
② 吴岩. 建设中国"金课"[J]. 中国大学教学,2018(12):4-9.
③ 李志义."水课"与"金课"之我见[J]. 中国大学教学,2018(12):25.
④ 陆国栋. 治理"水课" 打造"金课"[J]. 中国大学教学,2018(9):23.
⑤ 吴岩. 建设中国"金课"[J]. 中国大学教学,2018(12):4-9.

我们的教学对象被形象地称为"网络原住民",因为他们大多数从小在网络的环境中成长,对网络有着天然的敏感性和喜爱之情。如果大学语文课程还是坚持"一张黑板＋一支粉笔"或"几页PPT＋三寸不烂之舌"的教学方式,想去打动这些"网络原住民"估计困难重重。试想,学生为什么要去学习那些"枯燥""死板""无趣"的知识,而不去接触丰富有趣、令人眼花缭乱的网络世界呢?所以大学语文课程要进行教学模式的变革,利用现代信息技术手段,以"网"制"网",重新激发学生求知欲和好奇心。

二、大学语文课程四维混合式教学设计

信息化时代,在"金课"背景下,大学语文课程可以进行以下四个方面的混合式教学设计与变革。

(一)教学模式的混合:线上线下混合式教学

1. 混合式教学的特点

1632年捷克教育家夸美纽斯在其《大教学论》一书中写道:寻找并找出一种教学的方法,使教员因此可以少教,但是学生可以多学;使学校因此可以少些喧嚣、厌恶和无益的劳苦,多些闲暇、快乐和坚实的进步。[①] 伴随着现代信息技术和教学的不断深度融合,这种"少教多学"的教学方法、教学模式便应运而生,混合式教学是一种"线上＋线下"的新型教学模式,它结合了在线教学和传统面对面教学两者的优势,可以实现"教师少教、学生多学"的目标。它的主要特点如下。

(1)混合式教学重构教学流程和教学结构,突显先学后教、以学定教,做到了以学生为主体、以学生学习为中心。

(2)混合式教学最重要的目标是促进学生自主学习,它旨在引导学生主动学习、学会学习,帮助学生在合作探究中解决旧问题、获取新知识,注重培养学生的创新能力和思维能力。

(3)线上课堂教学和线上网络教学不是截然分开的两个部分,而是相辅相成、紧密联系的。教师在做教学设计时要通盘考虑、系统规划。

2. 大学语文课程混合式教学设计

大学语文的学习,学生可以通过各种途径找到海量的知识、信息和资源,如果仅坚持传统的注重知识讲解和传授的教学模式,教学效果可能会大打折扣。而采用混合式教学模式,从根本上对教与学的结构和方法进行重构,引导学生自主深层次学习,可使课程教学面貌焕然一新。从教学内容重构的角度来看,大学语文课程混合式教学模式设计分为三个步骤:课前自学,理解新知识;课中交互探讨,内化新

---

① [捷]夸美纽斯.大教学论[M].傅任敢,译.北京:教育科学出版社,2014:8.

知识;课后巩固,迁移和应用新知识。具体内容如下。

(1) 混合式教学的特点是"以学定教",首先要将传统课堂上讲解的知识前置于课前线上教学。要注意以下三个关键点:其一,不能简单地把知识的灌输从在传统的课堂上前置于课前线上教学,教师应对课前线上教学进行精心设计和安排,并发布具体的学习要求和学习任务。其二,教师应选择有吸引力、有深度、有典型意义的学习资源供学生自习,吸引学生的注意力,并拓展学生学习内容的深度与广度。其三,采取有效的措施督促学生完成课前学习任务,为面对面课堂学习做好充分的准备。

(2) 要在面对面的课堂学习中实现知识的内化,需要注意以下关键点:其一,主要以互动学习与交流的方式开展教学,注重师生之间和学生之间的协同学习,充分激发每个人的思维和智慧。其二,教师要根据学生课前学习的情况,精心做好问题预设、教学情境、协作研讨、评价反馈等方面的设计与组织,使课中和课前各环节紧密衔接。

(3) 课后的反思与训练有助于推进学生的深度学习,实现知识的应用和迁移。可以设置专门的任务和活动,诸如诗歌朗诵、专题写作、主题演讲、情境表演、社会调研等,让学生在课后完成,最终成果可以在线上展示,师生可以进行评价或留待下次课堂上展示。

(二) 教学内容的混合:知识传授和课程思政相融合

1. 课程思政的核心内涵

"思想政治理论课要坚持在改进中加强……其他各门课都要守好一段渠、种好责任田,使各类课程与思想政治理论课同向同行,形成协同效应。"[①]2016年习近平在全国高校思想政治工作会议上的讲话拉开了课程思政理论研究和实践探索全面展开的序幕,到2020年5月教育部印发的《高等学校课程思政建设指导纲要》,一系列会议和纲要为推进高校课程思政建设工作指明了方向,提供了根本遵循,并勾勒出了清晰的行动指南。

近五年来,课程思政成为教育界关注的热点和焦点。课程思政是一种课程观,是一种新的教育教学理念。在高校课程思政教育体系中,思政课程应发挥引领作用,其他通识类、专业类、实践类课程等应充分挖掘自身所蕴含的思政教育因素,形成以课程为载体,实现教书和育人、知识传授和价值引领、显性思政教育和隐性思政教育相结合的全课程、立体化的大思政育人体系。对每一门具体课程(思政课程除外)而言,课程思政的核心内涵是指教学中应做到知识传授和价值引领有机结合。

---

① 引自2016年12月习近平总书记在全国高校思想政治工作会议上的讲话。

2. 大学语文课程思政教学设计

大学语文课程思政建设是一个系统工程,涉及教师的课程思政意识和能力的提升,以及课程教学目标、教学内容、考核方式的重构等各个方面。就课程教学内容而言,我们可以从以下三个方面实现知识传授和课程思政的融合。

(1) 深入、系统地挖掘中华优秀传统文化的思想精华和时代价值。大学语文课程的教学内容一般以古代文学为主,可以挖掘其中蕴含的家国情怀、仁爱至善、自强不息、重信守诺、公平正义、以和为贵的思想精华,并梳理其时代意义和当代价值。

(2) 开辟与大学语文教学内容有内在联系的思政专题,如"文学经典中的爱国主义"等。

(3) 探究国学经典和社会主义核心价值观的内在关系。以社会主义核心价值观为线索,延伸并贯穿到大学语文国学经典的教学中。

(三) 教学理念的混合:深度学习导向和现代信息技术相结合

1. 深度学习的内涵

传统教学模式中,学生学习的主动性和参与性比较弱,因此便有了相应的教学改革和尝试,例如翻转课堂、对分课堂、混合式教学模式等。这些改革都旨在提高学生学习的自主性,但是很多改革容易流于形式和表面,例如强调学生的兴趣而忽视知识的系统性和科学性,强调学生的主动参与而忽视教师的引导作用,强调互动交流的形式而忽视教学内容应有的深度等,最终导致教学改革难以取得实质性的进展。这说明真正有意义的教学改革不仅要着眼于形式,更要着眼于教学规律。1976年西方学者最早提出了"深度学习"的概念,一直到现在,国内外众多专家学者相继对它进行了不同角度的深入研究。简而言之,深度学习是与浅层学习相对的概念,即学习者以理解学习为基础,将经过质疑批判、深入理解而获得的新知识有机融入自己已有的知识结构之中,并将其迁移到新的情境中,通过应用来提升学习层次、强化学习能力,并生成新的能力的综合性学习。[1] 可以说,深度学习的目标与凭借现代信息技术手段进行的教学改革的目标具有一致性,都希望学生能够积极参与学习,成为既有扎实基础,又具独立性、批判性、创造性及合作精神的优秀学习者。以大学语文课程为例,一方面,深度学习是混合式教学的潜在要求,另一方面,可以通过混合式教学来促进学生的深度学习,两者相辅相成、相得益彰,最终促进学生的全面发展和核心素养的培养。

2. 深度学习理念导向下大学语文混合式教学设计

(1) 创设问题情境,引导学生主动解决问题。混合式教学的主要特点是从教

---

[1] 文智辉. 深度学习理念导向下大学语文翻转课堂设计与实践[D]. 长沙:湖南师范大学,2018.

师"灌输式"的"教"转变为学生在教师引导下积极主动地"问""思"和"学"。在整个教学过程中,教师要善于创设大大小小的问题情境,激发学生学习的求知欲和好奇心,引导学生在自主探究中解决问题,并构建、内化新的知识。

(2)注重启发、引导探究,培养学生举一反三的能力。两千多年前,"万世师表"孔子倡导启发式教学,他说:"不愤不启,不悱不发。"教师根据学生学习的状况和需求进行启发、诱导,而不是直接把最终答案教给他们,可以让学生更深入地自主思考和了解所学的知识,最终达到举一反三的效果。根据教学目标,教师要善于启发学生由浅入深、由表及里、由易到难逐步地自己发现问题、自己查找资料、自己得出答案。

(3)项目引导、任务驱动,培养学生独立思考、合作探究的能力。混合式教学拓宽、加深了师生之间、学生之间的交流与合作,使教学主要以交互的形式展开。特别是面对面的课堂教学,交互学习成为重要的学习方式,教师可以把教学内容进行"打包",分成一些项目或任务,让学生以小组为学习共同体进行认领,最终在教师的指导下,学生在自主探究、合作交流中完成项目或任务,不仅能获得学习成就感的深度情感体验,还能提高自主学习能力和合作能力。

(四)教学目标的混合:人文素养和应用能力相结合

大学语文是一门具有工具性和人文性的文学素养类通识课程,它蕴含着丰富的文学文化资源,其教学目标是多元的,既要提高学生的语言素养和语文能力,又要陶冶其道德情操、提高其人文素养、塑造其健全人格、促进其身心和谐全面发展。实际教学中,大学语文课程教学一般以古今中外文学经典作品作为鉴赏和品读的对象,教学目标一般偏重于文学素养的提升,也就导致对应用能力的培养有所忽视,或是仅仅进行一些简单的实践训练,例如写读后感、进行演讲等。在深度学习理念的导向下,如何使人文素养和应用能力的教学目标衔接得更为紧密,如何开展应用能力的训练,更好地培养学生的深度学习能力?

建构主义理论认为,指向写作的阅读过程是富有创造力的。写作是一种知识加工和思维深化的过程,特别是类似学术论文的写作,是对所学知识的深度加工和重构。阅读是学习者对知识认识、理解的过程,一般属于浅层学习阶段,而针对阅读的写作则需要学习者运用分析、归纳、评价等深层学习能力,从而进入所学知识的深层结构。[①] 大学语文课程应用能力的训练,可以让学生选择与教学内容相关的研究主题进行学术论文的写作,学生在广泛收集各种资料、思考写作主题、提炼观点、查找翔实案例和数据的过程中,最终将自己的观点和看法通过学术论文理性地表述出来。学生在自主探究的过程中对所学知识有了更为深入的理解,构建了

---

① 张航. 基于SPOC的深度学习能力培养研究——以大学语文课程为例[J]. 福建警察学院学报,2017,31(5):104.

新的知识,提高了思维认知、信息处理、解决问题、创新等方面的能力。以写作倒逼阅读、以阅读推进写作,阅读和写作相结合有利于大学语文课程应用能力的快速提升。

以上大学语文课程四维混合式教学设计与尝试,是以"金课"为最终目标,以现代信息技术为背景条件,以深度学习理念为导向,以线上线下混合式教学模式为核心,以课程思政为引领,以教学目标为突破口的全方位变革。其中以线上线下混合式教学模式的变革为基点和根本,倒逼课程教学目标、教学内容、教学方法等的重构或革新。

三、教师素养是大学语文"金课"建设的前提条件

没有优秀的教师就没有优秀的课程,就无法培养出优秀的学生。教师的能力水平是建设"金课"、一流本科课程的前提条件和实施保障。试想,如果教师自身缺乏高阶思维能力和创新能力,如何建设"两性一度"的金课?如何培养出自主探究的学生?"教学相长",教师和学生互相影响、互相成就,没有高素质的教师就不可能有学生的深度学习,而在引导学生深度学习的过程中,教师也获得了持续的发展。

在信息化时代,大学语文教师不能只做语文知识的拥有者和传递者,而应该成为大学语文学习的引导者、辅助者和参与者。激发学生学习大学语文的兴趣和欲望,精心设计大学语文教学活动,引导学生自主探究语文知识的奥秘,启发学生在学习过程中深入思考、质疑批判,获得学习成功的深度情感体验,这才是大学语文教师存在的理由和根本价值,也是我们不能被"百度"或机器代替的根本依据。

大学语文教师所有教学工作的出发点是"一切为了学生""一切为了学生的学习",我们要树立"以学生为中心"的教学理念,带领学生去领悟和感受古往今来文学名篇中丰富的情感、深邃的思想和厚重的文化,引导学生成为有思想、有能力、有积极的人生态度、有担当精神的未来社会建设者和接班人。在这个过程中,我们既是为学生成长服务的大学语文教师,也是成就自我、实现自我价值的大学语文教师。

参考文献

[1] 吴岩. 建设中国"金课"[J]. 中国大学教学,2018(12):4-9.

[2] 文智辉. 深度学习理念导向下大学语文翻转课堂设计与实践[D]. 长沙:湖南师范大学,2018.

[3] 马婧,韩锡斌,程建钢. 促进学习投入的混合教学活动设计研究[J]. 清华大学教育研究,2018,39(3):67-75,92.

[4] 郭华.深度学习及其意义[J].课程·教材·教法,2016(11):25-32.

[5] 李红梅,鹿存礼.新时代"课程思政"研究:综述与展望[J].福建教育学院学报,2020,21(1)10-14,129.

[6] 张航.基于SPOC的深度学习能力培养研究——以大学语文课程为例[J].福建警察学院学报,2017,31(5):103-108.

新文科视域下对大学语文的新认识[1]

顾庆文[2]

摘要：在当今科技飞速发展的新时代，新文科建设构想的提出具有重大意义。新文科建设是对已有知识体系的重新建构，培养的是适应未来发展需要的人。新文科建设让我们第一次从"人才培养"进入"人的培养"。大学语文是一门交叉学科，应从目标定位、教学内容、教学过程和方法、教学评价和反思等几方面进行重新设计，在新文科建设中发挥自己应有的作用。

关键词：新文科建设；知识体系；交叉学科；大学语文

2020年11月教育部新文科建设工作组在山东威海主办新文科建设工作会议，研究新时代中国高等文科教育创新发展举措，发布了《新文科建设宣言》，对新文科建设做出了全面部署。新文科建设对于推动文科教育创新发展、构建以立德树人为中心的哲学社会科学发展新格局、加快培养新时代文科人才、提升国家文化软实力具有重要意义。我们应站在实现中华民族伟大复兴的高度，认清现代科技发展日新月异、中西方政治经济科技文化全方位竞争、思想政治教育全面融入课程教学的现实，认识和践行新文科建设的意义和决策，按照国家新文科建设的总体设想和要求，研究高校课程体系建设问题。这其中，大学语文的课程建设就是非常重要的问题。

---

[1] 本文系西安外汉语大学首批新文科研究与改革实践项目"新文科视域下我校母语文化课程体系建设的研究与实践"成果（项目编号：XWK21YB10）。
[2] 顾庆文，西安外汉语大学副教授。

一、对新文科建设理念的认识

中国现代教育分科教学起源于 1904 年的"癸卯学制"。100 多年来,分科教学对中国教育事业的发展、对中国社会文明的进步做出了巨大贡献,但随着时代的变化发展,也显露出了种种弊端。"新文科要努力进行学科交叉融合,在学科边界上形成与拓展新的知识领域,尤其是要与现代科技相结合,实现文理交叉,对文科来说,就是提升文科的科学性。"① 今天的新文科并不是对 100 多年前传统教育模式的回归重复,学科交叉、文理融合也不是新鲜事物,从 20 世纪 80 年代就已经有了相关的提法说法,我们应对新文科有更新角度的理解。

（一）新文科是对知识体系的重新建构

所谓"文科",指的是人文与社会科学,我国通常称之为哲学社会科学,一般包括哲学、历史学、伦理学、经济学、美学、宗教学、逻辑学、人类学、社会学、法学、教育学、政治学、心理学、文学等。自 20 世纪 80 年代以来,我国高等教育学科目录经历了四次大的分类调整,主要以"增量"为主。根据教育部《学位授予和人才培养学科目录》所录,截至 2021 年 1 月,在我国高等学校研究生教育体系设置中,设置了 14 个学科门类(哲学、经济学、法学、教育学、文学、历史学、理学、工学、农学、医学、管理学、军事学、艺术学、交叉学科)、112 个一级学科。这其中大致属于文科的有 8 个门类,38 个一级学科。教育部《学位授予和人才培养学科目录》当中并没有明确的文理工农医划分,也即"文科"一词本身的概念是模糊的,是我们通俗的说法。

文科是以人类社会独有的政治、经济、文化等为研究对象的学科,还可分为人文科学与社会科学两部分。人文科学研究人类文化遗产,其经典学科是文学、历史学、哲学与艺术、人文地理学等;社会科学研究社会发展规律问题,是教育学、经济学、管理学、法学等 4 个学科门类的统称,共有 19 个学科大类(一级学科),120 个本科目录内专业(二级学科)。

知识是人类从各个途径中获得的经过提升总结与凝练的系统的对客观世界(包括人类自身)的认识成果。经过千百年的积累沉淀,人类已掌握的知识浩如烟海,但与宇宙自然和人类社会所蕴含的奥秘相比仍然是沧海一粟。正因为如此,人类才会不断对已有的知识进行各种排序整合、加工凝练,以求在现有知识的基础上进行进一步的探索,这就是各学科产生、发展的缘由。

随着科技文明的不断进步,人类对文化遗产和社会发展规律的研究(即文科研究)更加注重数字化、科学化,不仅在研究方法手段上应用了许多现代科学仪器设备进行测试、计算、数据统计分析,而且在研究思想和角度上也运用到许多科技理

---

① 陈凡,何俊.新文科:本质、内涵和建设思路[J].杭州师范大学学报(社会科学版),2020,42(1):7-11.

念。与此同时,科学技术的研究又更加关注其对人类发展、人类文明进步的影响。随着对客观世界和人类自身的了解认识越来越深入,人们发现传统的文科、理科、工科、农科、医科等学科划分已稍显落后,学科壁垒给学术发展造成的阻碍越来越显现,任何一个单独学科都已经不适应现代社会和科学技术突飞猛进的发展状况和需求现状。2018年8月,中共中央提出"高等教育要努力发展新工科、新医科、新农科、新文科"(简称"四新"建设),2019年4月,教育部、科技部、财政部等部门在天津联合召开"六卓越一拔尖"计划2.0启动大会,这标志着国家"四新"建设工程正式开启。

如今,人类已经进入拥有互联网、大数据、云计算、移动通信等高科技的时代,大量的知识信息都能够通过高科技非常便捷地检索获取、叠加整合、孵化育新,因此知识生产成为可能。知识已经不仅是人类探索自然与社会的收获成果,也成为人们研究的直接对象,更是人类进步发展的重要依靠和强劲动力。现代教育的主要功能已不仅是对知识的传授学习,更是对知识的梳理整合,对知识体系的重新建构。新文科建设就是将哲学社会科学与新一轮科技革命和产业变革交叉融合形成交叉学科、融合学科及交叉专业的一系列建设事项和建设工作。新文科打破了学科间的壁垒,融合各学科的知识,构建起新的知识体系,必将为各学科的发展开辟出广阔的天地。

(二) 新文科培养的是适应未来发展需要的人

多年以来,我们一直把创办世界一流学校、一流学科作为高等教育的努力方向。世界一流学校、一流学科尤其要注重对人的教育培养。我们办学的宗旨和终极目标是教育人、培养人,党的教育方针是"教育必须为社会主义现代化建设服务、为人民服务,必须与生产劳动和社会实践相结合,培养德智体美劳全面发展的社会主义建设者和接班人。"(《中华人民共和国教育法》第一章第五条)新文科建设理念的提出,为未来人才培养的目标设定了两个明确方向:创新能力的培育和人文素养的提升。

首先是创新能力的培育。"教授知识、传承文化"曾经是我们长期奉行的教育教学的原则。在如今信息爆炸的社会,知识浩瀚无垠、交汇融合,不论古今中外、何时何地的知识,利用现代科技手段都可能轻易地获取。但如果没有掌握现代科技手段,没有对知识的检索甄别、整合加工的技能,那么面对知识的海洋也只能是望洋兴叹,无法获取有用的知识,创新创造更无从谈起。所以在大数据、互联网等新技术条件下,在传授知识的教育过程中,更应注重培养对知识的检索甄别、整合加工的能力,以及通过对知识的选择运用进而创新创造的能力。

其次,教育的另一项重要功能是帮助学生提高素养、完善人格。素养是一个人在长期学习、生活中取得的素质和修养,包括思想文化素养、业务素养、身心素养等。教育发展学生的核心素养,主要指学生应具备的、能够适应终身发展和社会发展需要的关键能力和必备品格。研究发展学生的核心素养是落实立德树人根本任务的一项重要举措,也是适应世界教育改革发展趋势、提升我国教育的国际竞争力的迫切需要。除此之外,我们还应特别关注思考"人"的问题。"新文科更根本的使命在于回应新历史条件下'人'的观念的变化,因为人文学科是关于'人'的学问。"①当今科学技术飞速发展,物质财富和技术手段越来越丰富多样,过去许多只能由人力完成的工作,包括一些脑力工作,现在都可以由机器来完成,人类开始有闲暇时间和精力观察、思考、享受人生。人工智能的诞生使我们进入"后人类"时代,也让我们开始思考"人才"与"人"的关系问题。"人才着眼于人的有用性,具有工具性的导向;人则是着眼于人本身。"②"人"是教育的归宿,新文科建设让我们第一次从"人才培养"进入"人的培养"。

二、新文科对大学语文的新要求

经过多年的探讨,学界对大学语文的定位已经基本取得一致意见,即大学语文是工具性与人文性兼备的课程(或学科)。"经过长期的实践和不断探索,目前语文教育界已基本达成共识:工具性与人文性的统一,是语文课程的基本特点。工具性不能离开人文性而存在;同样,离开工具性,人文性将无所依附。"③新文科建设让我们对大学语文"工具性与人文性的统一"有了新的认识。

(一)新文科建设中的大学语文是交叉学科

"语文是一门形式训练学科,它没有自己的内容,它以其他所有学科的内容为内容,凭借这些内容进行听说读写的语言文字能力训练,并为所有这些学科提供语言文字工具。"④语文的工具性体现在"为所有这些学科提供语言文字工具",而语文的人文性就体现在"以其他所有学科的内容为内容"上。这种"以其他所有学科的内容为内容"使得语文带有了交叉学科的天然特征,新文科建设为语文施展这一天然特征提供了机遇,大学语文应该充分发挥利用好这种优势特征,在新文科建设中找准自己的位置,做出自己的贡献。

"没有内容的形式和没有形式的内容,都是不能存在的;即使存在的话,那么,前者有如奇形怪状的空洞的器皿,后者则是虽然大家都看得见、但却不认为是实体的空中楼阁。"⑤语文固然要为学生提供语言文字的训练,但语言文字是要描述事

---

① 陶东风.新文科新在何处[J].探索与争鸣,2020(1):8-10.
② 陈凡,何俊.新文科:本质、内涵和建设思路[J].杭州师范大学学报(社会科学版),2020,42(1):7-11.
③ 徐中玉,齐森华.大学语文[M].10版.上海:华东师范大学出版社,2016:1.
④ 何二元.大学语文的"初心"与"独任"[EB/OL].(2019-7-24).http://www.eyjx.com/view.asp?id=8370.
⑤ [俄]别林斯基.别林斯基论文学[M].梁真,译.上海:新文艺出版社,1958:76.

物、表达思想、抒发情感的,语言文字本身的标准规范、生动优美的特点在语文课上更要着重关注研究,所有这些事物、思想、情感和语言文字特点构成了语文的内容。语文的这些内容有可能涉及任何传统学科。新文科建设的理念让我们明确了,新技术条件下的学科壁垒已经被打破,知识体系需要重建,大学语文必定是涉及多学科的交叉学科。这种学科交叉不是传统意义上的文史哲不分,而是由文学、语言学、历史学、哲学、美学、社会学、心理学、教育学等学科为主要支点,内容涉及人文社科和自然科学的各个领域,以互联网、大数据、多媒体等新技术为手段进行的多学科交叉教育。

(二) 新文科建设需要对大学语文进行全新设计

新文科对知识体系重新建构,培养适应未来发展需要的人。新文科建设中的大学语文既然是交叉学科,我们就需要从目标定位、教学内容、教学过程和方法、教学评价和反思等方面对大学语文进行重新设计。

1. 目标定位

大学语文是工具性与人文性的统一。"所谓'工具性',主要是使大学生能够正确运用母语叙事说理、表情达意,训练与提高大学生的阅读、思维、审美鉴赏与表达能力;所谓'人文性',就是陶冶与培育大学生的道德情操、思想境界,使他们树立正确的人生观、世界观及价值观。"① 这是比较公认的大学语文的目标定位。除此之外,大学语文的目标定位还要与学生的学业成长和未来发展密切关联。比如:如何提升学生在教学过程中的参与度、融入度? 如何提升学生基于研究的批判性思维和创造力? 如何引导学生从未来社会发展的趋势,识别和激发潜在的创业机遇和创新才能? 如何为学生提供跨学科知识学习和运用的场景? 如何提升学生的核心竞争力? 如何让学生在未来的人生中对生活、对社会、对人有正确的认识? 等等。

2. 教学内容

大学语文教学既要注重提高学生的母语运用能力、审美能力、文化素养,也要研究新科技革命下与"后人类"时代有关的人的认识和发展问题,使学生科技意识与人文思想全面提升。既要继承发扬千百年来优秀传统文化的精髓,也要密切跟进新科技条件下人文科学领域研究的最新成果,并及时推广到教学实践中,做到基础知识与前沿理论相结合。要以优秀传统文化为根基,增强民族文化的定力与自信;同时面向世界,包容各国各民族之间的文化差异,学习借鉴世界各国各民族的先进思想文化,做到民族文化自信与多元文化意识相互促进。既要注重对学生母语技能、文化素质的培养,也要关注和发掘学生的个性和爱好;既要使学生整体母语文化素质得以提升,也要让每一位学生的天赋和优势都能得到充分的展示和肯定,做到才能培养与施展相结合。

---

① 程华平.学以成人:徐中玉大学语文教育思想摭谈[J].文艺理论研究,2020,41(5):23-34.

3. 教学过程和方法

受课堂条件的限制，我们通常的教学过程和方法是单线条的，老师讲，学生听，顶多增加一些提问、练习等环节。新时期大学语文的教学过程和方法应该丰富立体：既有课堂教学，也有实地考察；既有真实场景，也有虚拟仿真；既有各种游戏，也有分组讨论。尤其要注重小组学习，小组内鼓励探讨，小组间比较竞争。小组学习能够迅速提升学生的批判思维能力和竞争意识，提高学生的团队意识、合作精神；能够激发学生学习兴趣，提高教学效果。要注意线下线上教学相结合，线下课堂教学集中处理学生普遍存在的学习问题，线上教学提供充足的教学音视频、资源库，供学生拓展知识领域。教学不应只是坐而论道、纸上谈兵，而应做到理论与实践相结合，密切关注、研究探讨社会发展出现的新现象、新问题，将知识技能投入生活、工作的实际中，将习得的新思想、新观念放诸实践中检验。教学还应做到全时空互动。现代科技条件下，教学互动能够即时，也能够延时，要充分利用云计算、大数据、移动互联网等新技术，做到课堂内外、线上线下、自动人工随时随地全时空互动联系。

4. 教学评价和反思

教学评价和反思是总结教学经验、促进教学改革、提高教学水平非常重要的环节。教学评价和反思绝不是简单的教学总结、考核、督导、评比等，这样的评价反思往往会流于形式，走过场，对教学改进作用不大。教学评价和反思一定要多层面、全方位，评价体系和标准要切中教学的各个环节。对学生来说，要综合他们的知识与技能、精神与心理、能力与品德、水平与素养、学习与实践等进行全面考核评价。对教师而言，要综合他们的专业知识与技能、教学组织与实施、教学态度与投入、教学研究与成果、人品修养与思想道德等进行多角度考察评价。一堂课要有学生自评、小组互评、教师点评等多个环节；一门课也要有学生评价、同事互评、院系考核、社会反响等多个方面。只有这样全方位、多维度的评价、反思、总结，才能促进课程的不断改进优化。

大学语文的教学大纲、课程标准、教材等也应据此重新制订编写。

新文科建设为大学语文提供了机遇，也提出了挑战。只要我们深刻领会新文科建设的意义，准确把握新技术革命带来的社会发展态势，秉持开放的心态和改革的决心，深入研究、大胆实践，大学语文的教学科研成果一定会越来越多，地位一定会越来越高，对教育发展和学生成长所发挥的作用也一定会越来越大。

论新文科视域下大学语文的革新

赵长慧[①]

摘要：新文科突破传统文科的思维模式，注重多学科交叉与深度融合，推动传统文科的更新升级。立足于这一背景下的大学语文课程必须在教学理念、教学目标、教学内容和教学模式等方面进行革新，这些革新应结合课程自身特点和优势以适应新文科建设的需要，才能更好地满足社会对人才培养的要求。

关键词：新文科；大学语文；教学；革新

在传统的分科体系中，人文社会科学和自然科学界限分明，这种现象在知识更迭、学科交叉融合加速的今天，对人才培养机制和学科发展都极为不利。因此，建立一种新文科教育体系，对于提高哲学社会科学发展水平、增强中华文化影响力和国家综合国力、建成教育强国、培养担当民族复兴大任的新时代文科人才，具有重要意义。2018年10月，教育部决定实施"六卓越一拔尖"计划2.0，在其中的基础学科拔尖学生培养计划中，首次增加了心理学、哲学、汉语言文学、历史学等人文学科，初步显现了新文科建设的蓝图。2019年4月，教育部、科技部等13个部门正式联合启动"六卓越一拔尖"计划2.0，要求全面推进新工科、新医科、新农科、新文科建设，全面实现高等教育内涵式发展，新文科建设开始启动。2020年，教育部新文科建设工作组主办的新文科建设工作会议发布《新文科建设宣言》，对新文科建设做出了全面部署。党的十九届五中全会明确了"建设高质量教育体系"的政策导向，并确定了到2035年建成教育强国的目标。习近平总书记2021年4月在清华

[①] 赵长慧：汉江师范学院副教授。

大学考察时强调,要打破学科专业壁垒,对现有学科专业体系进行调整升级。由此可见,新文科建设已经成为今后我国高等教育所要着力推进的核心工作。面对新使命、新要求,我们需要提高站位,推动高等教育改革创新,包括大力推动新文科建设创新发展。

时代的发展促使各个行业不断提高对人才的人文底蕴要求,文字功底、文学积淀、思想认知、思维逻辑等成为新时代背景下高素质人才的基本要素。传统文科汉语言文学是中华民族在物质文明和精神文明进程中形成的具有永恒意义与普遍价值的思想体系、文化观念和学术方法的重要学科,对培养人文人才有重要意义。汉语言文学在新文科背景下应与时俱进,进行全面的革新与发展,才能满足社会的要求。而以汉语言文学为载体的大学语文课程将如何进行自我革新,以适应新文科建设的需要,笔者有如下几点思考。

一、关于教学理念的"革新"

新文科是相对于传统文科而言的,它是在全球新科技革命、新经济发展、中国特色社会主义进入新时代的背景下,突破传统文科的思维模式,以继承创新、交叉融合、协同共享为主要途径,促进多学科交叉与深度融合,从而推动传统文科的更新升级。这是一个兼具顶层设计、未来视野、人文情怀和具体规划的完整体系。新文科不仅仅是一个简单的新概念,更是一种新理念。从根本上说,新文科并不是一种新生科学,而是传统文科的更新升级版。首先,新文科是对传统文科思维模式的突破。新文科建设要求文科承载社会主义先进文化,与新科技革命进行融合,在新的时代背景下,以交叉与融合、继承与创新、协同与共享为主要途径,改变传统文科思维模式,促进文科的新发展,形成以需要为导向、交叉融合、引领发展的新态势。[1] 新文科的意义在于更强调文科专业基础的融通性,换句话说,从分科治学走向学科融合,破除学科壁垒,走向各学科"大融合"的文科。所以大学语文的教学理念应从传统的学科本位或者专业性转变为涵盖多个学科的交叉、融合、渗透或拓展的融合性,可以是人文社会科学内文学、哲学、历史学、心理学等多个学科的交叉融合,也可以是与自然科学交叉融合形成的文理交叉、文工交叉、文医交叉等新兴领域。

其次,在新文科背景下,大学语文必须具有创新性理念。所谓创新性是指要通过新的学科增长点,突破对传统文科固有的认知和观念,包括文科知识、文科对象、文科概念、文科理论、文科内涵,甚至包括文科知识的传承方式方法等,对传统大学语文进行转型、改造和升级,寻求大学语文新的突破,实现理论创新、机制创新、模式创新。要做到守正创新,解放思想、拓展思路。

---

[1] 左鹏.新文科建设背景下大学语文教育的回归与融合[J].社会科学动态,2021(9):54-57.

最后,新文科要求从学科导向转向以需求为导向,因此大学语文必须具有发展性理念。现实需求是不断变化的,是动态的、发展的,这种变化和发展是持续不断的,要根据不断出现的新问题在实践过程中不断探索调整,日臻完善。必须重视大学语文课程的应用价值,具备面向世界的发展眼光,精准把握新时代的背景,做出合乎中国国情、合乎时代要求的意义解读,服务现实需要。总之,在教学理念上应认识到,新文科是一种新思维、新方法,也是一种新变革,在革新中要导入"学生中心、成效导向、持续改进"的观点,以培养人的创造性和创新性理念。

二、关于教学目标的"革新"

有研究者将大学语文课程开设以来的历史划分为三个阶段:1978年至20世纪90年代中期的补课期,20世纪90年代中期至21世纪初前几年的素质教育期和21世纪初前几年至现在的通识教育期。这种分期其实蕴含着不同的课程定位,也意味着教学目标亦有不同。"补课"性质的大学语文侧重基础语文知识的传授和阅读理解的训练,人文素质课程则侧重培养学生的语言表达能力和文学修养,陶冶情操。作为通识课程,在当前新文科背景下,大学语文需要重新审视课程定位,适应新时代、新使命、新要求,融合新理念、新技术、新媒体,形成有利于课程建设和学生培养的新思路与新做法。大学语文课程不能仅仅停留在文化传承和人文精神熏陶方面,而要坚持立德树人、价值引领,要有对中华优秀传统文化的创造性转化和创新性发展,以培养能够担当民族复兴大任、又具有国际视野和国际竞争力的时代新人。其教学目标除提高学生语文能力和审美情趣外,还要特别注意培养学生的独立思考精神和批判意识,深刻理解中华优秀传统文化中蕴含的社会主义核心价值观,培养正确分析事物的习惯和能力。要拓展知识面,开阔语文视野,理解与吸收中外文学深层的文化内涵,健全人格,升华思想境界,陶冶道德情操,树立正确的世界观、人生观、价值观。教学目标的革新应从以下几方面考虑。

(一)教学目标要以学生发展为中心

传统的大学教育中,由于教学时间紧张、教学内容繁多等因素,教师大多采用讲授法,始终处于传授者的地位,学生更多的是被引导掌握知识,教学目标更注重知识的传授和接收,学生的自主意识和创新意识并没有成为主要的培养目标。随着互联网时代的发展和新文科建设的需要,学生学习知识的途径和方式更为便捷和多元化,教师要转变单一地为学生提供知识的旧观念,转换角色定位,从过去的知识传授者向思维方式的训练者和获取知识的引导者转变,要切实把培养学生自主学习、综合运用、创新发现等能力作为教学中心,从知识、能力、素质三个维度突出能力本位教育,最终实现培养学生可持续发展能力和创新能力的教学目标。以往我们可能更多地强调教师要转变观念,以达成这一目标,但其实除教师外,还应特别注意引导学生转变身份角色，才能真正落实这一目标。多年的灌输型教育，使大学生形成了固有的角色观念——那就是作为知识的接收者，习惯于被动性学习，很多大学生不主动、不习惯、不参与教学活动。这种局面若不改变，以学生发展为中心的理念终将大打折扣，甚至落空。

（二）教学目标要以融合创新为抓手

新文科融合性特征不仅是人文科学的融合，也包括人文科学和社会科学的融合，还包括人文社会科学和医学、生物科学、信息科学等自然科学之间更为深广的交会融通。相比其他文学类、文学理论类等专业课程，大学语文自身具有综合性与工具性特征，更注重对学生各方面综合素质的培养，其内含了与其他学科进行融合的更多的需求和更大的可能性。因此，必须改变固有的"专业"理念，准确把握新文科背景下大学语文的特征，尤其是其学科特征，更新传统的语文观念，充分关注新文科背景下大学语文与其他学科间的交融，全面呈现"大语文"面貌。以融合创新为抓手，确定培养目标，实现高质量人才的培养。

（三）教学目标要以社会需求为导向

我国的新文科建设，是在习近平新时代中国特色社会主义思想的指导下，立足于整个高等教育的改革与发展，其意义深远。它要解决的是当前整个文科面临的基本问题，从而改变我国高等教育结构布局中学科发展不平衡、不充分的现状。随着社会的发展，对文科专业人才的需求不仅仅局限于学术研究、文字处理和语言表达，而是具有扎实的语言文字和文学功底，又兼具相关专业的知识和能力的人才，单一的文科专业的知识结构已经很难适应当今社会的实际需求。同时，发掘传统文化的现代价值，重新确立中华文化的主体地位，增强民族自信，树立自强不息、厚德载物的民族精神，实现民族复兴，是时代赋予青年学子的伟大使命。这些都要求大学语文教学目标要立足现实，以社会需求为导向。

三、关于教学内容的"革新"

"新文科建设的重要特点是交叉与融合，由此形成大批新的学科内容。这些内容有的是经由传统研究范式转换而形成的，比如通过人文经典数字化、大数据采集和处理等产生的新人文社会科学内容；有的是因新兴产业领域而出现的，比如人工智能、区块链、基因工程、虚拟技术等的运用，需要与之配套的相关伦理、法律、公共政策，或社会问题的研究解决；有的是因社会发展和人类需求变化带来的，比如大数据、AI技术等的运用给人类社会和人的精神世界带来新的诉求与满足，由此产生的新知识。"[①]面对这些新内容，大学语文要主动认识并积极合理地吸纳它们，结

---

① 左鹏.新文科建设背景下大学语文教育的回归与融合[J].社会科学动态,2021(9):54-57.

合课程特点,提升课程质量。在教学内容革新方面应注意以下几点。

(一)立足于中华优秀传统文化的时代语境

中华文化浩如烟海,源远流长。优秀的文学作品,或表现亲情、友情,或反映人生追求,或反映社会责任,或歌颂山川风物,或吟唱生命感悟。其中蕴含着无比丰富的精神素养。这些作品中,有的语言优美、富有特色,有的精工凝练、庄重典雅,有的平易晓畅、通俗易懂,有的激情飞扬、热烈活泼,有的沉稳大气、引人遐想……这些文学作品的作者均是在不同领域有所建树的人物,可挖掘作者某一侧面来给青年学子树立榜样,如屈原的美政理想、崇高的爱国情怀,司马迁为理想而忍辱含垢,杜甫关心现实、忧国忧民,文天祥宁死不屈、一片丹心,夏完淳、林觉民为了革命信念不惧牺牲、义无反顾,等等。大学语文的教学内容应利用新文科交叉融合的特点,立足于文与史的结合,深入挖掘教材文本的文化价值,正本清源,以优秀的作品鼓舞学生,以高尚的人格精神引领学生,以优美的艺术感染学生。既可以提高学生的文科专业素质,又培育了学生高尚的精神操守、爱国情怀,激发其民族自信心和自豪感,促进学生的精神成人。切忌为了所谓的"革新"全盘抛弃传统,也要防止为了所谓的"继承"而故步自封,应正确处理传统文化的继承与发展的关系。

(二)扎根于新时代中国社会发展的现实土壤

新文科突破传统文科的思维模式,以继承与创新为途径,从学科导向转向以需求为导向。大学语文教学在教学内容上要改变传统的纯文学化的专业理念,要扎根于现实的土壤,既要培养专业的语文知识能力,又要引导学生关注现实、关注人生、关心他人,要具有世界眼光,具有批判意识、反思意识。比如学习《晏子论"和"与"同"》后可以就"和"与"同"问题,联系现实进行拓展:国家兴盛——君臣之间、官民之间、国与国之间、朝野之间的"和"与"同";文学艺术的最高境界——有限和无限、虚与实、似与不似、刚与柔、抑与扬等因素中蕴含的"和"与"同";人们处理事务、人际关系——通过自我克制来消除矛盾与分歧,用相互切磋来发扬各自所长是否具有"和"与"同"意识;处理国家、集体和个人的关系——明确自己在社会中所处的地位和所应尽的职责,做到各司其职,各尽其责是否体现"和"与"同"思想;人与自然、人与社会、人与自身等的关系中,是否需要"和"与"同"理念;"可持续发展""绿水青山就是金山银山""人类命运共同体"等执政和发展理念是否具有"和"与"同"智慧……这些话题都可以引导学生从书本走向现实,培养学生的思维能力、反思意识和关注社会现实的习惯。

(三)着眼于教育强国的伟大理想

党的十九届五中全会明确了"建设高质量教育体系"的政策导向,并确定了到2035年建成教育强国的目标。提升综合国力、坚定文化自信、培养时代新人、建设高等教育强国、文科教育融合发展都需要新文科。新时代对文科的建设和发展提出了新挑战,也带来了新机遇。作为最具中华传统文化优势的大学语文课程,要积极应对挑战、把握机遇,更加主动自觉地凸显学科优势,在"不忘本来、吸收外来、面向未来"中,不断开辟文科建设新境界,在实现中华民族伟大复兴的中国梦这个宏伟事业中发挥重要作用。

四、关于教学模式的"革新"

适应新的时代需求,新文科建设应树立以学生为中心、以产出为导向的卓越人才培养理念,积极创新人才培养模式和实现路径,"我们必须改变教育的形态,必须改变教育的结构,必须改变教育的理念,必须改变教育的标准,必须改变教育的技术,必须改变教育的方法,必须改变教育的评价,必须改变教育的体系。从形式到内容都要来一场革命,从物理变化必须到化学变化"①。因此,大学语文教学模式的革新理是应有之义,这是毋庸置疑的。新科技、新思想促生了名目繁多、各式各样的新的教学模式,但无论是线上教学、线下教学,还是线上线下混合式教学,抑或是其他种种教学模式,都不是完美无缺的。我们必须始终明白任何一种教学模式它的最终目的是服务教学,教学目标的达成、教学效果的实现才是它的终极意义,切忌舍本逐末,仅仅为了创新模式而创新。因此,大学语文教学模式的革新应结合课程自身的特点,注意以下几个方面的问题。

(一)要具有艺术性

回归大学语文的本质之所在,必须认识到大学语文的本质仍然是文科,尤其是文学,艺术性是其特色,也是其优势。所谓教学模式要具有艺术性,第一层意思是指要运用恰当的教学模式呈现富有美感的教学内容,让学生在审美愉悦中达成教学目标。第二层意思是指教学模式要具有个性,任何一种模式都是独特的存在,任何一种模式都不可能成为完美的公式而被复制后批量使用。教学的模式应该是一种艺术而非技术,要防止"非语文"元素喧宾夺主而成为课堂主角。在新文科背景下大学语文教学模式的艺术性不应该被抛弃,而是要不断创新、不断发展,使之与现代新科技、新产业等相结合,从而更好地为培养新型人才服务。

(二)要具备思想性

教师要具有立德树人的意识,"文以载道",除思政课外,大学语文是最容易渗透思政内容的课程,而且能做到在"润物细无声"中对学生进行思想教育。新文科

---

① 吴岩.在高等学校专业设置与教学指导委员会第一次全体委员会的讲话[EB/OL].(2019-06-28). hattp://www.163.com/dy/article/EIOCIES105366EUH.html.

视域下大学语文教学模式要结合自身学科特点,在教学模式的运用和创新中渗透思想教育。例如,运用讲授法教学模式,通过讲授新中国成立以来的科学发展史,渗透科技强国思想;运用讨论法教学模式,通过讨论社会热点现象,培养学生关注现实、勇于承担社会责任的品质;运用线上教学模式,通过观看线上视频等方式,启发学生思考人生价值等。教学模式虽各异,但思想性一以贯之。

(三)要蕴含人文性

大学语文要通过合适的教学模式培养学生高尚的情感价值、高雅的审美情趣,引导学生知晓、热爱、传承并发展中华优秀传统文化。大学语文课程自身蕴含丰富的人文性内容和经典的传统文化素材,新文科建设更加充实和丰富了这些教学内容。在教学模式的运用中,应充分考虑渗透这些因素。比如,当我们使用线上教学模式,让学生感受科技带来的便利时,应关注"人"的因素,感悟是人创造了科技、科技便利了人;当我们运用传统的线下教学模式时,让学生充分感受置身校园、班级、同学中的氛围,体会珍贵而美好的人生经历;当我们运用讨论法探究文本中的某些历史人物时,适时凸显其精神品格、情感力量,或是身处时代的历史局限性等,在各种不同模式中融入情感和文学审美的熏陶。

(四)要兼具现实性

教学要面向社会需求,面向世界发展,面向学生实际。教学模式的创新本身就是对培养学生创新能力的一种引领。此外,还必须有意识地通过教学模式的不断探索,立足于学科前沿,"坚持'问题导向',充分参考、借鉴、吸纳、采用相关学科的视野、方法、思路、理念等做深度的融合,尤其避免'学科+新技术'之类的简单相加"①。借助新科技信息传播手段打开传统语文教学课堂的限制,呈现教学形式多元化、教学主题明确、学习目标清晰、教学内容丰富的大学语文教学课堂。同时,应充分考虑当前各种良莠不齐的网络信息泛滥给大学生造成的不利影响,比如阅读、思考和表达能力下降,知识碎片化的现实,所以教师应合理、适度运用借助新型科技手段的教学模式。

总之,"大学之道,在明明德,在亲民,在止于至善",作为高校通识课程的大学语文,在新文科建设的大潮中,应顺势而为,守卫育人初心,结合学科自身特点进行课程革新,促进学科升级,让大学语文课程成为高校课程体系中能够提高学生思想水平、人文素养,培养学生自学习惯、实践能力等优秀品质的重要的核心通识课,在不断的自我革新中走出具有时代特色和中国特色、同时兼具国际视野的发展之路。

---

① 马世年.新文科视野下中文学科的重构与革新[J].西北师大学报(社会科学版),2019,56(5):18-21.

参考文献

[1] 张颖.争议四十年的大学语文——课程名称之争及其流变[J].北京科技大学(社会科学版).2017,33(5):102-104.

[2] 赵长慧.说课:晏子论和与同[J].大学语文论坛(第一辑),上海:华东师范大学,2017.

以文化人，以美育人，文美与共
——大学语文"一心两全"教学探索与实践

祖秋阳

摘要：大学语文属于人文通识类课程，以立德树人为根本任务，以"两性一度"为建设标准，构建"一心两全"的创新教学新理念，即以学生为中心，全要素体现教学创新，全过程融入课程思政，重在解决教学中的问题与痛点。

关键词：大学语文；教学理念；以文化人；以美育人

一、以学生为中心的问题导向

（一）我读我想，我的课堂：解决教师以教代学问题

以大学语文为代表的课程属于通识类课程，选课学生来自不同专业，具有不同学科背景。在传统教学中，存在三个突出的问题。第一，教师照本宣科，学生被动接受，课堂教学以单向的知识传递为主，问题意识不强，互动环节薄弱。以教师为中心的以教代学的授课方式，让学生机械跟随，成为课堂活动中"置身事外"的旁观者。第二，教师"就诗论诗""以文论文"，枯燥晦涩的理论阐释与现实生活脱节，导

---

[1] 本文系重庆市教育科学"十三五"规划项目"高校立德树人落实机制研究"成果（项目编号：2019-gx-314）；重庆邮电大学教改项目"新文科背景下高校中华优秀传统文化课程体系构建"成果。

[2] 祖秋阳：重庆邮电大学素质教研部主任，讲师。

致学生无法将中华传统文化的美育与生活中的具体事例相结合,优美的古诗词成了课本中冰冷的文字符号。第三,通识类的鉴赏课,往往重广度,轻深度;重文本,轻关联。在讲解了大量的诗词作品后,学生往往无法将其形成关联,出现前后关联弱、逻辑关系弱的问题。在作品与理论、阅读与研究、知识与能力之间存在断层,削弱了大学语文教学的高阶性和挑战度。因此,在大学语文课程中,以"我读我想,我的课堂"角度贯穿课堂,从注重知识点传授的"以教师为中心"向"问题+思维+创新+美育"并重的"以学生为中心"的教学模式转变,全要素体现教学创新。

(二)挖掘要素,润物无声:解决课程思政生硬融入问题

通过调研发现大学语文课程思政主要存在两个方面问题。第一,专业教育与思政教育"两张皮"。课程思政与课程内容脱节,存在表面化、硬融入的问题,这种情况往往导致学生对课程思政的抵触情绪,弱化了育人作用。第二,挖掘课程思政所蕴含的思想政治教育资源不够,存在"大水漫灌"的现象。本课程力求以"挖掘要素,润物无声"为重点,从"大水漫灌"转变为"精准滴灌",使学生真正入耳、入眼、入脑、入心;从专业教育与思政教育"两张皮",变为合力育人的"同心圆"。以诗词育人,以审美化人,实现如盐入汤的文美与共,全过程融入课程思政。

(三)一平三端,实时交互:解决传统教学"背多分"问题

大学语文课程引入慕课资源,采用线上线下混合式教学模式,主要为了重点解决两个问题。第一,教学评价单一,学生死记硬背,期末突击学习现象严重,不能真实反映学生能力和水平,无法驱动有效教与学的问题。因此,急需让学生从被动学习的考试型学霸向主动学习的创新型学霸转变。第二,学习过程中学生参与度低,课程学习中交流和互动严重不足,难以真正实现教学相长。因此,对学生的考核应从原来的期末"一考定成绩"向重独立思考、全过程学习评价和考试非标准答案转变。使用超星学习通"一平三端"智慧教学系统,全方位结合信息技术贯穿教学过程。

二、全要素体现教学创新

(一)优化课程目标

对标"两性一度",让教师成为"大先生",使学生成为"大学生",重点应突出以下三方面。第一,知识目标。构建语韵思维、语境思维、语体思维、文体思维和想象联想思维。第二,能力目标。培养语言建构与运用能力、思维发展与提升能力、审美鉴赏与创造能力、文化传承与理解能力。第三,价值目标。彰显育人功能,厚植

中华文化底蕴,涵养家国情怀,增强社会关爱,提升人格修养,铸牢中华民族共同体意识。培根铸魂,启智增慧,传承和弘扬中华优秀传统文化,坚定文化自信。

(二) 重构教学内容

1. 体现创新性

在教学设计环节,根据线上学习平台数据进行学情分析,提炼重难点,对传统诗词鉴赏环节的"作家-作品"内容进行重构。以大学语文课程经典的"走近李白"单元为例,线上学习内容涵盖了李白的生平、李白诗歌的思想内容、李白诗歌的艺术成就、李白的地位和影响等。而线下课堂上,选择了学生较为熟悉的余光中的现代诗歌《寻李白》的部分内容,将教学环节设置为三个主题的穿越之旅,分别为"酒入豪肠""三分剑气""七分月光",增加了趣味性。在三个主题场景下,又设置三个任务点,分别为"我帮李白选挚友""我给李白写总结""我为李白做对比",将每个任务的主语以第一人称"我"来命名,实现了教师主导(组织、引导、总结),学生主体(讨论、探究、讲解),通过挑战式、闯关式学习,解决学生在学习中被动、走神等问题。将传统课堂中以教师"教"为中心的"我要告诉你",转变为创新性课堂中以学生"学"为中心的"我想学什么"。此外,将学术前沿问题融入课程设计中,课程内容充分体现前沿性与时代性。将交叉学科和学科前沿内容融入课程,打破了传统诗词鉴赏类课程过于关注文本的局限性,开阔了学生的研究视野。例如在教学中引入了数字人文概念,将知识图谱平台、唐宋文学编年地图平台等科研内容融入教学,让学生拓宽科研视野。

2. 体现高阶性

明确教学的低阶内容与高阶内容。低阶基础知识内容,学生可以自主学习,放在线上;高阶内容以探究化问题驱动,需要教师指导,放在线下。以大学语文课程中"走近李白"单元为例(见图1-1),在三个主题场景中延伸出三个任务点。在第一个任务点中,介绍了作品解读三原则,通过探究性教学,以生活中学生熟悉的热播剧引入,指出常见误区及原因,从作品分析深入学术方法研究。在第二个任务点中,旨在解决线上学习中学生容易陷入的误区,通过对李白个人理想(诗人、剑客、游侠等)试错的讨论,让学生自己探讨出李白真正的人生理想(寰区大定,海县清一)。在此基础上,继续通过试错,让学生自己挖掘李白政治失意的深刻原因,同时了解翰林学士、翰林待诏相关概念,以文史互证帮助学生进行深度学习,让学生在大胆质疑、小心求证的辨析过程中培养深度分析和理解文字作品的能力。在第三个任务点中,通过以月为主题的《月下独酌》与《水调歌头·明月几时有》、以庐山为主题的《望庐山瀑布》与《题西林壁》等作品的对比,深入李白、苏轼两位作家的对比,再延伸到对唐朝、宋朝两个朝代审美的对比。通过高阶性教学内容将知识、能力、素质有机结合,培养学生解决复杂问题的综合能力和高级思维。

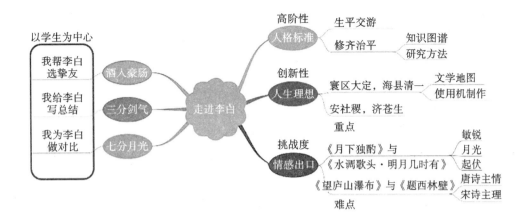

图 1-1 "走近李白"思维导图

3. 强化挑战度

在作业环节,降低客观题的比例,增加挑战性;在主观题设置中,减少"读后感""表述作品艺术特色"等低挑战性的内容,避免主观作业中学生利用百度搜索问题后抄写答案。以本课程布置过的学期作业为例:运用数字人文技术,以小组为单位,制作并生成成渝地区任意一位作家的文学地图,从文旅融合角度助力双圈联动发展。2021 年 10 月,中共中央、国务院发布了《成渝地区双城经济圈建设规划纲要》,因此在教学设计中选择成渝地区,不仅让学生在地域层面有更强烈的参与感,也将理论研究与国家政策结合起来。本次学期作业的挑战性在于需要阅读大量文献,例如所选择作家的作品集、年谱、评传等,此外还要在对作家的生平、交游充分梳理的基础上对当时的历史事件、相关人物关系,以及作家的文学创作等做出逻辑分析。除去文本阅读外,完成本次作业还需要花费大量的时间和精力学习运用 ArcGIS 技术操作层面的内容,因而极有挑战性。

(三) 丰富评价方式

创新考核评价的内容和方式,注重课前、课中、课后全过程评价,加强教学互动,启发学生自学学习、自主思考及自主探究。

第一,课前任务导学。主要分为明确目标、提供资源、传递方法、前置任务、敦促学习几个部分。在此学习阶段,有两个问题需要解决。其一,将学习任务按照教学周公布,以解决学生易出现的学习中的畏难情绪。教师在每次课前通过学习通平台推送本周学习通知,在推送学习任务时,让学生以教学周为单位按时领取任务,而不是将一学期的学习任务一次性推送,这样可以敦促学生及时完成任务,实现自律自主学习。其二,将每周发布的通知趣味化、生活化,安抚学生易出现的倦怠化情绪。课前通知以语言为舟,任务为桨,教学目标为舵。在语言组织过程中,可使用当下年轻人爱说的流行词汇等内容,以达到吸引学生及时阅读通知的目的,例如本课程使用过的"快来领取李白的学习礼包""当你点开李白的朋友圈""李白到底长什么样"等学习通知,让学生对课程内容产生兴趣。

第二,课中能力提升。首先可以采取多样化的签到方式,例如手势签到、扫码签到、自拍签到等,起到预习反馈,以学定教,调动兴趣,明确问题。课中主要分为教师引导、项目教学、互动探究、协作学习、问题导向、针对教学、知识内化几个部分。重在检验线上学习效果、提炼重难点、解决学习困惑,学生所参与的课堂互动,会以积分的形式计入过程性成绩,可以解决师生课堂互动过程中学生参与度低的问题。

第三,课后分享应用。主要分为布置作业、分享奖励、优帖加分、实践拓展等部分。要求学生完成作业,并通过章节测试等环节检验学生应用知识的能力;通过讨论与互评,起到督学和促学的作用。

三、全过程融入课程思政

党的十九届六中全会通过的《中共中央关于党的百年奋斗重大成就和历史经验的决议》强调:"中华优秀传统文化是中华民族的突出优势,是我们在世界文化激荡中站稳脚跟的根基,必须结合新的时代条件传承和弘扬好。"2016年12月,习近平总书记要求"把思想政治工作贯穿教育教学全过程,实现全程育人、全方位育人,努力开创我国高等教育事业发展新局面"。大学语文课程与中华优秀传统文化密切关联,展示了中国根、中国心和中国情。本课程搭建了"以文化人,以美育人,文美与共"的课程思政框架(见图1-2),旨在提升审美素养、陶冶情操、温润心灵、激发创造创新活力,实现"课程育人"向"全课程育人"的创新转化。

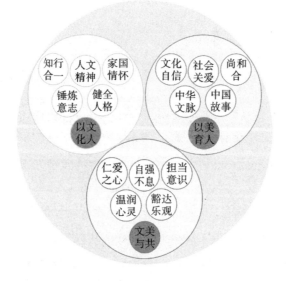

图1-2 课程思政框架

以"走近李白"单元为例,课堂活动安排突出三个环节。第一,深化教学内容,使课程内容更有深度。在导入部分及三个主题教学场景中均有课程思政思想的融入。在李白交游活动中蕴含了"修身、治国、齐家、平天下"人格修养的标准,在李白的理想中挖掘"寰区大定,海县清一"的家国情怀,在作品阐释中解读中华优秀传统文化——讲仁爱、重民本、守诚信、崇正义、尚和合、求大同等思想精华和时代价值,让课程思政的"盐"融入教学内容的"汤"。第二,创新教学方法,使课堂氛围更有温度。课堂分为三个主题场景和三个主题任务,教学过程使用学习通"一平三端"智慧教学系统等教学手段,通过问题驱动,以小组讨论、投票、飞花令、诗词接力等多种方式展开,将价值导向内化于知识传授中(见图1-3)。第三,提升教育效果,使思想政治教育更有力度。让课程思政有情有义、有育有爱,达到触及学生内心、实现共情的效果,解决"两张皮"、硬思政、"大水漫灌"、浅尝辄止等常见问题(见表1-1)。

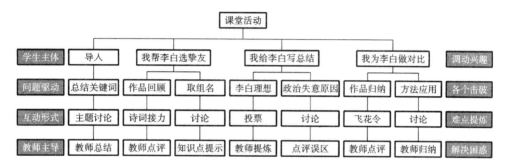

图1-3 "走近李白"课堂活动安排

表1-1 "走近李白"课程思政具体内容

融入环节	教学内容	课程思政目标	思想政治教育元素	教育方法和载体途径
课程导入部分	从文化层面,以多元李白为主题,总结线上学习关键词	增强文化自觉,坚定文化自信,传承中华文脉,讲好中国故事	多元李白、盛唐文化	讨论;学习通"一平三端"智慧教学系统
场景一:我帮李白选挚友	李白的生平交游	引导学生感受中国传统文化中的理想的士人标准,提升人格修养	修身、齐家、治国、平天下	教师主导,学生主体,小组合作;学习通"一平三端"智慧教学系统
	作品解读方法:年号、行迹、交游	树立严谨的学术态度,严谨治学,大胆怀疑,小心求证	弘扬科学精神	举例、探讨

续表

融入环节	教学内容	课程思政目标	思想政治教育元素	教育方法和载体途径
场景二：我给李白写总结	李白的人生理想	树立家国情怀，弘扬中华优秀传统文化	寰区大定，海县清一；安社稷，济苍生	投票，互动探究，协作学习；学习通"一平三端"智慧教学系统
	《早发白帝城》	追求理想，永不言弃；树立正确的三观，构建健康、独立、积极、乐观的人格	居庙堂之上则忧其民，处江湖之远则忧其君	诵读作品，解读作品
场景三：我为李白做对比	《月下独酌》《水调歌头·明月几时有》	健全人格、锤炼意志、陶冶情操、温润心灵	旷达乐观，天下兴亡，匹夫有责	课堂讨论，问题导向；学习通"一平三端"智慧教学系统
结尾	长风破浪会有时，直挂云帆济沧海	提升思想境界、道德素质、艺术素养和人文修养	勇往直前，不畏艰难，勤奋刻苦，锲而不舍精神	诵读作品

以提高大学生政治文化素养为导向的大学语文课程建设

范金平[①]

摘要：政治文化素养是高校大学生综合素质的重要组成部分，决定着大学生能否真正服务于我国社会主义建设事业。由于时代的发展和国际国内环境的变化，特别是互联网对高校大学生价值观的影响，许多过去的教育方式和方法已不适应当前大学生教育工作实际。鉴于大学语文课程自身丰富的人文内涵，可以充分发挥大学语文课程的政治文化素养培育功能。从课程定位、师资队伍、教材、教学方法等方面多维度开展大学语文课程建设，推动大学语文课程向纵深内涵式发展迈进，发挥大学语文课程对于提高大学生政治文化素养的促进作用。

关键词：大学语文；政治文化素养；建设

政治文化是一种主观价值范畴，是人们对于政治生活的政治价值取向模式，包括政治认知、感情、态度、价值观等心理层次诸要素，政治理想、信念、理论、评价标准等思想意识是其重要的表现形式。大学生的政治文化素养在其个人的综合素质中占据头等重要位置，决定着其能否成为中国特色社会主义事业的建设者和接班人。

政治文化建构是中国特色社会主义政治建设的基础性工程，价值观文化建设是政治文化建构的内核，要以共产党人的先进文化与社会主义核心价值观引领新时代的政治文化建构。提高大学生政治文化素养是落实大学生思想政治教育的重

[①] 范金平：华中师范大学中汉语言文学博士，武昌工学院副教授。

要基础,能够增强大学生接受思想政治教育的主动性和自觉性。特别应该学习贯彻习近平关于新时代加强党内政治文化建设的创新性论述,这对推进国家治理现代化的意义重大,对提高大学生的政治文化素养意义重大。

习近平总书记在2016年召开的全国高校思想政治工作会议上强调"把思想政治工作贯穿教育教学全过程"①,其中,首要的就是在教学中提高大学生的政治文化素养。

我国高校历来非常重视提高大学生的政治文化素养,也采取了许多实际有效的措施,取得了很好的成绩。但是,也应当看到,由于时代的发展和国际国内环境的变化,特别是互联网信息对高校大学生价值观的影响,许多过去的教育方式和方法已不再适应当前的教学形势了。

大学语文作为一门通识教育课程,与思政理论课和专业教育课相比,因其教学内容的丰富性和特有的人文性而在大学生政治文化素养培育方面有很大的优势,在高校课程思政体系中具有特殊的地位和作用。古今中外的优秀作品中蕴含着正确的政治认知、感情、态度、价值观等政治文化要素,在教学中能够以润物细无声的方式教化和提高大学生的政治文化素养。

当前,虽然对大学语文课程思政已有了一些探索,但是在思政元素发掘和课程融入方面尚没有系统化的政治文化资源建构,不能充分发挥政治文化素养的培育功能,因此急需以提高大学生的政治文化素养为导向,进行大学语文课程建设和研究。基于此目的,笔者所在的武昌工学院在大学语文课程中进行了相应的建设实践探索。

一、在课程定位中体现政治文化

大学语文非常重要,这一点毋庸置疑。但具体为何如此重要,则很难用一两句话说清楚。国内不少学者认为大学语文具有人文性和工具性等特征,并以此来强调大学语文的重要性。事实上,众所周知,人文是与社会、自然并列的一个范畴,人文性和工具性并列提出是不够科学、不太符合逻辑的,以此强调大学语文的重要性是不能自圆其说的。

大学语文不是中小学语文,"大学语文教育应当是在高等教育层面进行母语教育的一种形式"②,同样涉及听、说、读、写等基础知识和能力,也会针对部分基础知识较薄弱的大学生进行讲解和强化。但这并不是教学重点,重点应该是提高大学生的人文素养,因此大学语文的工具性特征不宜作为其重要特性列出,更不宜过于强调。

---

① 习近平在全国高校思想政治工作会议上强调:把思想政治工作贯穿教育教学全过程 开创我国高等教育发展新局面[N]. 人民日报,2016-12-09(1).
② 杨志坚.大学语文教育是在高等教育层面进行母语教育的一种形式——在高等学校大学语文教学改革研讨会上的讲话[J]. 湖南文理学院学报,2006(6):1-2.

大学语文的人文性是比较明显的,但学者们在论及大学语文时往往也是到此而已,没有深入阐释。我们应该认识到,大学语文具有丰富的人文内涵,其中包含了思想性、政治性、文化性、社会性、艺术性五种特性。大学语文教材的选学作品中或多或少体现了这些特性,其中的政治性在当前国际形势下要尤为关注。《论语》《道德经》等古代诸子百家的作品中大多蕴含了政治认知、感情、态度、价值观等政治文化要素,这无疑会对大学生的核心价值观产生重要影响,有利于塑造大学生良好的政治文化素养。

近几年武昌工学院进行了大学语文课程的定位探索。根据大学语文课程丰富的人文内涵特点,明确了大学语文课程的定位——是一门重要的针对全校本科生的提高人文素养的通识教育课程。

二、在师资队伍建设中重视政治文化

"教师不仅仅是教材的执行者,更是课程的研究者、开发者和建设者。"[①]大学语文教师主导着课堂教学的方向和节奏,决定着课程教学任务能否圆满完成,极大影响着课程的开发和建设质量。过去,从大学语文的人文素质教学和应用能力教学角度出发,在选拔大学语文教师时,往往只重视运用教学方式方法的能力,并以其决定大学语文教师的教学能力。

而现在,从高校思想政治工作的角度来看,由于大学语文课程会深刻影响到学生良好的政治文化观念的形成,因此,还应当高度重视大学语文教师的政治文化素质,将拥有良好的政治文化素质作为大学语文教师的基本要求。这不仅是教师的基本政治修养要求,更是以提高大学生政治文化素养为导向的大学语文教学的需要。

基于提高大学生政治文化素养的要求,武昌工学院非常重视大学语文课程师资队伍的建设,采取了切实有效的措施,主要从三个方面加强大学语文教师的政治文化素质。

一是加大力度引进具有较高政治文化素质的教师。学院先后引进多名军校退役的高级职称教师,他们长期在政治文化素质要求较高的环境中任教,对思政工作有较高的理论素养和实践经验,在武昌工学院大学语文课程政治文化引导方面能够起到较强的引领和示范作用。

二是加大力度提高青年骨干教师的政治文化素质。在武昌工学院的大学语文课程专任教师队伍中,青年教师所占比例比较较高,思维活跃,教学方法和手段运

---

① 杨敬雅,洪树琼,杨凡佳.试论新时代大学语文课程的改革与建设[J].云南农业大学学报(社会科学版),2020,14(2):153-156.

用熟练，在进校时均通过了政治素质方面的考核。进校之后，大学、学院和系一以贯之地重视培养大学语文课程师资队伍的政治素质，定期组织政治文化学习，开展集体备课，就课堂教学中所讲内容的政治文化属性进行讨论；组织参加武昌工学院"厚植爱国情怀，涵育高尚师德，加强新时代教师队伍建设"专题网络培训，进一步提高青年骨干教师的政治文化素质。

三是加大力度对外聘兼职教师进行政治文化引导。武昌工学院除了有良好政治文化素质的专任教师队伍，还有一只较为稳定的外聘教师队伍。大学语文课程组严格按照学校规定对外聘教师队伍进行考核监督，除了一般的教学能力考核，近年来根据大学语文课程思政建设的要求，还加强了政治文化素质方面的考核，例如进班听课考察教学内容的把控，走访学生听取学生对政治文化内容的反馈等。根据具体情况，组织外聘教师开会集体学习和个别交流，积极引导大学语文课程的政治文化教育。

三、在教材建设中凸显政治文化

教材是教学的重要依托，是学生学习的主要读本。大学语文课程建设必须高度重视教材建设，在高校思政视域下更加关注教材所选内容的政治文化属性。大学语文教材作为高等学校教材，应该做到思想观点正确，符合辩证唯物主义，弘扬民族文化精华，无政治性和政策性错误。①

根据大学语文课程特殊的课程思政定位，武昌工学院极为重视大学语文教材的建设，近几年积极组织专任教师自编适合本校学生特点的大学语文教材，在弘扬正确政治文化的国学内容和优秀传统文化方面尤为凸显。2019年批准了大学语文教材编写立项，课程组确定了"立德树人"的教材编写重点要求，强调了选材内容的思想性、政治性把控，在大学语文课程政治文化导向的建设方面向前迈进了一大步，为高校立德树人根本任务的实现夯实了重要根基。

同时，根据互联网时代大学生习惯电子阅读和多媒体学习的特点，积极开发线上学习新途径，打造线上学习讲义材料，从而为线上线下混合式课程政治文化教学模式的展开打下基础。

四、在课堂教学中贯彻政治文化

课堂教学是任何一门课程建设的重要部分。课程任务和目标主要通过课堂教学来展开和实现。那么在大学语文课堂教学中如何完成提高政治文化素养这一任务呢？

---

① 张建明.积极探索立体化教材发展模式[J].中国高等教育，2016(8):25-27.

首先,需要明确的是,大学语文课程的课堂教学不能从一个极端走向另一个极端。具体而言,以往出现过将大学语文课程讲成单纯的文学欣赏课或文体写作课的情况,而现在又出现因为重视课程思政而将大学语文课程讲成思想政治理论课的情况,往往内容枯燥,形式单一。① 大学语文课堂教学内容应该从文化的维度,加强语言文学作品的知识理解及文学欣赏和写作能力的培养,同时"能够打开一扇让思想政治教育气息撒落至生活和学习各个角落之中的交流之窗"②,使其以渗透的方式进入学生的思想行为之中。

其次,全面理解对于大学语文课程政治文化教学的内容,不应偏颇。谈到政治文化,往往想到的就是党和国家意识、社会主义核心价值观等内容和观点,这个当然是正确的。但如果课堂教学中仅强调这个方面的内容,则是不全面的,教学难以生动地展开,极容易演变成为思想政治理论课。事实上,政治文化还包括其他许多重要的方面,比如优秀传统家训家风、民族精神、时代精神、职业精神等精神范畴,求真务实、开拓进取、创新意识、学术诚信等科学观念,道德情操、健全人格等个人品格范畴等。不难看出,这些内容在大学语文课堂教学时选用的作家作品中是很容易阐发和渗透的,课堂教学也会更加生动而充满语言艺术气息。

再次,在大学语文课堂教学中要充分重视互动教学模式。这是基于两个方面的考虑,一是学生的主动意识发挥,二是教师的主导作用发挥。

当代大学生追求个性、头脑灵活、思维敏捷、乐于表现,接受新事物的意识和能力强,但部分人强调自我、缺乏吃苦精神,不易接受被别人强加的观点和想法。在这种情况下,传统课堂教学中,教师的授课模式难以获得学生的心理认可,对教师所讲的内容也很难听得进去,更谈不上深入思考了。武昌工学院大学语文课堂上重视发挥学生的主动表现意识,让学生先动起来,提倡"五动",即手动、眼动、口动、耳动、脑动,学生的积极性得到提高,自主学习能力也大为增强。

学生课堂学习主动意识的发挥只是大学语文课程政治文化教学的前提,要落实政治文化内容的渗透任务,则需要发挥大学语文教师的主导作用。为什么这么说呢?因为当前是一个全球化的时代,信息量急剧增加,社会处于转型变迁时期,不少传统的政治价值观念系统逐渐发生变化,而新的价值观念系统则处于零散状态。这种情况下学生难以合理而准确地选择和认同某一社会价值观念系统,从而陷入无以参照、无以归附、无所适从的境地,以致出现"跟着感觉走"、感到"没劲儿"的现象。

对于大学语文课堂教学的内容,学生的认识不够全面深刻,这个时候,教师就要充分发挥政治文化教育能力,适时引导学生摆正在网络文化冲击下的不良价值

---

① 务楠,耿红卫. 大学语文课程中的思政教育现状及策略研究[J]. 文学教育,2019(6):160-161.
② 钱江飞. 高校思政教育隐性课程研究[J]. 内蒙古师范大学学报(教育科学版),2015,28(5):99-100.

观方向,树立正确的政治观念,摈弃不当的言行。大学生的主动学习和教师的主动引导,是一个互动的过程,互动时机主要由教师把握,毕竟教师是政治文化教育的实施者。

最后,要注意运用有利于实施互动教学模式的各种教学方法。教学方法直接关系到大学语文课堂教学目标的实现及具体教学效果的好坏。围绕着提高政治文化素养的教育教学任务,大学语文教学方法的选择、组合、设计是微观层面的操作关键,要能体现大学语文教师的互动教学理念。供教师进行教学设计时参考的语文教学方法很多,比如讲授法、讨论法、比较法、练习法、情景教学法等。在武昌工学院的大学语文课堂上,可以尽量少用讲授法,而多使用提问法、诵读法、讨论法、点评法等利于学生自我表现的方法,也有利于教师引入政治文化内容的教学,对学生正确的观点予以延伸阐发,对于不当的理解则予以纠正。

五、在课程评测中彰显政治文化

作为大学语文课程建设的一部分,应对学生关于课程政治文化内容的习得情况进行评测。这不同于一般语文知识和应用能力的终结性评价,不是"一考定音"[①]的考核方式,而是重视全过程的评测。

武昌工学院非常重视大学语文课程的学生评价,大学语文课程组申请获批了大学语文学习评价方法改革项目,并进行了有益的探索,采用过程性评价和终结性评价相结合的方式,逐步形成了完整的考核方案。过程性评价体现在平时成绩上,平时成绩包括出勤、作业、课堂表现等,将学生政治文化教学考核在平时以教师考察的形式完成。例如,通过出勤状况,可以考察学生的政治纪律意识和学习态度,屡次迟到或早退的表现则可以看出一个学生的个人品格,这些不仅可以通过量化给分(至少进行10次考勤,出勤2分/次,缺勤0分/次,请假1分/次,迟到、早退1.5分/次),而且教师还可以据此及时点评,在沟通对话中完成政治文化教育。

终结性评价是通过试卷方式考核,试卷试题分为客观题和主观题,采用百分制。客观题主要考查学生对文学体裁的基础知识和一般文学常识的掌握情况,主观题主要考查学生的阅读能力、思考能力和将语文联系生活实际的写作能力。在赏析题和写作题方面可以进行潜移默化的政治文化素养的熏陶。比如,通过赏析宋代辛弃疾《破阵子·为陈同甫赋壮词以寄之》,不仅可以考察学生的文学鉴赏能力,也能从中感受到作者的报国之志,以此词作激发学生的爱国之情;通过诗歌材料《亲情的味道》写作题,可以彰显学生的道德情操素养。

---

① 王卫波.对优化大学语文课程考核体系的探讨[J].语文教学通讯,2012(1):14-76.

六、结　语

武昌工学院大学语文课程建设的实践表明,以大学生政治文化素养提高为导向,从课程定位、师资队伍、教材建设、课堂教学、课程测评等方面的大学语文课程建设,是切实可行的,而且是有效的。

理论上,推动大学语文课程向内涵式发展迈进。大学语文作为一门课程的历史虽然不短,但对于大学语文的性质、定位和作用却尚未形成共识,从而导致大学语文课程的发展和建设经常处于一种浅层摸索的状态。通过研究,可以廓清大学语文课程的内涵,明晰课程的定位和作用,从而走向内涵式发展的道路。

从高校思政的视角,开展大学语文课程建设,从而提高大学生政治文化素养,理论认识上的突破,为课程的发展打开了一个新的场景,这无疑能够极大改善大学语文课程的育人实效,促进高校"立德树人"根本教育任务的完成。

参考文献

[1] 孔华,汪谦干.用优秀传统文化助力当代政治文化建设[N].安徽日报,2019-01-08(6).

[2] 李长学.习近平关于加强党内政治文化建设重要论述的科学内涵[J].科学社会主义,2021(3):21-27.

[3] 程力.高校网络思想政治教育工作现状及创新研究——以长春理工大学为例[J].长春理工大学学报(社会科学版),2019,32(6):21-25.

以成就学生为目的，构建新型的师生关系
——以语言素质拓展教学改革为例

曾凡云[①]

摘要：信息获取的丰富性和便利性，从某种程度上降低了教师与学生的信息差，驱动着教学内容和方式的变革，使以学生的成长、成才、成人为根本目的，师生教学相长的合作性教学成为可能。教师在教学过程中要适时调整心态，促进并构建以成就学生为目的，以导引为主的新型师生关系。

关键词：高职；语言；表达；职业教育

近代以来，尤其是鸦片战争后，中国许多有识之士意识到，中国之所以被列强一再欺辱，其主要原因在于国民素质问题。为提高整体的国民素质，学习西方先进的科学技术，在教育中引进了西方的班级授课制度。班级授课的基础是学生的年龄相近甚至相同，学识水平相近或趋同，即针对处于同一层级的学生进行高效的信息传递的一种教学和管理形式。这也是目前我国大、中、小学的主要课堂组织形式。

班级授课制度最早在京师同文馆开始施行，1904年清政府颁布《奏定学堂章程》（俗称癸卯学制），正式确立班级授课这一形式，并在全国推行。自此以后，班级授课制就逐步取代了传统的私塾学堂。班级授课制度这一形制在中国100多年来的教育教学中，确实对提高整体国民素质起到了重要的作用。这种教学形式，充分

---

① 曾凡云：湖北生态工程职业技术学院副教授。

发挥了教师在教学过程中的主导作用。教育界常说"学高为师","教师有一桶水，才能教给学生一瓢水"。这种课堂组织形式，在师生信息极度不对称的情况下，确实有利于教师将科学、技术信息快速而有效地向学生进行传递。但由于课程、课时及学校管理方面的限制，学生的主体作用未能得到有效发挥，这也是这一学制常常引人诟病的原因。虽然在后期的发展中，也强调教师在教学过程中要充分调动学生的积极性和主动性，强调学生的参与度，强调教学活动中学生主体性功能的发挥，但这始终是这一形式最大的短板。尤其是20世纪中叶以来，认知心理学的发展及之后建构主义学说的广泛传播，班级授课制的弊端显得更为突出。

中国改革开放40余年，尤其是近20年，中国经济高速平稳运行，使科学技术更广泛地运用于民生，尤其是近10年以来，一方面国人的购买力增强，另一方面电信资费标准的相对降低，手机、平板等移动终端价格下降，以及5G网络的普及，人们获取信息的渠道进一步拓宽且更为便利，获取信息的机会进一步增多，九年义务教育的普及、大学扩招，使得国民素质得到显著提高，师生信息的不对称性相对降低。尤其是近几年，大、中、小学开始采取线上教学，提高了学生获取信息的能力，拓宽了学生的视野。无论是移动终端产品的广泛应用，还是学生信息素养的提高，抑或是线上慕课（MOOC）、微视频等新媒体形式，无不对近现代以来以班级为主的授课模式产生严峻的挑战和冲击，对师生关系提出新的标准和要求。

以知识性学习为例，学生如果想阅读文学作品，20年前，学生只有两个途径，一是自己购买图书，二是到图书馆借阅。但现在，学生可以在任何有信号的地方，随时随地上网查找，可以查找到付费版本和免费版本，古代典籍可以在不同的网站上查找到不同的版本，甚至能找到所谓的孤本。学生如果想要了解时事，再也不用购买报纸或是依赖电视等传统媒体，而是随时随地根据自己关注点，订阅不同的新闻信息，手机也会第一时间推送相关新闻信息。至于所谓的专业课程、专业知识，学生也可以极为方便快捷地通过网页搜索，获取海量的文字、图片、视频信息，甚至是国内外著名专家系统讲授的课程视频。微视频、快手、抖音等新媒体平台的异军突起，更增加了信息的可获得性及专业性。

大学生的人际交往更注重的是虚拟社区交往。虚拟社区交往不受时间及地域影响，也不受专业及年龄限制。在虚拟社区中，有很多行业"大咖"或"民间高手"，他们的存在，会对学生产生多角度、多侧面、多层次的影响，学生的能力、水平、素养的差距也会进一步加大。

根据一些专家的统计，大学生每天利用移动终端的时间，是除去上课、吃饭、睡觉以外的几乎所有的"碎片"时间，甚至包括上厕所的时间。而在所有的活动中，排名靠前的是游戏、娱乐、社区交往、新闻浏览、文学性作品阅读、专业学习等。所谓的"碎片化"阅读、"浅阅读"又排在阅读行为中的前列。

作为教育从业者，面对来自科技进步和经济发展带来的冲击，我们无力改变现有的课堂授课的教学管理形式，但我们有能力、有必要借力现代技术，利用专业优势提高教学质量,接近教育的终极目的——育人育才,适时而动,构建新型的师生关系。

苏联著名教育家苏霍姆林斯基认为,教育的目的是把青少年培养成全面和谐发展的人、社会进步的积极参与者,成"人"是教育的基础和终极目的;孔子认为教育要"因材施教","因材"是教育的前提。也就是要以成就学生为目的,建立一种新型的师生关系,理应成为当前学校以课堂授课制为主要组织形式的教育教学中应该重视和发展的方向。职业教育中出现的现代师徒制教学改革,从某种意义上说,是新一轮教育教学改革的一种趋势。

高等职业技术教育人才培养的目标,是把学生培养成为技术技能型人才。也就是通常所说的实用型人才。其培养目标不在于学生系统地掌握理论知识,而是强调理论"够用",但对学生的动手操作能力提出较高要求——动手能力强,尽可能与实际的生产和操作实现无缝对接。

学生人才培养的总体培养目标有了变化,作为支撑专业培养目标的课程培养目标、定位和教学实施,也有必要围绕专业人才培养目标进行调整。

大学语文作为培养学生理解、阅读及交流沟通能力的重要课程,在高等职业技术教育体系中,也要求尽可能贴近学生的基础、学生的能力现状,根据市场变化及企事业单位需求,弱化理论分析和研究,强化学生的实际操作能力。

湖北生态工程职业技术学院大学语文教育教学改革,就是在根据前期对学校管理、学生现状、企业信息反馈的基础上完成的。

在课程命名中,将课程名称定为语言素质课拓展。明确将语言在具体场景中的应用作为课程培养目标,以切实提高学生口头语言和书面语言能力作为能力培养目标。将学生能根据交际目的、交际对象选择合理的交流话题,并选择合适的交际策略和交际技巧,最终达成交际目的作为能力培养要求;以语言交际为主线,以学生校园交际和职场交际的顺序为辅线,以实用性口头表达和书面表达作为两个重要支点,以校园生活和职场生活中的重要场合或突发事件作为重要场景,分十二个专题完成。

在课程教材建设中,以任务问题为导向,从提出问题开始,通过一个个问题的提出和解决,来完成教学任务内容介绍和训练要求。语言以故事化、浅近化、口语化、幽默风趣作为主要特点,不追求专业性、严谨性,强调培养和提高学生的阅读兴趣,并根据近些年以来学生的读图习惯,添加与主题契合的、多种风格的彩色图片。

通过以工作任务为导向的课堂教学,引导学生在交流沟通中,有目的、有礼貌、有分寸感地表达需求。根据交流和沟通目的,合理选用语言技巧,分析语言表达效果,进而减少对表达的恐惧,提高表达的欲望、兴趣和效果。在阅读中掌握理论,在实践中提高语言沟通交流的能力,从而真正提高语文水平。学有所获、学有所用,所学即所用,课堂学习训练的内容能解决生活、学习、工作中的困难,达成实用性强的课程建设目标。

在具体的教学实施过程中,为切实达成课程建设目标,主要采取以下几项措施。

(1)了解学生,根据学生具体情况,提出学生能达到的目标、要求。

根据教育部和湖北省教育厅、湖北省人社厅的要求,湖北生态工程职业技术学院的生源主要有4种:高考统招考生;技能高考学生;行业单招学生;针对农民工及退伍军人的高职扩招计划生(见表1-2)。跟本科院校的学生相比较,语文能力差异巨大,有很大一部分学生没有文字阅读习惯,存在阅读困难,对文字性内容学习有抵触情绪。

表 1-2 学生入学前语文能力基本情况

学生入学方式	学生来源	文化课程成绩	试卷出题单位	语文最高分	语文最低分
高考统招	普通高中学生	总分200以上	教育部	125(150)	40(150)
技能高考	职业中学或中等职业技术学校	技能分数足够,文化成绩可以忽略	教育部	125(150)	46(150)
行业单招	职业中学或中等职业技术学校	文化成绩可以忽略	学校	70(80)	25(80)
高职扩招	退伍军人或农民	文化成绩可以忽略	学校	70(80)	20(80)

注:括号内为试卷总分。

从学生学习的心理状况来看。占总数的5%左右的学生,有进一步进入本科学习的需求,对自身语文阅读、写作、口语训练的要求比较高;占总数20%左右的学生有文字阅读习惯(主要是小说或情感类、处世哲理类,非理论性、专业性文章),但不太愿意写作;占总数60%左右的学生觉得口语表达能力很重要,有提高这项技能的意愿;占总数20%的同学,是被迫参加学校学习的。觉得大学语文学习很重要的约占总数的10%,觉得可有可无的占70%;看到语文就害怕的约占40%,厌恶大学语文学习的约占20%(数据来自课堂小调查)。

虽然所有学生都知道提高语言能力对他们未来的职场发展有帮助,但其中很大一部分学生认为,就他们目前的状况来看,能力和水平欠缺,提高表达能力是不可能完成的目标。在课程改革前,部分学生不喜欢去上课,即使由于管理方面的因素,进入了课堂,也不会按要求进行学习,教学活动基本沦为教师的单人表演。

为降低学生对大学语文学习的恐惧,将培养目标分为三个不同层次:把敢说(在公众场合大声发言,且大家能听清楚)、能说(围绕一个主题,有层次地发表自己的意见)、会说(根据具体场合,发表自己的意见)作为口头表达的三级要求;把完成提纲、完成提纲加开头和结尾、写一篇完整文章作为书面表达课外训练的三级要求。

表1-3为2020级部分专业的学生课外书面作业完成情况的统计,从后期抽样检查结果来看,部分作品明显具有抄录的痕迹。但我们认为,学生手头抄写的过程,也是一个鉴别、学习、提高的过程,质变的结果,从量的改变开始。

表1-3 2021年春季学生课外书面表达训练情况

专业班级	作文总数量			超千字文章数量			上交3篇纸质作文情况	加分项
	最高	最低	平均数	最高	最低	平均数		
电子商务	39	30	32	6	1	3	上交	获得校级以上比赛或技能资格证书、发表作品适当加分
会计	16	5	12	4	1	3	上交	
酒店管理	30	14	20	20	5	10	上交	
环境规划	30	13	13	5	1	2	上交	
古建筑工程技术	16	1	10	0	0	0	上交	

注:课堂应用文写作训练除外。

(2)理解学生,想学生所想,让学生看到希望。

虽然很多学生不想学习大学语文课程,但除极个别学生外,大多数学生还是希望课程考核及格,并顺利拿到毕业证书,毕业后谋得一份不错的工作。很多学生学习基础较差,感到压力太大,对未来很迷惘,对考试能否及格心中没底。在课程开设初期,教师就明确告诉学生,课程考核成绩主要由两部分构成:一是平时考核成绩,占总分的40%(上课全勤、课堂回答问题积极、按时完成作业);二是学期末考核,占总分的60%(学习通资料学习次数、书面作业数量及质量);另有其他附加分奖励。学生看到有较高的课程及格率,就会更主动积极跟老师配合,除个别班级出勤率在90%左右,2020级大部分班级的出勤率在95%以上。部分学生因病、因事请假,无法全勤或学习困难的,他们会主动进入学习通(超星公司开发的一款针对学校课程学习的App,教师可以将相应的学习资料存放在课程内,教师也可利用其作为考核的工具),通过主动看课程资料,刷课程次数及时长或争取其他附加分奖项进行弥补。

(3)丰富课堂形式,精讲、多练,成就学生。

课程教学的效果,最终体现为学生在训练中提高能力。教师严格控制每节课讲授的时间,将讲授时间控制在5~20分钟,其余时间作为课堂活动和实践训练;细化知识点、限制每堂课知识点的数量,并尽可能让学生熟练掌握。如为降低课外写作训练难度,根据学生的关注点,就如何巧妙增加字数、如何联想和想象、如何拟订提纲、作文的评分标准及出彩方法等,分别进行介绍,用时虽不多,但效果明显。为将课堂时间更多让给学生,增加学生课堂参与度,在实施教学的过程中,根据教学内容,安排讨论、讲故事、互评、情境剧表演、结合时事或专业课程要求的演讲、无标准答案的开放性问答等活动。学生在活动过程中,因为收获来自其他同学的掌声或教师的表扬,参与的积极性和自信心都有明显提高。

总之,作为新时代的从教人员,教师在教学活动中,要时刻关注外部环境的变化、学生学情的变化,利用新的科学技术带来的便利,时刻牢记教学的终极目的,以成就学生为终极育人目的,主动迎接新形势带来的新挑战,重新审视在信息差逐渐缩小的教学环境中新的师生关系的构建。

在新型的师生关系中,教师不是先知、法官、主角,而是组织者、欣赏者、提出参考性意见的合作者。在新型的师生关系中,学生成为教学活动的主角,学生在目标明确的前提下,通过合作性学习和练习,有重点、有思路、有方法、有技巧地提高和完善自身的语文素养。

参考文献

[1] 刘立辰.社交媒体时代大学生阅读行为变化及引导策略[J].湖北工程学院学报,2021,41(5):49-52.

[2] 李秀萍.数字时代大学生阅读行为分析[J].现代交际,2018(11):10-11.

[3] 张一涵,袁勤俭,黄卫东.新中国70年我国用户信息行为研究热点的主题及演化[J].图书与情报,2019(5):39-47.

[4] 王鹏,黄浩然.为青年筑就创新创业成才梦——"互联网+"大学生创新创业大赛综述[EB/OL].(2021-10-14).http://baijiahao.baidu.com/s?i=1713558539930279358&wfr=spider&for=pc.

[5] 习近平对职业教育工作作出重要指示[EB/OL].(2021-04-13).http://www.gov.cn/xinwen/2021-04/13/content-5599267.htm.

[6] 高玉林,何二元.论语文是一门形式训练学科[J].沈阳农业大学学报(社会科学版),2015,17(6):752-756.

[7] 张丽颖,张学军.高职课堂革命:内涵、动因与策略[J].中国职业技术教育,2021(2):18-22.

[8] 吴新建,陈艳茜.基于学生视角的教学质量提升策略研究——以保险职业学院为例[J].创新创业理论研究与实践,2019,2(22):14-16.

[9] 刘建,涂青松,周金声.基于学生满意度的高校通识公选课教学改革研究[J].湖北工业大学学报,2018,33(3):117-120.

[10] 韩铁刚,周金声.沟通媒介与语文能力重构[J].现代教育科学,2017(6):122-127.

[11] 赵丽玲,周金声,韩铁刚.大学生沟通说写核心能力培养新范式——创新课程"沟通与写作"的教学实践总结[J].湖北工业大学学报,2015,30(6):115-120.

陆游爱国主义诗歌对当代大学生的启迪

张瑶艳 彭飞

摘要：爱国是中华传统文化的永恒主题。陆游作为古往今来众多爱国诗人中的佼佼者,他爱祖国、爱人民,也热爱生活。陆游的一生中留下了数量众多的爱国主义诗歌,体现了他伟大的爱国情感和责任担当,这种担当和品格对千年之后的当代大学生仍然有着积极的人生启迪意义。

关键词：陆游；爱国主义；艺术特色；人生启迪

一、陆游爱国诗歌创作的时代背景

陆游生于北宋宣和七年(1125),时值北方少数民族政权金朝频频向宋朝发动战争,积贫积弱的宋王朝丧失了大量国土,被迫不断向南迁移。靖康之变爆发后,年幼的陆游就不得不随父亲陆宰南下,饱尝流离失所的痛苦。民族的矛盾、国家的不幸、家庭的流离,给陆游幼小的心灵带来了不可磨灭的印记,并在潜移默化中接受了良好的爱国主义教育。陆游生于名门望族、藏书世家,自己也勤奋好学,所以很早就立下了"上马击狂胡,下马草军书"的壮志,从12岁开始学诗,"六十年间万

---

① 本文系2019年江西省教改重点课题"本科职业院校大学语文课程教学的人文性与应用性融合研究"(项目编号:JXJG-19-86-1,主持人:彭飞)的阶段性研究成果。
② 张瑶艳:南昌职业大学人文学院2018级汉语专业学生。
③ 彭飞:南昌职业大学人文学院副教授。

首诗",到84岁时仍是"无诗三日却堪忧"。在现存的9300多首诗中,贯穿始终的核心内容是深沉的爱国主义情感。不管是早年渴望恢复中原,积极支持张浚北伐;中年从军南郑,在军事前线谋划进取之策;还是晚年调任闲职,长期赋闲家居,他始终念念不忘恢复中原,以身报国。无怪乎章琦有言:"剑南诗万篇,半洒神州泪。"爱国情绪洋溢在陆游的整个生命里,彰显在他的众多作品中。千年之后,陆游的爱国主义诗歌对当代大学生仍然有着积极的人生启迪意义。

二、陆游爱国诗歌的内涵

纵观陆游一生的诗歌,其诗篇的爱国主义内涵主要表现在四个方面:一是"手枭逆贼清旧京"的报国豪情,二是"误国当时岂一秦"的愤怒之情,三是"双鬓向人无再青"的壮志难酬之情,四是"位卑未敢忘忧国"的忧国忧民之情。

(一)"手枭逆贼清旧京"的报国豪情

陆游在20岁就胸怀"上马击狂胡,下马草军书"的报国大志。他从小就希望自己能够报效国家,一直用自身行动践行着对国家深沉的热爱情怀,从他的《长歌行》中可以感受得到:

> 人生不作安期生,醉入东海骑长鲸;犹当出作李西平,手枭逆贼清旧京。金印煌煌未入手,白发种种来无情。成都古寺卧秋晚,落日偏傍僧窗明。岂其马上破贼手,哦诗长作寒螀鸣?兴来买尽市桥酒,大车磊落堆长瓶。哀丝豪竹助剧饮,如钜野受黄河倾。平时一滴不入口,意气顿使千人惊。国仇未报壮士老,匣中宝剑夜有声。何当凯旋宴将士,三更雪压飞狐城!

诗人借用典故给出了人生发展的两种选择:或者做个安期生那样的神仙,游戏人生;或者做个李西平那样的名将,杀敌立功。神仙总是人们幻想出来的,做一个对国家有用的人才是陆游的愿望,他希望像那些名将一样上场杀敌,建功立业。陆游想像李西平扫平逆贼、收复旧京长安一样扫平金虏,收复旧都汴京。可是,理想很丰满,现实却很残酷。当时的朝廷已十分孱弱,陆游的才华得不到施展,只能在诗歌中表达自己的爱国主义理想。

再如《十一月四日风雨大作》:

> 僵卧孤村不自哀,尚思为国戍轮台。夜阑卧听风吹雨,铁马冰河入梦来。

此诗是诗人年近古稀,退居家乡山阴后所作。沟壑中流淌过岁月的长河,泛黄的皮肤上撒满夕阳的余晖,他曾经见证过多少人世坎坷,经历过多少人间磨难,却没有放弃伟大的政治理想。陆游虽然已退隐山林,但他处江湖之远则忧其君,心里装的是整个天下和朝廷大事。在陆游的眼中,爱国热情不会随着时间的流逝而减弱。诗人在物质匮乏、基本生活都得不到保障的时候,依然心系着国家大事,想要帮助国家收复失地。诗人也没有因为外在条件的简陋而改变自己的初心,在夜深人静的夜晚,听着雨声,"铁马冰河入梦来"正是诗人日夜所思的结果,淋漓尽致地表达了诗人的英雄气概。一个真正的民族英雄人物,在国家利益和个人利益面前,会毫不犹豫地舍去个人利益来维护国家的利益。国难当头,陆游义无反顾地承担起保卫国家的责任,把爱国作为他毕生的追求,他的人生经历向我们展现了一位爱国志士应有的英雄气概。

(二)"误国当时岂一秦"的愤怒之情

南宋自建国起,就在宋高宗的领导下形成了一种"畏金病",轻易不敢与金国言战,只求苟延残喘于江南一隅。统治集团以"苟安妥协"为基本国策,对金称臣纳贡,奴颜婢膝。陆游在看到了这一点后,对这个腐朽的政权进行了猛烈的批判抨击,对统治集团的无能以及投降派的卖国行为无比的愤慨。如《追感往事》:

诸公可叹善谋身,误国当时岂一秦。不望夷吾出江左,新亭对泣亦无人。

全诗28个字,字字泣血,对当时黑暗的社会环境进行了强烈的批判,对卖国求荣的奸臣进行了猛烈的嘲讽。作者的忧国之念、恨敌之情,以古讽今之意,在他的诗歌中表现得淋漓尽致。再如《关山月》:

和戎诏下十五年,将军不战空临边。朱门沉沉按歌舞,厩马肥死弓断弦。戍楼刁斗催落月,三十从军今白发。笛里谁知壮士心,沙头空照征人骨。中原干戈古亦闻,岂有逆胡传子孙!遗民忍死望恢复,几处今宵垂泪痕。

从这首诗中我们读出诗人对南宋那些奸臣贼子的做法是强烈的批判和极度的不满,杜甫的"朱门酒肉臭,路有冻死骨",反映当时社会的黑暗和人民生活的苦不堪言,以此来讽刺上层阶级的腐朽。①陆游也用"朱门沉沉按歌舞"来讽刺那些出卖国家利益的奸臣贼子,当国家被金人入侵,国家面临灭亡,这些奸人还沉迷在美女和歌舞当中,为了个人的利益,不惜出卖国家和人民,对入侵者卑躬屈膝,陆游对这种现象表现出了强烈的不满,浓浓的愤怒之情喷薄而出。当时有一批和陆游一样的爱国志士在拼命挽救国家,为了国家不惜付出自己宝贵的生命的时候,却因为某些奸臣贼子的卖国行为,导致他们的牺牲付诸东流。此诗表现出作者对爱国志士深切的同情,对卖国行为的愤恨感慨。②

(三)"双鬓向人无再青"的壮志难酬之情

当时的南宋处于积贫积弱的状态,日渐窘迫的南宋是一个需要英雄的时代,但

---

① 钱立静.新编大学语文[M].上海:上海交通大学出版社,2014:64-67.
② 吴在庆.新编宋诗三百首[M].南京:江苏古籍出版社,1994:357-359.

这又是一个英雄"过剩"的时代。陆游的一生以抗金复国为己任,无奈请缨无路,屡遭贬黜,晚年退居山阴,理想抱负得不到实现。"壮士凄凉闲处老,名花零落雨中看。"历史的秋意,时代的风雨,英雄的本色,艰难的现实,共同酿成了一首悲壮沉郁的《诉衷情》:

> 当年万里觅封侯。匹马戍梁州。关河梦断何处?尘暗旧貂裘。
> 胡未灭,鬓先秋,泪空流。此生谁料,心在天山,身老沧洲。

陆游回顾自己当年在梁州参军,企图恢复中原、报效祖国建功立业的往事,如今壮志未酬,却已年老体衰,反映出作者晚年悲愤不已,念念不忘国事的愁苦的心情。陆游用尽自己的一生报效国家,但现实的苦感让他的内心充满着愁苦之情。①再如《夜泊水村》中,有"一身报国有万死,双鬓向人无再青"之句,可以看出陆游有一颗忠贞的爱国心,却无路请缨,为报国万死不辞,诗人对国家的爱如此深沉。陆游认为尽管个人的力量是渺小的,生命是短暂的,但是为了拯救国家,"我"却甘愿赴死一万次。陆游愿意把他的有限生命投入永恒的爱国事业中,并为此不停地努力奋斗。

(四)"位卑未敢忘忧国"的忧国忧民之情

一个伟大的爱国诗人,他不仅爱他的国家,更爱与他同甘共苦的老百姓。这在《病起书怀》中可以窥见:

> 病骨支离纱帽宽,孤臣万里客江干。位卑未敢忘忧国,事定犹须待阖棺。
> 天地神灵扶庙社,京华父老望和銮。出师一表通今古,夜半挑灯更细看。

从题目《病起书怀》就可以看出诗人是在病刚好一些就想着如何收复中原地区,如何报效自己的国家。陆游借用典故抒发了诗人的爱国情怀,可报国无门,只能独自一人连夜挑灯细看关于诸葛亮如何帮助主公开疆拓土的事迹,希望皇帝能早日悟出"出师一表通古今"的道理。希望自己可以在有生之年看到中原收复,使自身理想得以实现。"位卑未敢忘忧国"同顾炎武的"天下兴亡,匹夫有责"意思相近,表明虽然自己地位低微,但却从没忘记忧国忧民的责任,个人力量虽然渺小,但是却愿意为国家献出自己的一切。不管南宋朝廷如何腐败,诗人始终都在坚持自身最初的爱国热情。正如中南大学教授、著名学者杨雨在《侠骨柔情陆放翁》中评价此诗:"陆游的悲情人生,有多少未了的心愿和志向。偏安一隅的东南小朝廷,为了苟安,竟守着江南半壁,不去讨伐金国、收复故土,天天歌舞升平,不知祸患,只图安乐,岂能不亡!"陆游用他传诵千古的"位卑未敢忘忧国"向我们袒露出一颗赤诚忠贞的心,爱国爱民情怀伴随着他的一生。再如《农家叹》:

---

① 陆林.宋诗[M].北京:北京师范大学出版社.1992:183-184.

有山皆种麦,有水皆种秔。牛领疮见骨,叱叱犹夜耕。竭力事本业,所愿乐太平。门前谁剥啄?县吏征租声。一身入县庭,日夜穷笞搒。人孰不惮死,自计无由生。还家欲具说,恐伤父母情。

此诗以一个农民的视角描绘出农民悲惨的生活遭遇,反映农民每天辛苦劳作,心里期盼着美好生活的到来,但是现实却很残酷,他们的付出没有得到一点点的回报,还受到官府的压榨,生活苦不堪言。作者通过农民生活的艰难,反映了当时的社会环境。"人孰不惮死,自计无由生"的哀叹,表达了他对贫苦百姓民生艰难的关注和痛心。

三、陆游爱国诗歌的艺术特点

(一)现实主义与浪漫主义相结合

陆游重视写实,也富于浪漫主义色彩。陆游的诗歌立足于现实,但同时充满了丰富的想象、奇特的夸张。他幻想抗金战争的胜利,写出"三军甲马不知数,但见动地银山来",写自己武艺超群,运用夸张的笔触:"十年学剑勇戍癖,腾身一上三千尺。"他常借助梦境描述在现实生活中无法实现的理想,抒发对社会的不满,如《十一月四日风雨大作》中的"夜阑卧听风吹雨,铁马冰河入梦来",运用了痴情化梦的手法,将难以实现的理想化入梦中,表达自己想要报效国家的豪情壮志。再如《示儿》,"死去元知万事空,但悲不见九州同"写陆游去世前的现实状况,"王师北定中原日,家祭无忘告乃翁"则展开了收复中原的联想与想象,完美地展现了陆游浪漫主义与现实主义相结合的写作特色。

(二)善于运用典故与语言通俗易懂相结合

在诗歌中运用典故,往往会因为典故过于生僻,造成诗句晦涩难懂的情况。但陆游用典则较好地规避了这一点。他的诗歌语言比较凝练,善于化用古人的典故,这些典故往往都是具体的人或者事物,并没有过分化用抽象的概念,使人们能够看得懂。如在《兵书起怀》中,他用三国时期诸葛亮这一众所周知的人物形象来表达自己的一颗真诚的爱国之心。同时陆游的诗歌语言通俗易懂,也是因为吸收了人民群众常用的口语方言俗语。如《夜读兵书》中"老病虽愈甚,壮气颇有余,长缨果可请,上马不踌躇",将其想要投笔从戎、上马杀敌的心情表现得淋漓尽致、跃然纸上。这首诗读起来朗朗上口,没有晦涩难懂的词,读者可以真切体会到诗人壮志难酬的心情。陆游的用典是为表达自己的爱国热情和远大抱负,所以并未使用过于晦涩难懂的典故,而是赫赫有名的、为国家做出突出贡献的、耳熟能详的历史人物和爱国志士。陆游考虑到了读者的受教育程度和知识水平,许多诗歌作品采用了地方俗语和浅显的词语,《示儿》等作品均脍炙人口、妇孺皆知。

四、陆游爱国主义诗歌的历史影响

陆游的爱国主义诗歌创作是我国古代爱国主义文学发展的一个高峰，在当时及后世均产生了重要的影响。陆游在南宋诗坛上占有重要地位，南宋名士叶绍翁对陆游不吝溢美之词："（陆游）天资慷慨，喜任侠，常以踞鞍草檄自任，且好结中原豪杰以灭敌。自商贾、仙释、诗人、剑客，无不遍交游。宦剑南，作为歌诗，皆寄意恢复。"江湖诗派的戴复古和刘克庄都师承陆游，戴曾登门受教，刘则为私淑弟子，他们在主题倾向和艺术风格上都受到陆游的深刻启迪。到了宋末，国破家亡的时代背景使陆游的爱国精神更加深入人心，林景熙在宋亡之后作《书陆放翁诗卷后》，对陆游诗承杜甫的传统给予高度评价"天宝诗人诗有史，杜鹃再拜泪如水。龟堂一老旗鼓雄，劲气往往摩其垒"，并沉痛地追悼陆游："来孙却见九州同，家祭如何告乃翁！"

陆游的爱国诗歌对后世也产生了深远的影响。赵翼《瓯北诗话》曰："宋诗以苏、陆为两大家，后人震于东坡之名，往往谓苏胜于陆，而不知陆实胜苏也。（陆游诗）少工藻绘，中务宏肆，晚造平淡。朝廷之上，无不已划疆守盟、息事宁人为上策，而放翁独以复仇雪耻，长篇短咏，寓其悲愤。"冯煦《蒿庵类稿》曰："剑南屏除纤绝，独往独来，其逋峭沉郁之概，求之有宋诸家，无可方比。"特别是清末以来，每当国势倾危时，陆诗往往成为鼓舞人民反抗外来侵略者的精神力量。梁启超在《读陆放翁集》中曾热烈地赞扬陆游说："诗界千年靡靡风，兵魂销尽国魂空。集中十九从军乐，亘古男儿一放翁！"周恩来总理曾如此评价陆游："宋诗陆游第一，不是苏东坡第一。陆游的爱国主义性很突出。陆游不是为个人而忧伤，他忧的是国家民族，他是个有骨气的爱国诗人。"

五、陆游爱国主义诗歌对当代大学生的启迪

青少年是一个国家和民族的希望和未来，青年兴则国家兴，青年强则中国强。陆游的爱国主义诗歌对当代大学生爱国情怀的培养有着重要的启迪意义。

（一）树立对国家的历史使命感

习近平总书记指出："中华民族伟大复兴的中国梦将在一代代青年的接力奋斗中变为现实。"陆游把爱国作为自己一生的追求，在弥留之际仍然没有忘记自己的责任和使命。作为新时代的大学生，我们要努力学习陆游的"位卑不敢忘忧国"的伟大爱国主义精神，树立强烈的使命感和责任感，肩负起报效国家的重任，不负国家、人民的重托，不负这个伟大的时代。

（二）积极投入社会主义建设中去

让国家发展得越来越好是当代大学生重要的奋斗目标。当代大学生应树立正确的人生观、价值观,努力学好专业知识,积极投入社会主义建设中去,用知识武装头脑、指导实践,在工作和创业中发光发热,在实践中不断提高自己的能力和水平。在党和国家需要我们的时候能够挺身而出,尽最大的努力去帮助那些需要帮助的人们;当国家面临困难的时候,要积极为国家出谋划策,勇于承担重任,积极履行维护国家统一、民族团结的义务,维护国家荣誉利益,做一个对国家、对人民有用的人。

（三）坚决同不爱国的行为做斗争

爱国是每个当代大学生的责任和担当。陆游的一生是为国奋斗的一生,也是积极同不爱国的行为做斗争的一生,陆游用实际行动为我们树立了爱国的榜样。爱国的基本前提是必须心中有国家,没有祖国的强大与发展,我们今天幸福美好的生活就是无源之水、无本之木。祖国是我们的根,不忘根本是做人的基本准则。作为当代大学生,我们要积极践行陆游伟大的爱国主义精神,勇于付出行动,坚决同不爱国的行为做斗争,为我们伟大的祖国贡献自己的力量。

参考文献

[1] 朱东润.陆游研究[M].北京:中华书局,1961.
[2] 于北山.陆游年谱[M].上海:上海古籍出版社,2006.
[3] 袁行霈.中国文学史(第三卷)[M].北京:高等教育出版社,2014.
[4] 刘艳.从陆游的"关山月"探析其爱国情怀[J].文学教育,2011(2):76-77.
[5] 钱立静.新编大学语文[M].上海:上海交通大学出版社,2014.
[6] 吴在庆.新编宋诗三百首[M].南京:江苏古籍出版社,1994.
[7] 陆林.宋诗[M].北京:北京师范大学出版社,1992.
[8] 疾风选注.陆放翁诗词选[M].杭州:浙江人民出版社,1982.

《伤逝》说课

葛慧[①]

说课大纲分为学情分析、教学设计理念、学习目标和具体教学环节几个板块。

一、学情分析

大学语文课程的授课对象为非中文专业的大一学生,他们具有以下特点。

(1)对大学语文公共课的学习,表现为兴趣有余、动力不足。

(2)学生年龄介于18~20岁之间,其生理、心理、人生观、价值观等各方面相对成熟稳定,有他们自己看问题、分析问题的角度,有表达自己观点的意愿。

(3)关于鲁迅的作品,学生们在小学、中学阶段已学了有20多篇,对鲁迅先生的文章体式、文学风格、思想精神已有相当程度的了解。对鲁迅笔下唯一的一篇爱情小说,关于鲁迅是如何描写爱情、理解爱情的,学生们比较感兴趣。针对这一现状,在授课过程中不要只是进行"结果灌输",而应该让学生进入文本,调动学生的学习积极性,用他们的情感和理解来体悟作品。在某种程度上来说,处于青年期的读者对文学作品的感受力最为敏锐,文学天然是属于青年人的,年轻时读经典,印象最深,读得好,则终身受用。

二、教学设计理念

(1)大学语文作为一门通识课,不能把它上成文化课、文学史课,也不能过分

[①] 葛慧:汉江师范学院副教授。

依赖多媒体技术把它变成一场华丽喧嚣的视听盛宴。大学语文课程的教学应回归到语文本位,应该在有效利用多媒体技术的基础上,重视引导学生加强对文本本身的阅读和研究。面对经典作品,应该成为一名文字阅读爱好者、深度思考者和语言文字运用者。

(2)教师应引导学生去品读、鉴赏,并一起探讨研究作品写了什么,怎么写的,为什么这样写。引导学生的根本目的是教会学生学习,提高其分析能力、概括能力和语言表达能力。

三、学习目标

(一)知识目标

(1)了解鲁迅的生平概况及文学思想,分析鲁迅作为"现代文学之父"的崇高地位的原因,并探讨其杰出的创作成就。

(2)了解《伤逝》的创作背景;了解故事内容;把握作品主题内蕴。

(二)能力目标

(1)深入分析鲁迅作品中的人物形象,并对作品中的悲剧色彩与传达的社会意义做出深刻的理解和判断,培养学生的分析、概括能力、理解力和评判力。

(2)把握作品的艺术特征,提高学生的文本阅读能力、鉴赏能力以及审美能力。

A. 强烈深沉的抒情笔调。

B. 独特新颖的结构方式。

C. 特别的语言风格,细致入微的心理描写、细节描写,精湛的白描技法。

(三)素质目标

理解鲁迅对爱情、婚姻及人生的思考,并通过此小说引导学生对爱情、对女性、对生命、对人性有更深入的体察和思考,丰富学生的精神世界,培养深厚的人文情怀,树立正确积极的爱情观、人生观(这点很重要,因为这是同学们走出校园后将面对的现实人生问题)。

四、具体教学环节

(一)课前布置预习

(1)课前阅读小说,了解故事梗概,并以问题带动学生思考:《伤逝》主人公悲剧的根源;如何评价子君和涓生这两个艺术形象;鲁迅的创作意图是什么。

(2)对纪录片《先生鲁迅》中的视频资料进行剪辑,将重要片段转发到学生的班级QQ群中,对鲁迅本人及作品进行必要的知识拓展和背景资料的介绍,让学生了解鲁迅的思想及婚姻、爱情生活。

(二)课中教学环节

学生和老师共同进入文本,具体教学步骤为:初步感知→引导分析→深入感知→概括归纳→理解升华。

(1)首先来看题目——伤逝,如何理解这个词?

有两种理解角度:并列结构的名词短语,一伤一逝;动宾结构的短语,"为……逝去而伤感"。两种理解角度都很好。

(2)由学生概括《伤逝》故事梗概。

小说写了青年男女涓生、子君冲破封建礼教,追求恋爱自由和个性解放,最后却以悲剧告终的故事。

(3)细读文本。

先一起来看看小说《伤逝》的结构与叙事笔调。

小说的第一句:"如果我能够,我要写下我的悔恨和悲哀,为子君,为自己。"写得真好!这是英文的一个倒装句式,带有西方翻译小说的特点,延宕节奏,有很强的音乐性,特别适合抒情,一下子就把读者带入哀婉缠绵的抒情氛围中。那么同时问题也来了:他悔恨什么呢,悲哀什么呢,他到底能不能够写下他的悔恨和悲哀呢?

我们来看"如果"这个词,再看小说结尾出现了这样的话:"但是,这却更虚空于新的生路;现在所有的只是初春的夜,竟还是那么长。我活着,我总得向着新的生路跨出去,那第一步,——却不过是写下我的悔恨和悲哀,为子君,为自己。"小说的最后这一段和小说的开头第一句勾连在一块了:"如果我能够,我要写下我的悔恨和悲哀,为子君,为自己。""但是……"鲁迅的小说结构太精巧了!在经历了如此漫长的回忆和忏悔之后,小说的最后一段和第一段形成了一个完整的闭合。"如果我能够,我要写下我的悔恨和悲哀,为子君,为自己。""但是……",但是我做不到,所有逝去的一切不可能再回来,我无法拥抱子君,不能"乞她宽容",不能"使她快意……"。小说首尾呼应,在小说最初两人的爱情在春天的会馆开始,夏天进入甜蜜的热恋,秋天两人同居搬进了吉兆胡同,爱情之花逐渐委顿凋零,到冬天子君离开涓生,最终离开人世。第二年春天,涓生又搬进会馆,睹物思人,写下"如果我能够,我要写下我的悔恨和悲哀,为子君,为自己"。小说叙事完整,感情沉痛,沉郁顿挫。而且在这个完整的叙事中,又并不全是故事的顺序,而是蒙太奇式的断片联结,有一种跳跃感,给读者留下了审美想象的空间。

学者宗先鸿曾谈到《伤逝》的文本结构是一种"同心圆"结构,"外圆"是以忏悔为基调的圆形抒情结构,从开头到结尾一直都在说"如果我能够,我要写下我的悔恨和悲哀,为子君,为自己",小说自始至终笼罩在一种如泣如诉的抒情氛围中;"内圆"呢,则是涓生回忆他和子君所有的往事,整个故事都是涓生在叙述。

那么问题来了,涓生的叙事可靠吗?纯真热烈的爱的表达,后来成了他"不愿再想的浅薄的电影的一闪"。同居后子君觉得生活宁静而幸福,可涓生却说"安宁和幸福是要凝固的""我也渐渐清醒地读遍了她的身体,她的灵魂,不过三星期,我似乎于她已经更加了解,揭去许多先前以为了解而现在看来却是隔膜,即所谓真的隔膜了。"小说中出现了金句:"爱情必须时时更新,生长,创造。"有问题吗,没有。这句话特别对。可在小说的情境中,说这话就表明涓生对当前的爱情现状是不满意的,这句话是涓生说的,他要为他的隔膜找理由,为什么我没有那么爱了,就是因为子君没有去更新、生长、创造。子君整日为家务而操劳,而涓生却说"每日的'川流不息'的吃饭;子君的功业,仿佛就完全建立在这吃饭中。吃了筹钱,筹来吃饭",当涓生失业,生活陷入困顿,他觉得子君是累赘,开始是暗示子君自己"大半倒是为她"才忍受着这生活压迫的苦痛,希望子君能够"勇猛地觉悟了,毅然走出这冰冷的家",而且要"毫无怨恨的神色"主动离开。绝情地让别人离开,原因是"人是不该虚伪的"所以我坦诚、我老实说:"因为,因为我已经不爱你了!"抛弃别人,还要给自己找堂而皇之的理由推卸责任,强调是"真实"害死了子君,而不是他的抛弃。在这样的叙事中,提醒同学们认真思考:涓生是怎样一个艺术形象?

细心的同学会发现,如果涓生真的为失去子君、为子君的逝去而悔恨、悲哀,那么在回忆里就应该是那种"当时只道是寻常"的沉痛、自责,然而在其追忆时,叙事笔调却常常带着批判、否定,这是为什么呢?为什么会出现这种矛盾,他到底为了什么而悔恨、而悲哀,作者这样写的用意何在?请同学们思考、讨论。

关于《伤逝》的文本结构,许钦文曾经在《写〈彷徨〉时的鲁迅先生》一文中有过回忆:鲁迅曾把尚未完成的《伤逝》原稿交给他看,并告诉他:"这一篇的结构,其中层次,是在一年半前就想好了的。"(鲁迅标注《伤逝》于1925年10月21日写完,也就是说,鲁迅构思这篇小说应该在1924年4月之前)这种深思熟虑的结构,必然凝聚着鲁迅高超的艺术匠心与独特的文化关切,与作家的创作意图、作品主题密切相关。

(4)作品的主题。

《伤逝》被公认为是鲁迅先生极为复杂、极为难解、极易引起歧义的作品,这样一个经典的文本,从不同角度可以有不同的理解。可以说,《伤逝》写的是爱情,可又不仅仅是爱情。

要懂爱情是怎么回事,一定要读鲁迅的《伤逝》。记得年轻时初读《伤逝》,特别认同书中的两句话:"第一,便是生活。人必生活着,爱才有所附丽。""爱情必须时时更新,生长,创造。"如果说《伤逝》是爱情小说,在我看来它是极好的爱情小说。当然也由这篇小说约略晓得了男人是多么善变的物种,当初对子君那么纯真热烈的爱,可是不过三星期,便"渐渐清醒地读遍了她的身体,她的灵魂",似乎对她更加了解,然而却又产生了隔膜。鲁迅实在太厉害,他无比清醒冷峻地对人的灵魂进行解剖,让人无所遁形。涓生的忏悔是真实的,嫌弃和不爱也是真实的,就连辩解时的虚伪也是真实的,"爱情是什么,是他所不知道的",可那又有什么关系呢,鲁迅太懂人性了。那么真实地呈现了一个自私、怯弱的男人在感情生活中的情爱心理,真实得近乎残忍了。

(5)提出问题,请学生思考分析讨论:讨论《伤逝》爱情悲剧的原因,通过分析讨论得出以下几种原因。

①两个人都有问题,热恋时怀着恋爱至上的观念,不知世道艰难、生活艰辛,不晓得"第一,便是生活。人必生活着,爱才有所附丽";两人的感情出现裂痕时,涓生选择嫌弃、逃避,子君则是保持沉默。故事发展到最后,两人都有问题。

②子君的原因:沉溺于家务、没有"更新""创造"自己的人生。

③涓生的原因:负心、缺乏责任感。

④社会的原因:从当时的社会环境来讲,当时是新思想萌发的时期,这种新思想是薄弱的,是需要成长的,是受到当时主流思想——封建伦理的迫害和排挤的。子君和涓生是新思想的代表,所以他们的追求必然遭到旧礼教的阻挠。他们在找房子时多次被他人托词拒绝,且总是伴有讥笑、猥亵、轻蔑的目光,并且到最后涓生的失业,子君随着父亲回到家中不久就香消玉殒,在严威和冷眼中走着所谓人生的路。这一切一切的发生都脱离不了社会大环境下伦理道德的压迫。也由此说明,基于整个社会环境的压迫,个性的解放和婚姻自主是很难实现的。

通过细致阅读我们大家会发现,《伤逝》中的爱情描写和其他小说的爱情描写不一样,里面没有介绍两人如何相遇相识,没有卿卿我我、花前月下的场面,似乎整个恋爱过程都是涓生在会馆的破屋里"谈家庭专制,谈打破旧习惯,谈男女平等,谈伊孛生,谈泰戈尔,谈雪莱……她总是微笑点头,两眼里弥漫着稚气的好奇的光泽"。这样交往了半年后,子君竟说出了比涓生还透彻、还坚强的话:"我是我自己的,他们谁也没有干涉我的权利",涓生听了之后说:"这几句话很震动了我的灵魂,此后许多天还在耳中发响,而且说不出的狂喜,知道中国女性,并不如厌世家所说那样的无法可施,在不远的将来,便要看见辉煌的曙色的。"这句话的立场是很奇怪、很突兀的,明明跟涓生谈恋爱的是子君,涓生应该为子君说爱他而狂喜,而他说不出的狂喜,却是因为"知道中国女性,并不如厌世家所说那样的无法可施,在不远的将来,便要看见辉煌的曙色的"。涓生是在认真地和子君谈恋爱吗?显然作家这样来写,涓生的身份就不只是个恋爱者,他还是个启蒙者,他教人独立,要人自由,把人唤醒,可结果两人在一起后,一遇到困难,他就无力承受,选择抛弃、逃避。涓生与子君的结局不仅仅是爱情的失败,更意味着思想启蒙的失败。从某种程度上讲,这个小说是鲁迅对五四启蒙思潮生动而深刻的沉痛反省,是他著名的"铁屋子"比喻的形象说明,先觉者来毁坏"铁屋子"的工作无非是"大嚷起来,惊起了较为清醒的几个人,使这不幸的少数者来受无可挽救的临终的苦楚,你倒以为对得起他们么"。鲁迅的思想中有着深刻的怀疑精神,他参与了五四启蒙运动,可是他也一直在质疑这种思想启蒙,当你喊醒了铁屋里的人,可是你又不能开门开窗,不能给人指出一条生路,那这样做有意义、有价值吗?这种怀疑、批判的视角反映在小说《伤逝》中,就是安排了子君死亡的结局。从这个角度来理解小说,那涓生的形象就不仅仅是一个简单的负心汉的形象,他的悔恨和悲哀就不只是为了逝去的子君和逝去的爱情,而有了深广的社会内涵。当大家都在高呼五四思想启蒙,鲁迅却冷静地批判反思思想启蒙背后的问题,敏锐地发现隐藏在恋爱婚姻自由背后的危机。鲁迅的思想常常领先于他的时代,在那个用讴歌爱情来反封建的时代,鲁迅却清醒地说"第一,便是生活。人必生活着,爱才有所附丽",把妇女婚姻和青年知识分子的问题跟整个社会制度和经济制度的变革联系起来。当然鲁迅在文学作品中的批判,并不是跳出来赤裸裸地、直接地说,而是通过非常文学化的细节描写来刻画的。

当然还有人认为,《伤逝》是鲁迅的真实心情写照,《伤逝》的写作在1925年10月,而1925年是鲁迅个人生活中波澜起伏的一年,经历了与朱安20年无爱的婚姻生活,一个新兴女性许广平出现在他的生命里,这部小说反映了鲁迅在特定时期的心路历程。还有周作人也曾提出一个观点:"《伤逝》不是普通的恋爱小说,乃是假借了男女的死亡来哀悼兄弟恩情的断绝的。"

还是那句话,经典小说《伤逝》的主题内蕴是多重的、丰厚的,甚至是扑朔迷离的,我们鼓励学生从不同角度得出不同的结论,当然结论要言之有理。相信大家在阅读时会有自己不同的个人理解。

(6)再看看作品的细节描写及语言特色。

鲁迅作品的细节描写,恰如他所说:"这正如传神的写意画,并不细画须眉,并不写上名字,不过寥寥几笔,而神情毕肖。"(《且介亭杂文二集·五论"文人相轻"——明术》)

鲁迅是语言艺术的大师,其语言简洁、凝练而极其耐人寻味。在小说开头,作者写道:"如果我能够,我要写下我的悔恨和悲哀,为子君,为自己。会馆里的被遗忘在偏僻里的破屋是这样地寂静和空虚。时光过得真快,我爱子君,仗着她逃出这寂静和空虚,已经满一年了。事情又这么不凑巧,我重来时,偏偏空着的又只有这一间屋。依然是这样的破窗,这样的窗外的半枯的槐树和老紫藤,这样的窗前的方桌,这样的败壁,这样的靠壁的板床。"这一段文字跟中国传统的小说不一样,不是一上来就介绍时间、地点、人物,而是长篇抒情,"依然是这样的……这样的……这样的"这种重复强调、排比句式,给人以强烈深沉的物是人非之感,为全文营造了浓郁的感伤氛围。也正因为小说具有强烈的抒情特点,所以被改编为中国第一部抒情心理歌剧《伤逝》,音乐家施光南先生作曲,1981年秋首演于北京。

接下来有一段爱情的回忆:"在一年之前,这寂静和空虚是并不这样的,常常含着期待;期待子君的到来。在久待的焦躁中,一听到皮鞋的高底尖触着砖路的清响,是怎样地使我骤然生动起来呵!"涓生"常常含着期待;期待子君的到来",使用了顶针的修辞手法。"在久待的焦躁中,一听到皮鞋的高底尖触着砖路的清响,是怎样地使我骤然生动起来呵!"把恋爱中的人,把一个人长久的等待刻画得如此形象生动!因为是久待,所以焦躁,又因为是焦躁的久待,所以枯寂无聊,所以耳朵分外地灵,所以能听到、能分辨出是谁的脚步声,所以会"使我骤然生动起来"。而且请大家注意,"皮鞋的高底尖"这一处描写,20世纪20年代很多女性还在裹小脚,比如鲁迅名义上的妻子朱安,胡适的妻子江冬秀等,这里说明子君是个新女性,所以她才会接受新思潮,才会和涓生自由恋爱。鲁迅的语言和细节展示真是太生动且贴切了!

"于是就看见带着笑涡的苍白的圆脸,苍白的瘦的臂膊,布的有条纹的衫子,玄色的裙。"经典的人物外貌描写,重点写形象感觉,"苍白的圆脸,苍白的瘦的臂膊",这写法让人一下子就想起就鲁迅散文《秋夜》的开头"在我的后园,可以看见墙外有两株树,一株是枣树,还有一株也是枣树。"是文学大师语言贫乏,只会简单的重复吗?当然不是!这其实是对语言节奏的调动,并且十分像电影镜头,带着画面,移步换景,而节奏和画面正是文学的一大魅力。而且在此处,鲁迅先生对知识女性体质上的苍白羸弱的强调,似乎更像是传达出其精神上的苍白怯弱,未经受过生活的洗礼,不懂得现实生活的残酷。

子君离开了涓生,离开了吉兆胡同(这个吉兆胡同,真是个反语),无处可回,只能回到她曾经为了涓生与之决裂的家庭,鲁迅写她回去要接受的是她父亲"烈日一般的威严和旁人的赛过冰霜的冷眼。此外便是虚空。负着虚空的重担,在严威和冷眼中走着所谓人生的路……连墓碑也没有的坟墓。""负着虚空的重担",让人一下子联想到"生命中不能承受之轻",初看无理,其实很有道理,鲁迅是一个文学家,更是一个思想家,有其独特的哲学气质。想想看,威严也好,冷眼也罢,似乎都是无形的,然而这种眼神、气氛、社会舆论给人施加的压力是巨大的。那如何理解"连墓碑也没有的坟墓"这句话呢?子君为了爱离开父亲,出走家庭,她的名字无法留在父亲家族这边,可她也没有和涓生真正结婚,后来又离开了涓生,所以她的名字也无法镌刻在涓生这边。所以在一个男权社会,这个女性活在无爱的人间,生无立足之地,死后连墓碑也没有,连名字也无法留下,真是一个沉重的空虚,虚空的重担。

同时,我们在阅读中会发现,鲁迅在写一个人的心理、心路历程时,很少直接顺着往下写,而是倒着写,回环往复,沉郁顿挫,很有"幽咽泉流冰下难"的感觉。比如在小说的最后:"我将在孽风和毒焰中拥抱子君,乞她宽容,或者使她快意……。但是,这却更虚空于新的生路;现在所有的只是初春的夜,竟还是那么长。我活着,我总得向着新的生路跨出去,那第一步,——却不过是写下我的悔恨和悲哀,为子君,为自己。"这样的一种语言呈现,其实是鲁迅自己在不断反思、追问、怀疑的一种表现。

鲁迅的思想是读不完、说不尽的。好的小说具有强烈的时代色彩,但又能超脱出时代的桎梏,具有永恒的价值。小说带给我们很多的思考:什么才是爱?怎样才能更好地爱？当面对曾经相爱、现在你不爱、却依然爱着你的爱人，是真实直言还是说谎隐瞒，我们该如何选择？这或许是人类永远会面对的灵魂拷问。爱情真是个难题，人类永远矛盾！

（三）布置课后思考题

（1）如果《伤逝》只是一篇爱情小说，那这篇小说带给我们的爱情启示有哪些？

（2）如果《伤逝》不只是一篇爱情小说，请大家联系鲁迅于1923年底的演讲《娜拉走后怎样》，指出小说更深刻的社会意义是什么？

言之有文　不言之教
——接受CUCN融媒体中心采访录

徐同林①

2021年11月3日上午11时许，应南京传媒学院科研处处长谢蓓老师之约，在融媒体中心科研处徐玥老师的主持下，在实验楼基础教学部办公室，就教学科研等五个问题，对徐同林教授进行了一次访谈。现将有关内容整理如下，以便向更多的同行请教交流。

玥：徐教授，很高兴也很感谢您能接受学校融媒体的采访。您的专著《强秦之言》在学校最近的年度科研评奖评选中，深受评委嘉许。我们希望您能给年轻老师的科研成长提出一些建议。请您先介绍一下这本专著的内容及撰写体会。

徐：谢谢！不敢当。关于这本书的内容和意义，我想讲一则成语故事。

齐宣王召见高人颜斶，说："颜斶，上前来！"颜斶也说："大王，上前来！"宣王很不悦。齐王的左右近臣责备颜斶："大王是人君，你是人臣；大王说，'颜斶，上前来！'你也说，'大王，上前来！'这能行吗？"颜斶理直气壮地回答说："我上前是趋炎附势，而大王上前是礼贤下士；与其让我趋炎附势，不如让大王礼贤下士。"宣王怒问："是王尊贵，还是士尊贵？"颜斶直言不讳道："士尊贵，王并不尊贵。"宣王问："可有什么道理吗？"颜斶说："有，从前秦国进攻齐国，秦王下令说：'有人敢在柳下季（柳下惠）墓地五十步内砍柴的，处以死罪，不予赦免。'又下令：'有能砍下齐王头的，封邑万户，赐金二万两。'由此看来，活王的头，还不如死去的贤士的墓。"宣王听了，默然不悦。（《齐宣王见颜斶》，《战国策·齐策四》）颜斶这样的士人，"比之策士

---

① 徐同林：南京传媒学院教授，江苏省大学语文研究会执行会长。

之中,固已若鸡群之鹤"(谢有煇《古文赏音》卷四),但这样鹤立鸡群的策士,仅是传播秦国国王心声的一名志愿者。那秦国语言的魅力,何等高妙,超乎你我的想象力不知多少了。你想想,当年秦国的军队开进齐境,加上这一则"生头死垄"的命令,我真不知道,这一仗还要打吗,还怎么打?你再想想,秦国这种舌比剑锋利的语言攻伐,已经不是出自秦人的口舌,而是来自敌方的庙堂,并且是有口皆碑,流芳百世。强秦之言,可见一斑。

玥:的确令人震撼!您觉得教学与科研在您的学术生涯中扮演什么角色?

徐:作为一个教师,我觉得教学与科研犹如车之双轮、鸟之双翼,相辅相成,相得益彰。例如,你潜心教学,认真备课,你的教案日积月累、博采众长、与时俱进、教学相长,不就形成了一篇论文吗?你一年整理出这样的三五篇教案,形成三四篇论文,哪怕发表一两篇,然后去参加会议、参加征文、参与评奖、参与项目及申报,那么几年之后,你就有了一个专题的十几篇论文,包括发表的、获奖的,以及科研项目的,集腋成裘,积土成丘,就形成了一部专著。一二十年之后,可能就有几十篇论文、三四部专著。对这样一个专题而言,你要不是专家,谁还是专家呢?关键在于教学之中,要做到潜心专研、示范研读、阅读经典、教研结合、交流分享、锲而不舍。

阅读《论语》,从发表《小议孔子说"不"》[1](2003)到出版《论语的语文》[2](2008),历时5年,其间还开设了《论语》导读选修课,并举办讲座。

阅读《史记》,写作《"仲尼厄而作春秋"——司马迁报任安书延伸阅读》[3](2008)、参加会议并获奖,到出版《史记的语文》[4](2012),历时4年,其间也开设了《史记》选读选修课。

阅读《史记》《战国策》等,从参加会议并发表《秦国的反间计》[5](2012),同年有关课题立项,到出版《先秦军事外交语言艺术》[6](2015)并课题结项,历时3年,其间开设了先秦军事外交选修课,并获得了全军优秀教学成果三等奖。

你看,这几本书从酝酿到问世,都是走的备课教案、论文发表、会议评奖、课题申报,最后到专著出版这样的路子,即教案—论文—专著"三步走",可谓一箭三雕吧!

玥:是的。您对基础学科教学有何看法?

徐:基础学科与专业学科,犹如根深蒂固的地基与高耸入云的大厦,孰先孰后,

---

[1] 徐同林.小议孔子说"不"[J].江苏教育学院学报(社会科学版),2003(5):103-105.
[2] 徐同林.论语的语文[M].济南:齐鲁书社,2008.
[3] 《"仲尼厄而作春秋"——司马迁报任安书延伸阅读》参加全国大学语文教学设计竞赛获三等奖,2009年投稿,并在次年年会上获奖。
[4] 徐同林.史记的语文[M].济南:齐鲁书社,2012.
[5] 徐同林.秦国的反间计[C]//徐日辉等.中国杭州吴越文化与史记研究学术研讨会暨中国史记研究会第十一届年会论文——史记论丛第九集.北京:中国文史出版社,2012.(同年获江苏省哲学社会科学界第六届学术大会优秀论文三等奖。)
[6] 徐同林.先秦军事外交语言艺术[M].北京:国防大学出版社,2015.

孰轻孰重,不言而喻。譬如摄影摄像的技巧,少则几个月多则一年半载,基本都可以学会。但是,要成为摄影师、摄影家,你没有历史积淀、社会视角,没有感受人文关怀、艺术熏陶,没有做到触类旁通,恐怕永远只能在摄影专业殿堂的门外徘徊。

我们知道,世界上的化合物数以十万计,但基本的化学元素不过百余种。世界上的物质纷繁复杂,但在最深层次上,仅由少数几种基本粒子组成。《国家职业分类大典》职业特定技能1838种,行业通用技能约300种,而核心技能只有8种(见图1-4),即交流表达、数字运算、革新创新、自我提高、与人合作、问题解决、信息处理和外语应用。其中多为语言文学或密切相关。

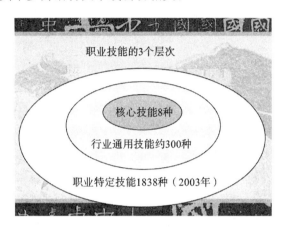

图1-4 职业技能的3个层次

所以,即使在经济发达、科技领先的西方发达国家,也是普遍地高度重视大学生人文素质的熏陶与培养。例如哈佛大学要求全体学生学习文学、艺术、历史、社会哲学分析、美国语言文化以及数学和自然科学等课程;麻省理工学院则规定,主修理工科的学生必须从学校开设的100多门人文、社科、艺术课程中选修8门,并强调"要在艺术、文学、社会科学和工程技术这两大领域架起一座桥梁",使所有学生都"了解文化传统,懂得人的价值"。因此,我在国防科技大学、上海外国语大学以及咱们学校南京传媒学院,力主开设《论语》导读和《史记》故事的选修课,希望培塑具有民族底蕴和全球视野的彬彬君子和赳赳英雄,既文质彬彬,又舍我其谁!

基础课教师,要耐得住寂寞,要甘当人梯,要有成人之美之德,也要有所创新、有所突破。其实语文基础学科也可以与所在学校的特色学科结合,既可强本固原,也可锦上添花。语文是众多学科的根基,同时也是不少学科的桂冠。世界医学之父希波克拉底曰:"医生有三大法宝,第一语言,第二药,第三手术刀。"夫子曰:"不学诗,无以言。"莎士比亚云:口要出利剑,手不用尖刀。就传媒学校而言,播音主持是不是要舌绽莲花,影视编导是不是要妙笔生花,舞蹈摄影是不是要人面桃花?

玥:在传媒类的大学,对于语言文学和古代文学这几门大课的教学,您有什么建议?

徐:一方面,语言文学是所有专业学科的基础,更是传媒类各专业的核心。"盖文章,经国之大业,不朽之盛事。""一言兴邦,一言丧邦。""言之无文,行而不远。"由此可得,语文的重要性,再怎么重视都不为过了吧!

另一方面,我们还要补课,补2000多年来欠缺的课。子曰:"君子欲讷于言而敏于行。"孔子反复要求我们"讷于言","敏于事而慎于言"。"巧言令色,鲜矣仁。""巧言、令色、足恭,左丘明耻之,丘亦耻之。""仁者,其言也讱。"再到王阳明的"知行合一",都是"言"的缺席。千百年来,我们中国人大多奉行沉默是金。在全球化的当下,别人祖祖辈辈就滔滔不绝,而我们祖祖辈辈面朝黄土背朝天,三缄其口、默不作声。当然这里也有农业文明与商业文明的区别。中国传统农业文明的沉默文化,在信息化的地球村,越来越需要蜕变、超越。当然口才的培训,不是立竿见影、一蹴而就的。有道是"三年胳膊五年腿,十年练不好一张嘴",况且我们还有千百年的"欠缺"。

中国文学,以汉字为载体,风骚为源头,史传为底色,诗词为绚烂,元明清戏曲小说为风俗画,构成了丰富多彩、波澜壮阔的民族文学的历史长河。所以,我们要在有限的课程、课时的教学中,尽可能地改善、提效、增质。

玥:在您的教学工作中有什么令您印象深刻的事吗?

徐:我怀着激动的心情要来报告和分享最近的教学经历和幸福体验。刚才课上(2021年11月3日周三第12节课)2021级戏美1班钱梓芸同学主讲分享的主题"一代天后吕雉",讨论并回答了这样一个历史难题:皇太后吕雉将高祖刘邦生前宠幸的戚夫人废为"人彘",以致其子孝惠帝刘盈见后惊骇不已,不久忧郁病逝。而《史记》十二本纪中,太后本纪位列秦始皇、项羽、高祖之后,你如何评价吕雉其人呢?

还有2021级戏美2班的葛思玟同学主讲分享的主题"一门双司马卫青霍去病",描述了汉匈战争的壮阔画卷,重点刻画了扭转战局的大汉名将卫青和霍去病,并分析了他们虽出身低贱,却战无不胜、攻无不克的制胜秘诀与性格特质。

2021级新传5班丁晨莹主讲的昆曲《长生殿》、安凯琪主讲的《山海经》等,都显示出这些同学深厚的文学素养及较强的语言表现力。

"善歌者,使人继其声;善教者,使人继其志。"有道是,庸师直白,良师解惑,高师启发,大师激励!这些同学的出色表现,正是有40多年教龄的我所追求的"不言之教"的一个侧影,是对我理想教学境界的一份回报。我为有这样高徒而高兴,也为学校有这样的学生而感到鼓舞。孟子"得天下英才而教育之",以为人生至乐。我的真实感受是,得天下英才而教育我,我深感荣幸欣慰。

第二章 学科探源

陈志伟 陈晓玲：论大学语文之课程定位与学科归属

陈泽新：挑战与适应：大学语文学科转向中的价值冲突及其处理策略

论大学语文之课程定位与学科归属

陈志伟[①]　陈晓玲[②]

摘要：关于大学语文的课程定位讨论已久，至今未有公论。梳理各家观点，拨开外部影响，结合大学语文的开设初衷，得出大学语文的课程定位是：以工具性为根本属性，即以提高学生汉语口语表达能力、书面写作能力为基本目标，以美育性、人文性等为延伸属性。大学语文学科归属随高等教育发展研究生培养而凸显，通行做法是将其归于教育学二级学科"课程与教学论"之下，还有观点认为其应归于文学类，作为中国语言文学下的二级学科。经过论证辨析，笔者认为大学语文的合理归属应为教育学下的二级学科。

关键词：大学语文；课程定位；学科归属；性质；功能

大学语文课程定位自大学语文这门课产生以来，大学语文界就在不断进行探索和讨论。除课程定位外，还有独立学科建设问题，这是大学语文发展的更高阶段和终极目标。随着语文高等教育的发展，大学语文的学科归属问题日益凸显，亟待解决。梳理已有成果，明晰大学语文学科建设与发展方向，确立其最佳学科归属，亦是本文目标之一。

一、大学语文课程定位

关于大学语文的"定位"，还有几种类似或相近的说法，如"功能""性质""属性"

[①] 陈志伟：吉林大学文学院副教授。
[②] 陈晓玲：吉林大学文学院硕士研究生。

等。笔者在中国知网进行篇名检索(检索时间为 2020 年 2 月 9 日),以"大学语文"并含"定位"检索,得到 160 篇相关研究成果;"大学语文"并含"功能"检索,得到 137 篇相关研究成果;"大学语文"并含"性质"检索,得到 24 篇相关研究成果;"大学语文"并含"属性"检索,得到 4 篇相关研究成果。故本文选用"定位"这一说法。

(一)大学语文课程定位简述

所谓"定位"就是要对大学语文课程的地位、性质、功能、目的等进行阐释解说。1949 年,华北人民政府教科书编审委员会对中小学课本最早使用"语文"这一名称,之后经该委员会主任叶圣陶对"语文"这一学科概念进一步解释说明,使"语文"学科拥有较强的工具性特征,这成为大学语文工具性特征的历史渊源。20 世纪 80 年代,全国高校重开大学语文课程,为改变当时大学生文理不通、错别字较多的现象,所以大学语文的定位仍为工具性课程,有人戏称此时的大学语文为"高四语文"。至 20 世纪 90 年代,国家教委将大学语文定位为素质教育课程,大学语文课程更加强调人文性,甚至取代了工具性。

进入 21 世纪,随着国学热、传统文化热的兴起,对大学语文课程定位的讨论也愈加多元化。或强调人文,或强调品德,或强调传统文学经典,或强调读写能力,或是作为汉语言文学专业部分主干课的快餐拼盘。① 魏饴(2006)②、彭福荣(2006)③等坚持大学语文的工具性课程定位。黄越华、杨宏(2006)提出大学语文课程定位应该包含三个层面:一是工具层面,二是人文素养层面,三是文化层面。④ 商月怀(2008)指出大学语文课程定位仍应立足于阅读和写作训练,同时兼顾大学语文的教育意义。⑤ 彭书雄(2009)指出:大学语文课程应该突出人文性、综合性和研究性,着重实现人文素养的提升,同时也适当兼顾高等形态的逻辑思维训练和思考力以及说写能力的提高。⑥ 陈洪等(2009)认为,大学语文应将提升学生语文素养作为课程定位,即提高学生对好文章的鉴赏能力。⑦ 贾莹(2011)对此前大学语文课程定位进行总结,得出大学语文的课程定位即工具性、审美性和人文性三方面的统一。⑧ 魏向阳(2016)提出大学语文学科性质即基础性、应用性(工具性)、人文性。⑨

---

① 邹巅.现行大学语文教材的失误及其原因[J].职业圈,2007(14):128-130.
② 魏饴."大学语文"的学科性质与教材编写[J].湖南文理学院学报(社会科学版),2006(2):94-97.
③ 彭福荣.论大学语文的性质[J].成都中医药大学学报(教育科学版),2006(1):60-61.
④ 黄越华,杨宏.对"大学语文"定位及教学现状的思考[J].北京教育(高教版),2006(6):40-41.
⑤ 商月怀.从叶圣陶语文教育思想看大学语文的定位[C]//教学改革与创新研究——浙江工商大学教学改革论文集,2008:143-147.
⑥ 彭书雄.大学非中文专业母语教育定位问题研究[C]//抓住时代机遇,深化教学改革——全国大学语文研究会第十二届学术年会论文集.南昌:江西人民出版社,2009:173-184.
⑦ 陈洪,李瑞山."大学语文"应有明确定位——目前大学语文教育的若干问题[N].社会科学报,2009-07-23.
⑧ 贾莹.大学语文课程定位与目标研究[D].长春:东北师范大学,2011.
⑨ 魏向阳.对大学语文学科定位和教学现状的思考[J].河南广播电视大学学报,2016(4):107-109.

可以看出，学界对大学语文的定位仍是莫衷一是、表述各异、各有侧重，主要集中在工具性、人文性、审美性等方面，没有形成一个权威的、公认的结论。

（二）大学语文开设初衷

"不忘初心，方得始终。"大学语文的定位，应从大学语文的开设初衷进行探讨。

首先看民国时期大学国文设置之原因。刘半农在《应用文之教授》中云："使学生人人能看普通人应看之书，及其职业上所必看之书，人人能作普通人应作之文，及其职业上所必作之文。"[①] 钱基博也很重视应用文写作，并为学生编写《酬世文范》。[②] 至于开设大学国文的理由是"大学新生国文程度差"，这也是当时的实际情况。20世纪30年代，大学开设国文的一个原因就是"中学生国文程度低落"[③]。1938年，教育部整理大学课程，规定"国文须能阅读古文书籍及作通顺文字……方得及格，否则仍须继续修习，至达上述标准，始得毕业"，于是大学一年级普遍添设国文课程。[④] 1941年，教育部通令各校："现在中学国文程度低落，应令各中学校长切实注意，并设法提高；以后凡大学招生，如有国文不及格者，不准录取为要。"[⑤] 可见，民国时期大学开设国文课的一个重要原因就是学生国文程度普遍较差。

新中国成立后，20世纪80年代初各高校重开大学语文课，起因也在学生的写作能力堪忧。1978年匡亚明任南京大学校长时，发现理科学生的试卷多有语句不通、错别字现象，便建议学校文理科各系一年级全部开设语文课，后遂在全国推广。[⑥] 苏步青在1990年全国大学语文研究会第四届年会中也指出，文理科学生写文章都应该做到语句通顺、没错别字，须注意写作技巧。[⑦] 黄蔚（2004）在《大学语文：何时走出尴尬》中举了两个例子：某高校外教在黑板上写了句孔子的话，全班无人能答；北京大学孔庆东教授说，问学生从理科大楼到北大西门怎么走，没人能说得既简洁又准确。[⑧] 黄建民（2005）也指出，我们的大学生，尤其理科大学生，普遍语文水平不高：口头和书面的表达能力不强，阅读理解、分析概括的能力有待进一步提高。[⑨]

大学生语文素养较低，至今仍是人们非常关注的问题。《中国青年报》曾报道揭示当前高校学生写作水平差，语文素养、写作水平恐已到历史最低点。甚至到了研究生阶级，所写论文仍很难做到文从字顺，导师不得不花大量时间、精力为学生

---

① 何二元.现代大学国文教育[M].上海：华东师范大学出版社，2017：20.
② 何二元.现代大学国文教育[M].上海：华东师范大学出版社，2017：197.
③ 孟匀.二十世纪三、四十年代"中学生国文程度"讨论综述[J].黔南民族师范学院学报，2003(5)：19-23.
④ 何二元.现代大学国文教育[M].上海：华东师范大学出版社，2017：342.
⑤ 李杏保，顾黄初.中国现代语文教育史[M].成都：四川教育出版社，1997：239-240.
⑥ 沈文华.矍铄哉是翁也——匡亚明剪影[J].群众，1995(4)：43-44.
⑦ 苏步青.大学语文教师责任重大[J].群言，1990(11)：13-14。
⑧ 黄蔚.大学语文：何时走出尴尬[N].中国教育报，2004-05-14.
⑨ 黄健民.大学语文不要忽视工具性[N].中国教育报，2005-10-12.

修改错别字、病句,更遑论内容、结构上的其他问题。①

因此,从大学语文开设迄今,几乎在各个时期,学生语文基础差都是开设此门课程的一个重要原因。

(三)大学语文合理定位

大学语文课程定位经常受时代形势所影响,素质教育时提倡人文性,国学热时提倡文化性,但大学语文的课程定位不应随社会思潮而动。"豪华落尽见真淳",工具性才是大学语文不可变更的根本属性。当然,在诸多对大学语文课程定位的讨论中,不乏真知灼见。魏饴(2006)就指出,许多专家认为大学语文是一门培育大学生综合性民族文化素质的课程,要求大学语文必须加强对学生传统文化、文学、历史、哲学等学科的教学;甚至有媒体呼吁以"大学人文"取代大学语文;有些大学语文教材实际上已成为文化读本,失去了语文课的基本内涵。②其实大学语文就是语文,它不是政治教育,不是人文概论,也不是思想史。③"大学语文回归语文,是大学语文学科的出发点和必然归宿。"④

语文教学有自身的教育功能和任务,不应强行赋予过多的责任和使命。大学语文课程定位不能好高骛远、华而不实、哗众取宠、随时而变。学无止境,语文学科也是这样,到了大学仍要继续学习语文,夯实基础,开阔眼界。大学语文的定位就是以工具性为根本属性,以美育性、人文性等为延伸属性。所谓工具性就是提高学生的汉语口语表达能力、书面写作能力,以此作为大学语文教学的基本目标。延伸属性是在实现工具性基本目标之后所应实现或达到的效果。美育性就是使学生提高文学作品欣赏能力甚至是创作能力,人文性就是使学生提高思想认知,加强人文修养。

二、大学语文学科归属

大学语文开设历史悠久,教材数量可观,教师队伍庞大,每年也在产出相当数量的研究论著。在大学语文人的心中也一直都将其当作一门学科,并以学科称之。然而事实却是国家并没有承认大学语文为一门"学科",自然也没有与"学科"相应的地位和待遇。

在中国知网以"大学语文"进行篇名检索(检索时间为2020年2月9日)得到论文5797篇;以"大学语文"并含"学科"检索,得到47篇相关研究成果,经过筛除,

---

① 高四维.北大教授呼吁:救救语文教育[N].中国青年报,2013-02-01.
② 魏饴."大学语文"的学科性质与教材编写[J].湖南文理学院学报(社会科学版),2006(2):94-97.
③ 陈洪,李瑞山."大学语文"应有明确定位——目前大学语文教育的若干问题[N].社会科学报,2009-07-23.
④ 徐四海.论大学语文的属性与特征[J].黑龙江高教研究,2011(7):164-166.

得到大学语文独立学科建设方面相关研究成果14篇(见表2-1)。显然,在数以千计的大学语文论文中,关于大学语文独立学科建设的研究仍属凤毛麟角。

表2-1 大学语文学科建设研究论文篇名统计

序号	作者	篇名	刊名	刊期
1	雷德岩	对大学语文应成为一门独立学科的探讨	广东民族学院学报(社会科学版)	1988(1):81-84
2	倪卫平	大学语文学科发展初探	上海海运学院学报	1992(2):107-111
3	许秀清	《大学语文》课程教育的独特功能及学科定位	福建论坛(社科教育版)	2005(S1):173-174
4	冯红	论当前大学语文的学科定位和教育功能	东北农业大学学报(社会科学版)	2007(4):18-20
5	郁飞	大学语文学科形象构想	无锡职业技术学院学报	2008(5):84-85
6	陈洪,李瑞山	"大学语文"应有明确定位——目前大学语文教育的若干问题	中国社会科学报	2009-07-23
7	汤天勇	大学语文学科化的困境与突围	现代教育科学	2012(11):156-158
8	曹卫东	大学语文不能定位为某种专业性的学科	中国教育报	2013-11-25(005)
9	张福贵	大学语文教育的学科定位与功能特性	中国大学教学	2014(1):48-51,69
10	彭书雄	大学语文应成为独立学科	中国社会科学报	2014-07-21(A07)
11	彭书雄	"大学语文"30年研究现状及学科理论建设方向	大学语文研究——"首届全国大学语文论坛(武汉)"论文集	世界图书出版有限公司,2016:19-25
12	彭书雄	应加强大学语文独立学科建设	中国社会科学报	2018-01-23(003)
13	徐媛	大学语文教育的学科定位与功能特性探析	课程教育研究	2018(8):36-37

续表

序号	作者	篇名	刊名	刊期
14	王桂君	大学语文成为独立学科的必要性研究	开封教育学院学报	2019,39(9):171-172

（一）大学语文独立学科及学科归属研究

1. 大学语文独立学科的必要性及学科建设构想

已知较早提出"学科"说法的是我国现代大学语文教育先驱匡亚明和徐中玉，二人在1986年就明确提出"大学语文是一门新兴边缘学科，它包含文、史、哲、经、政等有关内容，但又不等同于这些学科。——必须按照它自身的规律作为独立学科存在、发展下去。"[①]1986年10月，在北京召开的第三届全国大学语文研究会学术年会上，二百多名学者认为大学语文应尽快成为一门独立学科。[②] 雷德岩（1988）则系统地论证了大学语文要成为独立学科，必须首先建立并完善学科理论与教学体系，并对大学语文的教学内容以及如何完成教学任务等提出了自己的观点与设想。[③] 倪卫平（1992）设计了大学语文学科体系模式：历代文选课程、各类文学艺术专题课程、文化思想史课程、基础写作课程、专业写作课程。[④]

进入21世纪，冯红（2007）认为，如同高等数学、大学物理是高等理工科院校的基础学科一样，大学语文也应是整个高等教育的基础学科之一。[⑤] 魏饴（2009）认为，语文学科包括语文知识（基础）、语文智能（技术）和语文教育（工程）三个层面，从小学到大学必须有整体设计，应尽快构建科学的语文学科结构体系。[⑥] 汤天勇指出，大学语文学科化是最为大学语文人所期待的，然而大学语文学科化进程却困境重重，大学语文人需要远离功利与浮躁，潜心治学，共同努力构建完善的理论体系。[⑦] 彭书雄（2014，2015）两次呼吁，"在我国文化大发展大繁荣的时代背景下，大学语文教育能够有效参与国家文化战略构建，其地位不可或缺，应与'汉语国际教育'一样成为独立学科"；大学语文没有成为独立学科，已成为制约大学语文教育事

[①] 匡亚明,徐中玉. 大学语文应该成为独立的学科[N]. 文汇报,1986-03-09.
[②] 二百多名学者认为大学语文应尽快成为一门独立学科[N]. 光明日报,1986-11-22.
[③] 雷德岩. 对大学语文应成为一门独立学科的探讨[J]. 广东民族学院学报（社会科学版）,1988(1):81-84.
[④] 倪卫平. 大学语文学科发展初探[J]. 上海海运学院学报,1992(2):107-111.
[⑤] 冯红. 论当前大学语文的学科定位和教育功能[J]. 东北农业大学学报（社会科学版）,2007(4):18-20.
[⑥] 魏饴. 大学素质教育与教育回归人本[M]. 长沙:湖南人民出版社,2009.
[⑦] 汤天勇. 大学语文学科化的困境与突围[J]. 现代教育科学,2012(11):156-158.

业发展的重要因素。①② 王桂君（2019）论证了大学语文成为独立学科的必要性，认为大学语文是高等教育阶段的母语教育，其具有不可替代性，在培养学生语言应用能力、传统文化修养、审美鉴赏能力及健全人格方面具有重要作用。③

从以上所举文献中可以看出，大学语文独立学科研究尚属薄弱，多为发声呼吁，或概述学科建立之必要性，而对学科体系、课程构建等还缺乏具体细化设计。

2. 大学语文学科归属研究

大学语文虽然一直没有成为一门"学科"，但大学语文人一直将其当作"学科"。既成学科，自然当有归属。对大学语文之学科归属，较早时有陈洪、李瑞山（2009）提出，大学语文应逐渐形成有独立内涵和特定研究对象的一个专业，并发展成为"中国语言文学"一级学科底下的独立二级学科。④ 张福贵（2014）对大学语文学科归属做了如下论述：

> 从现在的国家学科目录来看，大学语文在二级学科目录上被称为"课程与教学论"，与大学物理、化学、数学和体育等一样，都属于教育学门类下的同一个二级学科。这种命名和归属不仅在高校内部来说知者甚少，而且这是一种奇怪的学科归属逻辑。……大学语文应该归属文学门类的中文学科而不是教育学门类的"课程与教学论"专业。⑤

这里，"大学语文在二级学科目录上被称为'课程与教学论'"，不准确。因为在国家二级学科目录上并没有"大学语文"字样。"与大学物理、化学、数学和体育等一样，都属于教育学门类下的同一个二级学科"，同样不准确，因为学科目录上并没有此规定。张福贵所言之大学语文学科归属现状，仅是一些高校的不成文做法，实际并无文件依据。

彭书雄（2017）对大学语文的学科归属现状进行了梳理分析：

> 国家对大学语文的现实政策是："大学语文"是有隐含的学科归属的，只不过不是把"大学语文"作为一个独立学科，而是作为一个附属性的学科方向归并到教育学二级学科"课程与教学论"底下了。在这里，大学语文只能算四级方向了。
>
> 实际情况是，在"大学语文教育"没有成为二级独立学科的背景下，大学语文是隐含附着在"语言学及应用语言学"这个二级学科底下作为四级方向存在的。而在南开大学中文一级学科底下自主设置的"中文高等教育（大学语文教育）"的博士点，实际上是按照二级学科设置的，在这里，大

---

① 彭书雄.大学语文应成为独立学科[N].中国社会科学报,2014-07-21(A07).
② 彭书雄."大学语文"30年研究现状及学科理论建设方向[C]//大学语文研究——"首届全国大学语文论坛（武汉）"论文集.武汉:世界图书出版有限公司,2016:19-25.
③ 王桂君.大学语文成为独立学科的必要性研究[J].开封教育学院学报,2019,39(9):171-172.
④ 陈洪,李瑞山."大学语文"应有明确定位——目前大学语文教育的若干问题[N].社会科学报,2009-07-23.
⑤ 张福贵.大学语文教育的学科定位与功能特性[J].中国大学教学,2014(1):48-51,69.

学语文才成为一个独立的二级学科。

> 从目前国务院学位办和教育部发布的国家学科目录来看,大学语文是作为一个附属隐含的四级学科方向而存在的,够不上独立学科,况且,在学科建设上,还分别属于教育学与中国语言文学两个不同的学科。①

这里,彭书雄提到的"大学语文是隐含附着在'语言学及应用语言学'这个二级学科底下作为四级方向存在的",及"在学科建设上,还分别属于教育学与中国语言文学两个不同的学科",不知何所据而云然。"四级方向"亦错误,二级学科底下的研究方向何来分级之说?而且,南开大学自主设置的二级学科"中文高等教育"博士点,也并没有国家学科目录的认可。

王桂君(2019)也提出了与张福贵一致的意见,认为"大学语文的课程内容与中国语言文学下的各二级学科内容有很大的相关性,而不是单纯的教育学科,因此,大学语文作为二级学科应该归属于中国语言文学"②。

以上对大学语文学科归属的研究似乎一脉相承,但事实上关于大学语文现在的学科归属说法都不十分准确。大学语文被归到教育学二级学科"课程与教学论"之下,这只是各院校的通行做法,而在国家学科目录上并没有明确规定,也就是说仍然没有大学语文的位置。而且,许多研究者都对这种通行做法持否定态度,认为大学语文应归于"中国语言文学"之下。

(二)大学语文归属论证

1. 大学语文不应归于"课程与教学论"

首先,"课程与教学论"这一学科命名本身就容易令人费解,如张福贵所说"课程与教学论"是一种脱离教学内容本质的命名,将大学语文归属于其下是不合逻辑的。③ 关于对"课程与教学论"命名的质疑在此不做赘述,但将大学语文放在"课程与教学论"之下确实缺乏足够的依据与理由,名不正,言不顺。

其次,语文教育是母语教育,是终身教育。在初等教育阶段,语文是必修课程、骨干课程;大学语文教育是母语高等教育,走过了将近百年的历程。然而大学语文却在高等教育阶段地位骤降,变成选修课程,在国家学科目录中也没有其位置。如果仅仅将大学语文作为一个研究方向放在二级学科下面,这显然是与大学语文厚重悠久的学科历史地位极端不相称的。

2. 大学语文不能归于"中国语言文学"

前述研究者认为,大学语文课程内容与中国语言文学内容密切相关,以此得出大学语文应归为"中国语言文学"。

---

① 彭书雄.构建具有中国当代特色的汉语文高等教育独立学科[C]//大学语文论坛(第1辑).上海:华东师范大学,2017:1-12.
② 王桂君.大学语文成为独立学科的必要性研究[J].开封教育学院学报,2019,39(9):171-172.
③ 张福贵.大学语文教育的学科定位与功能特性[J].中国大学教学,2014(1):48-51,69.

语言学与文学的确是与大学语文较为接近的学科范畴，但是大学语文却不能归于文学类下"中国语言文学"。张福贵的理由是，大学语文是一种教学内容而不是教学法，与中文学科教学内容没有太大区别；公共外语不属于教育学，为什么公共汉语就成了教育学？所以，大学语文应该归属文学门类的中文学科而不是教育学门类的"课程与教学论"。① 这里将大学语文等同于公共汉语是明显错误的。因为汉语并不能等于语文；汉语仅是一种语言，语文则包含了语言与文章。大学语文绝不是单纯的汉语课，所谓的公共汉语说法是不成立的。

大学语文不需要进行语言方面的研究，因此不属于语言学（由于大学语文没有明确归属，目前图书馆中一般把大学语文教材都分类到H1汉语之下，这也是不合适的）；大学语文同样不需要进行文学创作或对作品进行评论研究，因此也不属于文学。

所以，仅因内容相关就将大学语文归为中国语言文学同样是不成立的。

3. 大学语文应归属教育学下二级学科

从大学语文的概念含义来分析论证其学科归属。大学语文是全体大学语文教育工作者主要以民族优秀传统文化、文学经典文本为载体，对以汉语为母语的全体非中文专业大学生进行的以高级思维、阅读和写作能力培养，及汉语文化素质提升为核心目标的汉语文化高等教育，它是一个横跨文学、语言学、哲学、史学、艺术学、教育学、国学、文化学、传播学、心理学、信息技术等多学科的综合性边缘交叉学科，是一个以传播汉语言文化为使命的人文学科。② 大学语文不需要对各学科进行研究，它需要做的仅是将各学科的已有优秀成果筛选精炼出来传授给学生；它要研究的是本学科理论体系的探索建设，以及教材的编纂、教学方法的改进等。因此，大学语文就是一门教育学科，应归于教育学之下。

鉴于大学语文特殊的学科性质、悠久的教育历史，以及母语高等教育的重要地位，因此，大学语文应直接归为教育学下二级学科，学科名称即为"大学语文"。

三、结语

大学语文历史悠久，也有丰富的研究文献。但这些研究却基本集中在几个问题上长期反复争议，难成一致，陷入一种低水平的重复。而且毋庸讳言，有相当一部分文章写作不严谨，粗糙纰缪，语义冲突，不合逻辑，难经推敲。语文教师的特长本在咬文嚼字、说话严密，然在部分论文写作上却大相径庭、名不符实。

大学语文研究的徘徊难前，无疑在一定程度上阻碍了大学语文的课程教学和

---

① 张福贵.大学语文教育的学科定位与功能特性[J].中国大学教学,2014(1):48-51,69.
② 彭书雄.构建具有中国当代特色的汉语文高等教育独立学科[C]//大学语文论坛(第1辑).上海:华东师范大学,2017:1-12.

学科发展。对大学语文研究中的几个代表性问题,学术界应该理性客观地总结和反思,得出权威公认的结论。即如大学语文课程定位问题,只有正确认识并将之贯彻于教学实践,发挥大学语文的育人功能,收到良好的社会效果,才能巩固大学语文的地位。如此,才更有利于大学语文独立学科建设,大学语文才有希望真正成为一门学科,被国家和社会所承认和接受。

挑战与适应：大学语文学科转向中的价值冲突及其处理策略

陈泽新[①]

摘要：大学语文的学科归属是导致大学语文发展空间局促的原因之一。大学语文学科定位的出发点是社会和市场的现实存在需要，落脚点是学生思维独立性的建立。大学语文学科培养的终极目标是为培养适应社会挑战的具有独立人格、具有批判性思维的自由个体。长期以来，大学语文被看作专业的附属品偏狭地降低了大学语文的学科定位。大学语文应当转为哲学学科下的二级学科，批判性思维也应是大学语文重构的主题。大学语文应当着眼于国家战略和学生本位，从长远的角度建构。大学语文的应然存在必须考虑社会挑战这一长远发展需要，而不是基于短期的专业需要，因为大学相对稳定的专业无法适应日新月异的社会发展。大学语文过多地承担了不必要的冗杂教学内容，致使大学语文特色不明、定位混乱。只有培养兼容性的通识人才，才能适应当前社会不确定性的挑战，这是大学语文作为通识课的价值回归。

关键词：大学语文；培养目标；价值冲突；批判精神

大学语文的基本问题，一是学科定位问题，二是与专业关系的问题，三是学科培养目标问题，这是作为课程的逻辑起点。尤其是培养目标中的各种不切实际的预设，让大学语文学科建设成为专业的附属品或替代品，这使大学语文承担了许多不必要的任务。大学语文应当"瘦身"，从国家战略和学生本位出发，致力于培养具

---

① 陈泽新：湖北三峡职业技术学院副教授。

有独立思维、独立人格、具有批判性的自由个体,才能适应社会快速变化的严峻挑战。

一、适应挑战:大学语文学科转向成为当务之急

据考证,大学语文发展已有百年历程。大学语文起初称为"中国文学",是从清朝的癸卯学制开始的。民国期间将大学语文命名为"大一国文"[①]。新中国成立后,大学语文不再开设。1978年高考制度改革之后,南京大学开设大学语文课程。此后大学语文的名称沿用至今。

叶圣陶先生曾经对"语文"一词做过解释。他认为,"语"为语言,"文"为文字。[②] 国内大学语文的现况是怎样的呢?有文学论,有母语论,有文化论,有人文论,有职业方向论,有工具论,有传统文化论,有课程思政论,还有精神成人说。也有许多高校将大学语文拆分为经典导读、应用文写作和口才练习等部分。我国台湾地区将大学语文命名为"国文",并将国文分设为"国文(A)经典阅读"和"国文(B)中文写作"[③]。国外有些高校虽然没有大学语文,但有类似的通识课,如美国康奈尔大学将大学语文转为"学科写作"[④]。

国内大学语文课程发展已经到了十字路口。据2018年版《普通高等学校本科专业类教学质量国家标准》规定,国家层面已明确将大学语文定位为通识课,命名为"大学语文与写作"。这是值得深思的。某种程度上,表明学界开始把大学语文与写作分流,或者对大学语文实施模块化分设。

大学语文应该转向或重建吗?

大学语文建设至今一百多年来,鲜有大师级别的学者,少有理论性的重大贡献,对社会的影响力不够,这都是不争的事实。是什么制约了大学语文的发展空间呢?原因很多。但根本原因有几个。一是大学语文的学科分类不够准确,二是大学语文的定位不够精确,三是大学语文缺乏学科建设理论和课程建设理论的系统研究。

学科建设需要有广阔的时空视角,学科的转向需适应时代的挑战。大学语文从建设到现在大约经历了三个阶段。第一个阶段是兴起阶段,自清朝开设中国文学起到民国的大学一年级的国文课。这一阶段的学科建设的重任是救亡图存。从大学语文开设之初的目的来看,大学语文具有文化普及的性质,具有国家战略层面的意义与价值。第二阶段是消落阶段,从1952年学科大调整到1978年改革开放

---

① 邹莉.大学语文向母语高等教育的转化探究[J].语文建设,2017(6):78-80.
② 王姝.叶圣陶语文教育观与高等语文教育[J].沈阳师范大学学报(社会科学版),2012(1):36-37.
③ 刘学伦.台湾地区"大学语文"课程规划及特色研究[J].牡丹江教育学院学报,2018(1):43-45,65.
④ 庄清华."大学语文"或可向"学科写作"转型——以美国康奈尔大学的FWS为借鉴范例[J].福建师范大学学报(哲学社会科学版),2014(4):166-172.

恢复高考制度的历史节点。第三个阶段是恢复重建阶段,从1978年南京大学恢复大学语文开始至今。这三个阶段划分的依据是时代的变局和国家战略需要决定的。学科的发展应当与社会发展相适应,这是学科存在的正当性与合理性的基础。

大学语文同其他学科一样是为了适应时代的转型而设置,也因适应时代的转型挑战而重设。时代的外在改变的显著特征是国际国内政治格局的变化,内在改变的显著特征是社会主要矛盾的转变。

那么,大学语文是否到了应该转向的时代节点?时代节点与国家战略需要是学科发展转向的金指标。实际上,时代已经实现了跨越。从计算机与信息技术的发展,到改革开放和全球一体化的步伐加快,文化冲突与文明冲突日趋凸显。智能化和全球化从深度与广度上将我国高等教育推上了文明融合与冲突的节点。我国社会主要矛盾发生了根本改变,与改革开放之初相比,社会结构也发生了根本转型。在文明冲突日益加剧的历史背景下,国家需要的是具有国际视野和兼容性格局的高等人才,学科设置必须适应国家战略需要。社会矛盾和社会结构的改变促使人才培养的规格与质量标准必须转向。因此,学科定位也应做出相应调整。可惜,我国学科发展落后于时代发展已是不争的事实。事实上,我国目前不仅仅是大学语文的发展明显落后于时代,其他许多学科也面临同样的时代挑战。技术的革新带来观念与生活方式的彻底改变,时代的主题是现代性的演进以及不确定的挑战。这样的挑战主要包括两个层面:一个是不同文明的冲突;另一个是科技进步带来的适应性的困扰。因此,学科建设的主题就是挑战。在这种挑战的背景下,我们的大学语文发展该往哪个方向转?

二、学科定位的冲突:大学语文应归属哲学而不是教育学的一级学科目录下

大学语文属于教育学吗?国家学科目录将大学语文划分在教育学这个一级学科之下,隶属于"课程与教学论"二级学科。有学者认为,从学理上看,大学语文"与该专业的教学内容明显不相符"[①]。诚然,从目前许多高校大学语文学科建设的内容看,大学语文课程范畴与中文专业更接近,因此,许多学者将大学语文等同于中文对待,而教材体例的编写更是契合文学史的脉络。实际上这两种分类归属都有值得质疑的地方。首先,因为大学语文对于大学生的心灵建构和价值观重塑,属于形而上学的范畴。大学语文致力于培养具有独立人格、具有批判性思维的自由个体以适应社会的挑战,从本质上说,大学语文需要帮助学生建立独立性以适应社会的挑战,从这个角度看,大学语文解决的是思维与存在的问题。而思维与存在的问

---

① 王战军,张微.新中国成立70年来我国高校学科结构调整——政策变迁的制度逻辑[J].中国高教研究,2019(12):36-41.

题正是哲学的基本问题①。

其次,大学语文致力于学生独立人格的培养,这属于意义层面的追求。同时,作为通识课,通识课的价值在于普遍性和普适性,是解决人生观和价值观的一般性问题。大学语文的文本具有明显的意识形态特点。文本是思想的载体,思想是文本的灵魂。因此,大学语文属于哲学范畴。从方法论来看,大学语文的根本任务是批判性思维的建立,而批判是哲学的基本方法。基于以上理由,大学语文应该定位为哲学一级学科目录之下的学科。

那么,大学语文为什么不属于教育学的范畴呢?因为教育学的学科规训特点及研究范式与哲学有明显的差异,尤其是研究范式。如库恩所理解的那样,研究范式能够清晰地区分学科之间的领域和边界②。教育学更多的是解决"器"的问题而不是解决"道"的问题。而大学语文区别于中学语文的重大差异是大学语文的工具性弱化而思想性强化,大学语文需要解决独立人格的问题,因此就是世界观的问题,属于"形而上"的问题。

还有一种比较有代表性的观点认为,大学语文应当属于"形式学科"。形象地讲,大学语文没有自己的学科体系,内容选材取自文史哲甚至经贸等若干领域。这种观点的致命弱点是缺乏自身的独立性和灵魂。这也是大学语文"杂"的原因,结果就是缺乏自身独立的学科研究范式和思想体系,也使得大学语文背负着诸多沉重的使命。

另一种代表性的观点是将大学语文归属到一级学科文学之下③。这种观点虽然与癸卯学制高度吻合,但也有值得质疑的地方,即大学语文与文学史的区分度是什么,大学语文与文学史的清晰边界是什么,大学语文的独特性是什么。因为大学语文课程建设在演进过程中逐渐成为汉语言文学的镜像,这使得大学语文的独存性受到了质疑。审美属性确实是大学语文的属性之一,但不是本质属性。如果,我们梳理一下目前大学语文的文本,就会发现与中学课文有太多重合之处,这样的设计无疑降低了大学语文的学术性。并且这种归属一直存在一种误区,大学语文相当于以中文为载体的文学,大学语文成为文学的替代品而失去独立性。如果大学语文失去了独立性,将会再次失去大学语文的学术本体意识。作为文学的文本选材主要是作家,而不是涵盖各个领域的思想发展,这也就是现在许多大学把大学语文教材编写成文学史的另一个版本的原因。实际上,大学语文的文本最突出的特点就是思想性,这是共识。据索绪尔所说,思想是词语的灵魂。④ 在思想与形式之间,思想的价值高于形式。对此,我国古人也有很好的论述,代表性的观点是"理胜

---

① 殷筱.从意识的本体论地位看哲学基本问题的问题[J].华中师范大学学报(人文社会科学版),2018(1):55-59.
② 刘楠,侯怀银.论教育学的学科规训功能[J].湖南师范大学教育科学学报,2014,13(2):26-29.
③ 张福贵.大学语文教育的学科定位与功能特性[J].中国大学教学,2014(1):48-51,69.
④ 索绪尔.普通语言学教程[M].北京:商务印书馆,1980:157,51.

于辞"。晋释惠远《三法度经序》有云:"或文过其意,或理胜其辞,以此考彼,殆兼先典。"说明了思想性比表达形式本身更有价值。实际上,我国的大学语文的文本一直承担着母语语境下的人格塑型和心灵建构过程的重任。时代的挑战倒逼学科的发展,因此,学科的发展已明显落后于时代的发展。从国家战略层面的高度看,大学教育需要培养的是适应时代发展和文明间冲突的高等级人才。迎接挑战首先就是思想的冲击和观念的碰撞。只有批判性思维才能在观念的冲击之下迅速调整,做出适应性变化,这是大学语文学科建设的立足点。

既然大学语文归属为哲学学科之下,那么,应当如何建构学科框架呢?

思想性是大学语文的灵魂。凡是给人类带来转机、具有原创意义的理论观点都是思想的内核。各个领域中,总有一些天才的思想引领并给社会带来革命性的巨变。这些思想不仅仅是文学领域,也不仅仅是哲学领域,而是涵盖了人类历史上所有具有里程碑意义的思想。这样的思想可以是一本著作或一篇文章,可以是一次运动或改革,可以是一个人物或群体,可以是一种理念,可以是一种发明创造,也可以是某一次事件。这些思想至少形成了六个主题,即著作系列、思潮系列、人物系列、理念系列、创新系列以及事件系列。以主题为序列,涵盖社会、人生的诸多领域。主题是大学语文重构的灵魂,而并不涉及范畴或领域。比如,公平正义、贫富、义利、生死、荣辱、宽容等都属于主题。而传统大学语文以范畴或领域进行建构,比如家庭、婚姻、爱情、国家等。领域本身不具有价值导向,只有主题才具有价值导向。而贯穿所有主题的灵魂是批判性思维即价值冲突。例如,观点的碰撞、性格与命运的联系、条件与结果的关系、长期与短期的权衡等具有批判价值的事件、人物、观点、产品都可以成为构建大学语文的元素。

大学语文应当成为培养批判性思维的工具。批判性思维是从质疑开始的,质疑是独立性形成的肇始。在批判之中,价值冲突得以显示。价值冲突之后,人格才有独立,思想才有独立。例如"家国"与"国家"的价值冲突议题,可以向大学生灌输"家国"或"国家"的概念都是偏狭的,社会性要求国家至上,而个性要求家优先于国。社会性与个性的辩证统一,正是哲学的范畴。在此也验证大学语文实质上属于哲学范畴。"家国"或"国家"谁优先的问题是价值问题。然而,比价值问题更重要的是意义追问。比如,在"家国"与"国家"的价值冲突中,义务成为我们优先考虑的要义。因此,意义追问比价值追问更重要。批判性思维正是蕴含在大学语文的主题之中,无疑,大学语文成为批判性思维的工具。

三、大学语文培养目标"专"与"杂"的冲突及其处理策略

大学语文在教学内容上承担了诸多重任。有的把传承中华传统文化作为主

线,有的将课程思政作为主线,有的将个体精神的成长作为主线①,有的将道德主题作为主线。这是大学语文培养目标"杂"的表现。因此,在这些课程设计理念的指引下,衍生出了各类经典文本。各类文本有的以文学为蓝图,有的以社会视角为脉络,呈现出了大学语文培养目标的"杂"。实际上,大学语文的培养目标不应当"杂"而应注重"专","专"意味着懂得取舍。大学语文应当专注于对学生批判性思维的养成,主要基于以下原因。

首先,是基于学生本位的现实需要,批判精神比其他任何目标都更具有价值。教育者在对学生进行教育的时候往往有一个理论预设,这种理论预设落后于现实或者迟滞于现实。因此,正如有的学者所指出的,我国大学教育已经落后于社会发展而不是在引领社会发展。但是,如果把视线转向100多年前的五四时期,则不难发现,批判的本质在于思辨和质疑,正是激荡的社会、思想的碰撞培养了一批划时代的人才。社会的变化发展具有不确定性,如果以固化的经验去套用不断变化和发展的社会情状,必将落后于时代并且无所适从。大学语文的教育同其他学科一样,不仅仅是将经验预设为可复制的知识,并将这些知识输入学生的头脑中,更重要的是培养学生的批判性思维。学生在毕业进入社会之后,就开始了社会化过程,而这一过程需要学会质疑、判断、评价和选择等行为。从国家战略层面讲,国家需要的是勇于面向未来、面向未知的高级人才。社会发展迅速,科技进步日新月异,当代大学生在现实面前,没有过去的经验可以参照和模仿,只有努力培养思辨或批判精神,勇于迎接新世纪对我们的考验和挑战。

其次,一些国家在高等教育学士学位的培养目标中所描述的正是不确定性和挑战性。如英国高等教育将荣誉学士学位的培养目标表述为"能批判地评估论点、假设、抽象的概念"②,德国与加拿大的高等教育培养目标也有类似的描述。这种批判性思维目标的培养不是偶然也不是巧合,因为批判是创新的基石。创新是超越常规、超越常理的,在因循守旧的教育中不会产生创新的基因。如果大学语文设定为工具性定位或者把工具性作为核心素养,也就无法培养新时代的大学生的创新精神。大学语文不着眼于批判精神的培养而沿袭工具性的窠臼,必然不能成为引领思维创新的活水之源。

在许多学科之中,为什么大学语文可以成为培养批判精神的利器呢?大学语文具有两大优势。其一,在于经典文本蕴含着的思辨性。大学生最终需要通过经典文本或典型案例来养成批判精神。其二,大学语文的主题性可以为培养批判精神提供系统性的研究范式。政治、经济、社会、伦理、科学等各个领域中的重大主题都可以成为大学语文研究的主题。这些主题通通围绕着一条主线——批判性来展

---

① 秦朝晖,傅书华.论大学语文课程的定位与内容构建[J].教育研究,2012,33(11):78-82.
② 孙进,皮国萃.新世纪高等教育人才培养的目标——基于英、德、加三国国家资格框架的分析[J].比较教育研究,2011,33(1):36-40.

开教学。各个主题具有相对独立性，因此不受时代或文体限制，也不受学科领域的限制。在极具思辨性的文本或主题之中，通过质疑和思辨，从而获得批判的能力。

四、挑战与适应：大学语文与专业地位之争是长期目标与短期目标之争

在工科院校，大学语文的重要性被严重低估，究其原因是因为大学语文的学科属性不强。工科相关学科普遍实践性强，学科特点具有重复性，且可以被反复检验测试，因此得到的数据结论稳定可靠。而大学语文同其他文科学科一样有主观性强的特征，更为严重的是，由于人文学科的培养周期很长，当下社会功利主义的短视，看不到批判思维在个人发展和职业规划中的重要影响。从学生本位出发，着眼于学生就业和个人发展的长远需要，就能看到专业教育的局限性。从大学毕业生就业率不高以及就业专业对口率逐年降低的情况来看，大学生对专业的忠诚度也在逐渐降低。如果毕业生就业专业对口率不到百分之七十，那么，专业教育的实用价值将无从谈起。况且，许多专业被撤销更能说明专业教育的短期性。因此，不确定性才是高等教育应当直面的价值问题。只有普适性才能解决不确定性。普适性该如何理解呢？一是知识结构，提供经验；二是能力结构，提供方法；三是思维方式，提供适应性。而大学语文就是具有普适性的。

大学语文转向为哲学，具有意识形态的特征。剥离写作与口语表达，大学语文只有瘦身为具有批判性思维的学科才会构建起学术研究的范式和学科发展的空间。

第三章　教师与学生

杨华：新文科视野下大学语文教师的自身提高

曹高仁：在爱与使命中绽放美丽——写给美丽的冯天芳老师

常健：致吴满珍老师的信

新文科视野中大学语文教师的自身发展

杨华[①]

摘要：新文科建设是中共中央对新时代教育的战略性部署，是今后我国高等教育所要着力推进的方向。新文科给大学语文创造了一个非常好的机遇，也对大学语文教师提出了新的更高的要求。大学语文教师必须加强对大学语文的本体研究，建立自己的大学语文学科。大学语文的综合性和广博性要求大学语文教师应从五个方面把自己打造成多学科融通的学者，并在多学科融通的基础上建立自己的教学理论与教学模式。这不仅符合新文科建设的精神，也是完善和强化自身建设的需要。

关键词：新文科；大学语文；大学语文教师

"新文科"概念于2017年由美国希拉姆学院率先提出，是指对传统文科进行学科重组、文理交叉，为学生提供综合性的跨学科学习。2018年8月，在全国教育大会召开之前，中共中央发文提出："高等教育要努力发展新工科、新医科、新农科、新文科。"由此，新文科作为一个综合性的学科概念在我国正式提出。新文科是对传统文科的提升，已成为今后我国高等教育所要着力推进的方向。新文科的提出，正是寄希望于以文科内部的融通和文理交叉的方式，来研究、认识和解决学科本身以及人和社会的复杂问题。2020年11月3日，由教育部新文科建设工作组主办的新文科建设工作会议在山东大学（威海）召开，会议发布了《新文科建设宣言》，由此以

[①] 杨华：湖北大学教授。

构建世界水平、中国特色的文科人才培养体系为目标的新文科建设全面展开。

新文科除了具有人文社会科学的一般特征外,还以其战略性、创新性、融合性、发展性备受人们关注。本文拟着重就其融合性做一论述。新文科的融合性是多层面的,首先是文史哲等基础学科的融通,其次是人文科学和社会科学的融通,最后是更深和更广意义上的人文社会科学和医学、生物科学、农业科学、信息科学等学科的交叉融通。这种融通旨在培养超越现有学科局限的、专业素养高、学术能力精、综合实力强、适应范围广、具有创造视野的新人才。

一、新文科为大学语文的发展创造了一个好机遇

2021年4月,教育部中文教育指导委员会主任张福贵教授在华东师范大学主办的"大学语文40年:课程与教学高端论坛"上的主题发言中讲道:我们以往的讨论,主要是向外的一种呼吁和向上的一种建议,而如何完善和强化自身的建设,应该说还没有引起我们足够的注意,我们没有达到一个应有的境界。我们现在的大学语文教师的构成,几乎都是中文背景的。我倒觉得,大学语文教师的队伍应该是大学语文专业,而不是中文其他二级专业的教师队伍。我们增强专业化,不是说把我们的学术方向向我们中文专业其他的二级专业靠拢,以此来增强我们大学语文的这种学科性、学术性。我们应该逐渐地培养一支非常专业化的队伍,他们就是大学语文专业毕业的,他就是专门研究大学语文的,他就是从事大学语文教育的,不是我们中文教育的副产品,也不是我们中文教育改行的这样一些老师,目前我们特别缺少大学语文本体研究的成果。

如何完善和强化自身的建设,新文科给大学语文创造了一个非常好的机遇,也对大学语文教师提出了新的更高的要求。我们应当像张福贵教授说的那样,加强对大学语文的本体研究,有雄心建立起自己的学科、自己的专业——大学语文学科、大学语文专业,而不是让自己从属于中文学科的二级学科或教育学科的二级学科。我们大学语文应当是新文科建设的最大受益者,因为就学科性质来看,大学语文的综合性最强;就课程性质来看,大学语文内容最广博。新文科打破专业壁垒,实现各学科融通的精神最符合大学语文的特质,最切合大学语文的实际,最长大学语文教师的志气。有了新文科的这柄尚方宝剑,大学语文教师再也不用以自己"无专业"自惭形秽了。

二、大学语文教师应把自己打造成各学科融通的学者

大学语文是一个以中文学科为基础的多学科融通的学科,那么大学语文教师的知识结构应当是怎样的呢?

积笔者20多年的大学语文教学经验,认为大学语文教师的知识结构可以分这

样几个层次:教育学与课程论为第一个层次;语言文学为第二个层次;政治、历史、哲学、宗教、美学等为第三个层次;其中儒释道(包括玄学)的基本思想与基本理论,对于解读中国文化与中国文学有重要意义的,尤其需要掌握;常识上的文理相通为第四个层次;家国情怀为第五个层次。

教育学(含教育心理学)与课程论作为第一个层次最易为人忽视,然而没有这一层做基础,专业功底再扎实,教学效果也会大打折扣。有人说:教育学、心理学对教师的重要性如同力学对建筑师、人体结构对医生的重要性一样。苏霍姆林斯基也曾说:教师要有教育学和心理学方面的教养。教师不懂得教育学和心理学,就如同一个心脏专科医生不了解心脏构造一样,工作会像在黑夜里走路。这实在是至理名言。笔者于20世纪80年代曾读了几本教育学、教育心理学、教学论的书,精读了叶圣陶的《语文教育论集》,还读了国外几位著名教育家的著作,之后也经常关注当代教育大家的言论,这对笔者大有裨益。笔者二三十年来教学工作较受学生的好评与欢迎,很大程度上得益于对诸种教育理论的学习和借鉴。

汉语言文学是大学语文教师的基本专业。如果说汉语言文学是一级学科,那么不少教师熟悉的只是自己所攻读的二级学科,甚至还是二级学科中的某一专题,这就给教学带来了极大的不便,也就出现部分教师的学历虽高,却往往离不开参考资料,教学时照本宣科,导致教学效果不佳的状况。因此不论你读的是一级学科下的哪个二级学科,都应当通晓文学理论与古今文学史,以及语言文字学的相关知识,能在汉语言文学各专业之间自由行走,纵能"打通关",横能通晓各专业、各门类之间的联系。这样才能在解析作品时意脉贯通,古今相连。

历来文史哲政不分家,人文科学与社会科学不分家,在具备汉语言文学知识的同时还应当具有政治、历史、哲学、美学等知识。如果说,文学离了政治、历史、哲学(包括宗教与美学)等,不仅学术领域会变得肤浅和狭窄,而且有些文学作品也会成为"无根之木",语文教学离了历史与哲学等学科的"帮衬",同样会变得肤浅、狭窄,没有根底。

试举例说明。《齐宣王见颜斶》是《战国策·齐策》中的一篇。知识浅薄的教师仅以文论文,学生听来就如同嚼蜡;知识渊博的教师纵横捭阖,抓住三点,学生则兴味盎然。第一点颜斶向齐宣王宣示的"士贵王不贵"的思想,充分反映了战国时期士阶层对自身价值的清醒认识和提高自身地位的强烈要求,与孟子的"民贵君轻"思想一样体现了一种民本思想,均是中国传统文化中宝贵的政治遗产。虽然这种思想在任何朝代都没有真正实现过,但正因为有了这样的理念,中华民族的思想史才更加厚重和熠熠生辉。第二点,颜斶是一种精神人格的代表。颜斶辞别宣王的一席话,有丰富的文化内涵。颜斶不被齐宣王的"食必太牢,出必乘车,妻子衣服丽都"所诱惑,执意去过"晚食以当肉,安步以当车,无罪以当贵,清静贞正以自虞"的生活,反映了战国时代隐士的人生观、价值观和"视富贵如浮云"的刚直不阿的人格,也表明颜斶清醒地看到了人治体制下"伴君"的巨大风险。《战国策》的作者在文章的最后,用老子的话意点明并加以称赞:"胹知足矣,归真返璞,则终身不辱也。""璞"与"真"是道家的两个极重要的哲学概念,只有引导学生将"璞"和"真"的原始意义和哲学意义体味清楚,才能理解隐士们将精神追求置于首位,甘于淡泊清贫,"耕读立身""耕读立家"的人生选择。第三点,为了触类旁通,需引进有关春秋战国时"士"文化的有关知识。士是古代中国人文知识分子的统称,是中华文明所独有的一个精英社会群体。士可以分几类:有一类属于思想家;有一类是纵横家,即所谓的"策士",也即政治活动家;还有一类便是"隐士",颜斶即为隐士。这三类"士"对中国文化各有贡献,但是以隐士的贡献最为独特。没有"隐士",中国文化和中国文学都将为之逊色。以上三点若没有较深的历史文化积淀是很难概括,也很难晓之于学生的,而概括是把文本最本质、最要害的东西揭示出来。不能把最本质、最要害的东西揭示给学生,又如何在教学中获得事半功倍之效?这一课例说明教师只有在语言、文学、哲学、美学、历史文化中自由过渡、巧妙穿梭,使之浑然一体,大学语文才能具有"博大精深"的意味,学生在多学科知识的陶冶中才能变得丰富而充实。

现在小医院的"全科医生"很受欢迎,大学语文教师就应做这样的"全科医生"。不求对每一科都颇有造诣,都具有专家的水平,只求能对每一科都不生疏,都有所了解,对其中的某些内容还有独到的理解和认识,从而能在宏观上,从各学科融通的层面上更好地胜任大学语文的研究与教学工作,从总体上提高教育对象的语文水平、人文素质。

大学语文教师还应尽量做到常识上的文理相通,在更深和更广的意义上做到人文社会科学和新工科、新医科、新农科以及信息科学等学科的交叉融通。

笔者研究道家哲学,发现道家的宇宙本体论——"天地万物生于有,有生于无"的哲学理论与理论物理学的科学观点惊人的一致。英国的霍金与美国的哈妥在20世纪80年代就提出了宇宙都是从"无"中形成的理论。"霍金与哈妥假设,引导我们现在这个宇宙出现之前的所有宇宙是从'无'(真正的空,数学上的'无')中形成的,这一切都发生在某个有限的假想时间之前。……它的初始条件,就是那个认为所有应该被考虑到的可能宇宙就是那些无中生有出现的所有宇宙的假设,被称为'无边界猜想'。作为一个年轻的宇宙,我们的宇宙,及其所有可能状态,在他们眼中,没有开端。……他们从数学上解决了我们的宇宙如何从一无所有中出现。"[①]而且理论物理科学认为太阳系中八颗行星中的四颗是由气体构成的:"远处群星看起来似乎是固定在天空里的背景纹丝不动,但其中有八个亮点在明显移动着。这些亮点就是行星……离太阳最近的四颗,看上去像小小的岩石世界,而更远的四颗则主要由气体构成。"[②]这与道家的"混沌说"、道教的"元气说"不谋而合。

---

① [法]克里斯托·加尔法德.极简宇宙史[M].童文煦,译.上海:三联书店 2016:319-320.
② [法]克里斯托·加尔法德.极简宇宙史[M].童文煦,译.上海:三联书店 2016:21.

道教的"元气说"源于老子的"有物混成"的"混沌说"和"冲气以为和"的理论。道教认为老子所谓混成的"物",是一团气。道实际上就是气。庄子在《逍遥游》中称谓的"无极之外复无极也"便是理论物理学中所指的宇宙、外太空、量子世界。中国的古典哲学与古典宗教竟与现代理论物理学如此相依相同,充分说明学科之间存在着交叉,学科之间界限越来越模糊,当然也彰显出中国古代文化无与伦比的当代价值。许多版本的大学语文教材都选录了《道德经》的第一章,在教学中若能引进现代理论物理学来佐证老子的"宇宙本体论",从文理相通的层面去解释抽象的"无,名天地之始;有,名万物之母"的哲学论述,那效果显然要形象与生动得多(同时还可延伸至道家"无"的理论、"无"与"有"的辩证关系来指导学生进行文学欣赏。让学生从文学与中国古典美学沟通的层面领略"不着一字,尽得风流","含不尽之意见于言外"这种含蓄的艺术风格)。

  当代社会,学科间绝对分明的界限越来越模糊,人们越来越多地求助于多学科的合作来解决问题。例如社会环境问题,需要人们从人文社会科学、地理学、大气科学、生物科学等多学科、多角度地进行综合研究,才能真正解决问题;外科手术,医学需要与工科联合,才能制造出更符合手术要求的工具和能够替代医生进行手术的机器人。即使同一学科之间,专业与专业的分界也越来越不明朗。比如一些些呼吸道疾病,相关重症病人却需要肝肾科专家、心脑科专家共同会诊来确定治疗方案,因为人是一个整体,诊治疾病必须从人的整体状况来考虑。科学家们认为,21世纪是不同领域科技融合的时代,各领域发生的共鸣和共振现象,随时有可能发生爆炸性的冲击波以及随之而来的综合效应。故大学语文教师理应跟上时代的思维与需求,跳出小专业的圈子,把视野投向广袤的文理相交的领域。

  家国情怀对大学语文教师同样重要。作为一个教师,特别是大学语文教师,应有浓厚的家国情怀,有敏锐的观察力、洞察力与博大的胸襟。关门读书,不问世事,对外界漠不关心的书呆子态度是不可取的,毕竟现在不是"躲进小楼成一统,不管春夏与秋冬"的时代。当年作为职业教育家的张伯苓,对中国东北的命运和前途极其关切。1916年,张伯苓访问东北时,曾对东北师生做了《中国不亡吾辈在》的著名演讲。鉴于日本谋东北之狼子野心,他在九一八事变前数年,于南开大学成立了东北研究会。在当时交通极为不便的情况下,身为校长的张伯苓两次率领研究会师生风尘仆仆地赴东北进行实地考察,对当地的自然资源、经济状况、风土人情、地理风貌进行了细致的研究,完成了一系列极有分量的学术报告,并在掌握了第一手资料的基础上,责成专家学者为南开中学生编写了《东北经济地理》的教科书。张伯苓这种家国情怀、务实风格,是现代中国教育库中的宝贵遗产。我辈作为新时代的大学语文教师,理应更关注世界与国家时事,关注当下社会的政治走向、文化思潮、价值趋向与审美动向,了解当代前沿的自然科学成就和重大的经济建设成果,因为这些本来就是新文科建设的题中之义。比如在建党一百周年之际,教师要多了解中共党史,了解中共这一百年来的伟大业绩并积极宣传;对这几年国家启动的探月工程、建立太空空间站,对国家设立粤港澳大湾区、河北雄安新区等重大经济改革措施都应有所了解。唯其如此,才能与时俱进、与世俱进,也才能与学生有更多的共同话题,教学时也才更有针对性。

同时教师也可鼓励学生制作反映现实的短视频和撰写调查报告,以促使学生走出小我,实现大我。没有家国情怀,对一切都很漠然的教师是残缺不全的、不受学生欢迎的教师。

新文科是相对于传统文科而言的,它把新科学、新技术融入哲学、文学、语言等诸如此类的课程中,为学生提供综合性的跨学科学习。大学语文教材是由一篇篇经典文章组成的,讲文章,就应当立足文本、超越文本、回归文本。超越文本就需要多学科一起上阵协助。有些新教师面对一篇课文不知从何下手,不知道应该怎么去"上",怎么去"讲",这固然与教学经验有关,但也与知识处于沉睡状态没有被激活有关,还与受专业与学科局限、知识面狭窄、知识不能迁移有关。大学语文教师不能仅仅局限于自己的专业,特别是不能局限于如张福贵教授所说的中文学科的二级学科,不能只盯着自己的"主攻方向"。主攻方向往往是狭而又狭、偏而又偏的小专题,这些小专题可能对大学语文教学有20%的帮助,可是还有其余80%呢?一位教师可以而且应该在教学中发挥专业优势,但不能局限于自己所学的专业。专业越狭窄就越不利于教学,仅仅局限于自己专业的教师甚至很难算一个合格的大学语文教师。故大学语文教师必须有高屋建瓴的视野,高山大河的胸襟,以新文科精神做指导,以通驭专,通专互补共融。大学语文课程综合性越强,就越需要教师发挥自己的专业特长,以形成自己的品牌;也越需要教师添砖累瓦地丰富自己、扩展自己、超越自己,让自己的学识不断增长,变成一个新文科"通才"以及文理兼备的"杂家",进入各学科融通的"无专业"境界。唯其如此,才能由必然王国步入自由王国,在大学语文课程的教学中得心应手、挥洒自如、游刃有余、深入浅出,最大化地实现语文育人的功能。

三、大学语文教师应在多学科融通的基础上建立自己的教学理论和教学模式

在多学科融通的基础上怎样建立自己的教学理论和教学模式呢?笔者以理论教育模式与寻求教学中的"格式塔质"模式的创立过程为例。20世纪七八十年代,笔者精读了叶圣陶的《语文教育论集》,认为几十万字的内容可以归纳成一句话,即"今天的教是为了明天的不教",或者六个字:"教是为了不教。"这六个字,伴随了笔者几十年,成了笔者总的教学指导思想。20世纪80年代笔者读了几本文学理论教材及著作,将其高度概括后发现讲的就是"语言、形象、情感"六个字。文学是语言的艺术,它用语言来塑造形象,表达感情。这就是文学的性质,万变不离其宗。于是一个理论教育模式渐渐地酝酿形成。语文教材虽呈多元的样式,但所选范文

大多还是文学作品,把教材当作例子,牢牢抓住语言、形象、情感进行教学,既符合文学的性质,又给了学生基本的概念、基本的理论和基本的规律。学生掌握了这三个"基本",就得到了阅读文学作品的一把钥匙、一杆猎枪,符合"教是为了不教"的总体原则。全国大学语文研究会华东师范大学的方智范教授非常赞成笔者的这个观点与模式,并为笔者补充道:"对于非文学作品,'三基'则是指语言、思想、逻辑。"笔者认为方老师这样一补充这个观点就更全面了。

稍后笔者又接触了100年前创立于德国、完善于美国的"格式塔心理学"(即完形心理学)。格式塔心理学最重要的理论即整体大于部分相加之和,部分相加将产生一种"新质",即"格式塔质"。一个格式塔是完全独立于部分的全新的整体。它有着独立于其构成成分的独特的性质,它先于部分而存在,并制约着这些要素与成分的性质和意义。这里可以用中国古代美学的重要理论——意境来说明。意境是由若干具有内在联系的意象组合而呈现出的浑然一体的艺术境界,往往就一篇作品的整体而言。而意象通常指带有作家主观情感的单一事物的形象,在一篇作品中只具有个别的、局部的意义,意境不是意象与意象之间简单机械地相加,意境(作品整体的艺术氛围、情调)大于若干意象相加之和,意境之美远远大于单个意象相加之美。这是因为具有内在联系的意象与意象组合后,可以产生一种新质,即格式塔心理学中的"格式塔质"。社会上流行一句"1+1>2"的话,即对格式塔心理学的形象解释:1+1可以是3,也可以是4,也可以是5……但就是不等于2。笔者以为把这种艺术心理学的理论借用到大学语文教学中,可以使理论教育模式更加充实,更具理论性与操作性,于是笔者把"理论教育模式"更名为"在教学中寻求'格式塔质'"。

道家哲学也为笔者提供了符合教育规律的借鉴。道家哲学的核心是"道"。道化生了宇宙万物,同时也是宇宙万物的总规律与总法则,它是整体,是"一",是"元"。道家主张"无为而治",以"无为"代"有为",其思维方式就是将复杂的事物简约化,以约反博、以少胜多,以有限向无限延伸拓展,以普遍的法则与规律来统驭万物。"理论教育模式"和"格式塔质"教育模式恰恰符合"道"的理论。它要求教师在教学中探究如何化繁为简、化无序为有序、化零散为整体、化紊乱为系统、化灌输为诱导、以无为代有为,以求在极有限的时间里,让学生获取规律性的方法性的知识,最大限度地提高他们的能力,收事半功倍之效。

语文教材无非是一批供学生阅读写作的例文。假如我们将语文教材这批例文看成一个个部分,成功的教学应当使学生得到一个大于这些例文之和的全新的整体和"新质"——"格式塔质",即大于这些单篇例文之和的基本概念、理论、规律、方法,以及由此形成的诸种能力。知识越带有规律性,越向理论迈进,就越便于记忆、便于理解、便于迁移、便于运用、便于创造。学生如果掌握了基本理论、基本规律,又掌握了若干具体理论、具体规律,也就掌握了阅读写作的一般方法。方法,实在是一种最高级的知识。有了方法,就能举一反三、以一当十,用一句话总结,即理论教育模式或在教学中寻求"格式塔质"模式,其出发点与目的就是欲凭借一本教材的例子,让学生掌握阅读天下好文章的方法,以实现"教是为了不教"的目的。

长久以来,我国文科教育学术原创力不强。建设新文科,特别要求教师改变自己"硕士不硕""博士不博"的现状,拓宽视野,开阔胸襟,打牢知识储备金字塔的坚实而又宽广的塔基。在这个夯实塔基的过程中,提高感悟力,激发原创力,在融会贯通中创建新理论,组建新学术。

创立多学科融合的大学语文学科是建设新文科的题中之义。我们大学语文教师从自己做起,定能不负时代赋予我们的重大使命。

参考文献

[1] 杨建波.给大学语文教师的建议》[M].武汉:长江出版社,2018.
[2] 杨建波.大学语文论坛(第4辑)[M].上海:华东师大出版社,2021.

在爱心与使命中绽放美丽
——写给美丽的冯天芳老师[1]

曹高仁[2]

捧读着这本尚未印制成册的《与爱同行——冯天芳老师和她的学生们》，我的内心充满着感动和感慨。页面可谓字字含情、行行着意，全书可谓段段精彩、篇篇感人。几代的学生们用深情款款的话语，各地的孩子们以挚意沉沉的笔墨，共同勾勒出一位美丽动人的女教师形象——这就是我们所熟悉的冯天芳老师。

初识冯老师，是在华中师范大学第一附属中学（以下简称"华师一"）。朝阳学校刚刚起步的那年九月，我见到了冯老师，坠链眼镜下优雅的微笑、高挑的个头、朴素的谈吐以及讲究的服饰，洋溢着一位优雅的知识女性的风采，"好一位朴实干练、睿智爱美的老教师"！冯老师给我的第一印象让我相信她绝对是身经百战、战无不胜的教坛高手。"我是来北京接受挑战的，一切需要从头做起，"冯老师谦虚的话语中透出真诚与勇毅，"我不能辜负总校对我的期望！"就这样，冯老师和其他几位总校派驻的干部和教师住在了学校，并开始全身心地扑在学校当年仅有的四个初一班的教育教学上。

从班主任到年级主任，从学科教学到竞赛辅导，从综合实践到科技创新，从"两把课堂"到"思维课堂"，从个别问题生到特困特教生，从"爱生事"的父母到不合作的家长，从总校的期许到朝阳的期待——一切虽然陌生却勇于面对，一切都是硬仗却敢于迎击，一切都须成功而不言失败，这是何等的挑战、何等的重任、何等的使

---

[1] 本文系冯天芳著《与爱同行——冯天芳老师和她的学生们》（光明日报出版社2016年出版）一书的序言一，有删改。
[2] 曹高仁：北京华师一朝阳学校党支部书记。

命!而正是在这种有如电光火石、寒水坚冰的隐形搏击中,我看到了冯老师坚毅沉稳的身影,更领略了冯老师守望教育、智慧管理的风采。

众所周知,北京学生与武汉学生的教学差异是比较明显的,对他们分别进行教育的难易程度也是显而易见的,而在冯老师看来,从容面对二者的方法却是共同的,那就是老师对学生的爱心与责任心。从学生胡明涛和宋易彰的深情回忆中,我们看到冯老师对学生们的爱是至真的,是培育学生们孝亲尊师的道德修养、激发学生们正直宽容的精神世界、唤醒学生们崇尚价值的生命意识的博爱与大爱;从学生张慧要和顾佳卿的感怀中,我们理解冯老师对学生们的爱是至理的,是培养学生们格物致知的思维品质、促成学生们求真务实的人生态度、建构学生们从善审美的文化情怀的真爱与挚爱;从智力障碍的学生赖昕的求学历程中,我们品味到冯老师对学生们的爱是至情的,是引导学生们自然性情的活力释放、尊重学生们内心潜在的自由追求、培植学生们平等互爱的人文意识的情爱与德爱。"爱是教育的灵魂","有爱才有责任","选择当教师就选择了责任",和众多的好教师一样,冯老师用自己不是母爱但胜似母爱的教师之爱播撒京楚两地,把温暖和情感、理性和信任倾注到每一个学生身上,为学生们的健康成长和身心快乐负责。于是,我们常常见到冯老师在家长中间或苦口婆心、温婉劝慰,或耐心谈话、晓以情理。每当冯老师做完家长工作后,就会由衷地感慨:"我们这么做,不就是希望孩子们能有个好发展、好前程?家长应该能够理解。"朴实微笑之中的冯老师看上去是如此美丽温柔。

冯老师的教育之爱不独是爱学生,也是爱生活、爱美好,更是爱岗位、爱学校。有爱就会担当,有爱就生智慧。生活之中的冯老师很讲究衣着之美、阅读之美、运动之美和情趣之美,旗袍上身后的雅致高贵、阅读好书后的津津乐道、篮球赛场上的虎虎生风、京郊自驾游的悠闲释怀,冯老师始终在酝酿美、享受美和追求美,并由此延至她的课堂和她的教育工作上。她的数学课堂是师生形象美、逻辑思维美、自主探究美和合作展现美的有机统一体,学生自主讲堂和创新思维课堂等教学方法的娴熟运用使学生们的学习能力得到迅速提升,奥数竞赛课程和数学实践课程等课程形态的转换融通使学生们的创新意识得到有效激发。她把在武汉的教学工作中积累的能量与积淀的实力,充分体现并延展到北京的课堂上,这足以见得她的高水平和大智慧。更令人敬佩的是,冯老师在首届初中年级中,以优良的整体表现和学业成绩,为新生的朝阳学校"打旗帜""正威名""树品牌",以年级主任的身份承担学校发展之重任,不畏压力、殚精竭虑,通过实施高效有力的教育教学管理,带领年级教师们终于实现了"三年磨一剑,今朝露锋芒"的雄伟目标,使华师一真正站稳了朝阳教育的这方平台。如此惊心动魄的三年使命,无大爱心者如何承受?非大智慧者如何成功?

江苏教育出版社出版的图书《一盏一盏的灯》里把好老师比作引领学生生命之舟驶向光明与希望的燃灯,照亮别人也照亮自己,我想,冯老师就是这样的一盏灯。她在全身心地培育爱、激发爱和传播爱,更以无边的爱心做支撑,滋长智慧,追求美好。冯老师在北京从教的经历虽短暂但辉煌,她在教育工作中的爱心付出与不辱使命让她永远绽放美丽!

致吴满珍老师的信

常健[1]

尊敬的吴老师：

您好！

前几天我们法学1994级毕业20周年聚会，有好多同学都不约而同地提到您，提到您当年的青春靓丽、长裙飘飘，提到您那趣味横生的大学语文课堂，提到课堂上您那神采飞扬的面容，提到您朗读《长恨歌》时的深情与厚重。虽然20多年过去了，但您给我们的"大学第一课"却依然深深地印在每个学生的心中。同学们谈起您的时候，大家还在感慨，作为一名教师的价值莫过于此——能够深深地影响和感染学生，让学生能够永远铭记。

聚会之后我特别感慨，作为您20多年前的学生，每次见到您都想和您认真地聊聊，表达对您的敬意。虽然我也早就能在讲台上与学生侃侃而谈，但突然让我面对多年的恩师去表达心意，却又不知从何开口，还是提笔写信给您吧，也许这样才能表达得更充分和准确。

1994年新生军训结束后，周一上午我们在华师（即华中师范大学）上的第一门课大学语文让我和您不期而遇。大学课堂是什么样的？带着满脸稚气的我们怀着无数的疑问和期待第一次见到了吴满珍老师。还记得那时的您青春靓丽，一袭长裙站在讲台上，立刻吸引了大家的目光。而在课堂上，我们早已习惯的高中语文课的授课方式也被您彻底改变了。在讲授《长恨歌》时，您满怀深情地诵读和讲解，让我们霎时有了《百家讲坛》的错觉（虽然那时《百家讲坛》还没有开播，但后来同学们都一致认为您的确有登坛的气场与风度）。课堂上的谈论更是精彩纷呈，您没有为

---

[1] 常健：华中师范大学政法学院副院长，教授，华中师范大学政法学院1994级毕业生。

我们做任何预设,而是让大家畅所欲言,谈感受、谈心得、谈理解,百无禁忌地打开了同学们的思维。多少年后回忆起当时的这一幕,大家一致认为您的大学语文课堂让我们第一次见识到了大学课堂的开放性和包容性,独立意识的萌芽也是在您的课堂上滋生的。真的感谢您让我们这群懵懂无知的少年第一次领略到大学课堂的风采与气度(这不仅是我们学院同学的评价,目前也在华师任教的社会学院、外国语学院等好多学院的同学也一致公认)。您还记得吗,课间我们班好多同学喜欢围着您聊天、问问题,您也给我们讲了许多华师有趣的人和事,是您告诉我们一号楼、二号楼和老三号楼的历史,告诉我们哪个食堂好吃(住在西区的我们在您的课后才集体探索了东区食堂)。时间虽然已过去20多年,但您的课堂记忆深深地印刻在我们那批孩子的脑海中,成为我们在桂子山求学年代永恒的美好回忆。

　　2006年我回到母校,回到桂子山工作,而您作为教学督导,我们之间的接触更加频繁。直到退休,您都一直坚守在本科教学的一线。40多年的坚持,40多年的辛勤付出,您的言行为我们这代华师人树立了标杆和榜样。您到我们学院进行期中检查,会后您和我谈到教师的"内外兼修",谈到"教育如同种树,既要细心呵护,又要不断修剪,而教师就是一个植树的人",更令我感佩您的情怀与责任。虽然您从未对我们提及,但后来在学校的新闻报道中我们才得知您还一直担任文学院本科学生的班主任,对学生进行引导、与学生谈心,甚至陪学生办活动、过生日,学生们都亲切地称呼您"吴妈妈"。我才能真正理解了为什么即使毕业多年,很多同学始终与您保持联系,回来都要向您报到;在聚会的照片中,学生们把您围拢在中间,您会心的微笑能让每个人感受到"植树人"的幸福与荣耀。

　　电影《无问西东》中有一句话:"爱你所爱,行你所行,听从你心,无问西东。"我看到这句话时,就想到了您,您40多年坚守桂子山上,作为一名称职的"植树人",您当得起这句话;您用40多年如一日地坚守,始终不渝地践行着"爱你所爱,行你所行,听从你心,无问西东"。

　　衷心祝您及家人:身体健康、生活甜蜜!

学生　常健

2018年7月16日

第四章 教材研究

韩建立：《归去来兮辞并序》教学三题

唐荣昆：唐诗二首试说

试说《琵琶行》中的人物动态塑像

州官与牧童的亲切对话——杜牧《清明》主题人物新探

窦旭峰：孟子说诗之法视域下的《长恨歌》"风情""长恨"说

《归去来兮辞并序》教学三题

韩建立[①]

摘要：《归去来兮辞并序》是传统名篇,文辞兼美,内蕴丰富,适用于大学语文教学。但是,关于"归去来"的含义、创作时间等一直存在争议,关于层次的划分也有商讨的余地。本文拟对这三个方面提出一些笔者自己的见解。将这些争议与商讨意见引入课堂,以期能够增强教学效果。

关键词：《归去来兮辞并序》；大学语文；归去来；创作时间

《归去来兮辞并序》是徐中玉等主编第11版《大学语文》(以下简称"徐本")中的一篇课文。欧阳修赞此文曰:"晋无文章,惟陶渊明《归去来兮辞》一篇而已。"[②]语虽带夸张,评价并非十分准确,却可以看出欧阳修对此文的喜爱与褒扬。作为传统名篇,《归去来兮辞并序》文辞兼美,内蕴丰富,适用于大学语文教学。但是,关于"归去来"的含义、创作时间等一直存在争议,徐本关于层次的划分也有商讨的余地。在大学语文教学中引进"成一家之言"的异说,能够培养学生的思辨能力。

一、"归去来"的含义

徐本对"归去来"的解释是:"即归去,'来'是语助词,无义。"[③]根据徐国荣的考

[①] 韩建立:吉林大学教授。
[②] [元]李公焕.笺注陶渊明集[M].元刻本·卷五.
[③] 徐中玉,齐森华,谭帆主编.大学语文[M].11版.上海:华东师范大学出版社,2018:112.

查,将"归去来"解作"归去","来"为语助词,这是近现代以来最常见的解释,至今仍是最占优势的解释,大多数陶集注本皆作如是观①。

徐本采用学界共识性结论,符合教材编写的一般原则。

鄢化志总结说:古今对于"归去来"的具体含义主要有三种理解,即或将"归去来"理解为"归去"或将"归去来"理解为"归来",或将"归去来"理解为"归去与归来"。"'归去来'无论释为'归去'或'归来'均难圆其说。""不仅于训诂有乖,而且无法对应全文内容。""从时、空的情节顺序将'归去来'理解为'归去与归来'",则"圆通无碍"。②而将"归去来"理解为"归去与归来",古已有之。清代林云铭、毛庆蕃等人就持这样的观点。林云铭云:"就彭泽言,谓之归去,就南村言,谓之归来。篇中从思归以至到家,步步叙明,故合言之曰'归去来'。"毛庆蕃亦云:"于官曰归去,于家曰归来,故曰归去来。"③徐国荣继承林、毛等人的观点,认为"'去'与'来'皆为实义动词,本指先去而后来,是已然之辞"。但是,他错定《归去来兮辞》的写作时间——将其定在"作于'去来'之前",即归田之前,认为"去来"前面加上"归"字则语意难通④,因此并没有很好地解释"归去来"的含义。

陶文鹏等《陶渊明诗文赏析》中分析《归去来兮辞》说:"本文的主题,是抒发作者'觉今是而昨非',乃毅然辞官归田的欣慨之情。作者对'昨非'一笔带过,而竭尽全力突出'今是',并紧紧抓住辞官(归去)和归田(归来)这两个环节,作为全篇的中心内容,据此而精心地结构布局。"⑤这是在分析作品,不是解释文题,但是,分明是将文题中的"归去来"释为"归去与归来"。

诸多学者都对"归去来"的词义发表了自己的看法,虽有一定道理,但最终却难以完全服人。单纯从词义的角度很难准确确定"归去来"的含义,因为标题和文中字句的含义要纵观全文,结合文章的具体语境来确定,所以,关于"归去来"含义的探讨,仍然会进行下去。将这一争论引入课堂,可以引导学生深入了解古代词汇的发展历程,进而全面解读文本。

二、关于创作时间

徐本将《归去来兮辞并序》的创作时间确定为"晋义熙元年(405)的冬天十一月"⑥。这是根据序文末尾"乙巳岁十一月"做出的判断:"乙巳岁:晋义熙元年

---

① 徐国荣."归去来兮辞"渊源考论.文艺研究[J],2012(3):50-59.
② 鄢化志."归去来兮"辨.文艺研究[J],2001(3):155-158.
③ 北京大学中文系等.陶渊明资料汇编·下册[M].北京:中华书局,1962:333,337.
④ 徐国荣."归去来兮辞"渊源考论.文艺研究[J],2012(3):50-59.
⑤ 陶文鹏,丘万紫.陶渊明诗文赏析[M].南宁:广西教育出版社,1990:166.
⑥ 徐中玉,齐森华,谭帆主编.大学语文[M].11版.上海:华东师范大学出版社,2018:113.

(405),岁在乙巳。"①这是目前学术界流行的观点。例如,王瑶《陶渊明集》根据序末时间,将此文创作时间确定为晋义熙元年(405)归田之初。②《魏晋南北朝文学史参考资料》认为:"本文为辞彭泽令归田时所作",时间是晋义熙元年(405)③。章培恒等认为:"此篇作于陶渊明在彭泽令任上决心辞官归隐之际。文中关于归途景象和还乡以后生活的描写,均出于想象。"④袁行霈《陶渊明集笺注》说:"序末署'乙巳岁十一月也',已言明写作时间。"⑤龚斌《陶渊明集笺注》根据序末"乙巳岁十一月"的记载,认为:"本文作于义熙元年乙巳(405)辞官彭泽之初。"⑥

但是,关于创作时间,现在也有不同看法——认为此文不是作于公元405年陶渊明辞官之时,而是作于其后回家之时,但没有明言具体创作时间。朱东润《中国历代文学作品选》之《归去来兮辞并序》"解题"说:"本篇是作者辞去彭泽令后初归家时所作,写归家时的愉快心情和隐居的乐趣。"⑦中国社会科学院文学研究所《中国文学史》认为此篇"作于归隐之初"⑧。游国恩等主编《中国文学史》认为:"这是诗人归田时的作品。"⑨

与上述观点不同,逯钦立《陶渊明集》之《归去来兮辞》注曰:"辞涉春耕,全文写成在次年。"(笔者注:即406年。)《陶渊明集》附录《陶渊明事迹诗文系年》说:义熙元年(405)"作《归去来兮辞序》",第二年,"写成《归去来兮辞》"⑩。与逯钦立类似的观点还有陶文鹏等学者。陶文鹏等认为:"赋作于晋安帝义熙元年(405)阴历十一月";"由辞中'农人告余以春及'可知,作品定稿于次年。"⑪

所有关于《归去来兮辞》创作时间的争论,都是由序末"乙巳岁十一月"引发,几乎所有的研究者都将其作为创作时间,但是,这样的判断却陷入误区:古今文章中几乎没有将创作时间标注在序之后的。遍检《陶渊明集》,带有序的诗为:《停云并序》《时运并序》《荣木并序》《赠长沙公并序》《答庞参军并序》(四言)、《形影神并序》《九日闲居并序》《游斜川并序》《答庞参军并序》(五言)、《与殷晋安别并序》《赠羊长史并序》《饮酒二十首并序》《有会而作并序》;带有序的文为:《感士

---

① 徐中玉,齐森华,谭帆主编.大学语文[M].11版.上海:华东师范大学出版社,2018:112.
② [晋]陶渊明.陶渊明集[M].王瑶,编注.北京:作家出版社,1956:137.
③ 北京大学中国文学史教研室.魏晋南北朝文学史参考资料·下册[M].北京:中华书局,1962:440.
④ 章培恒,骆玉明主编.中国文学史·上[M].上海:复旦大学出版社,1996:364.
⑤ 袁行霈.陶渊明集笺注[M].北京:中华书局,2003:465.
⑥ [晋]陶渊明.陶渊明集笺注[M].龚斌,校笺.修订本.上海:上海古籍出版社,2019:456.
⑦ 朱东润主编.中国历代文学作品选·上编·第二册[M].上海:上海古籍出版社,1979:197.
⑧ 中国社会科学院文学研究所中国文学史编写组.中国文学史[M].北京:人民文学出版社,1982:196.
⑨ 游国恩等主编.中国文学史·一[M].北京:人民文学出版社,1963:248.
⑩ [晋]陶渊明.陶渊明集[M].逯钦立,校注.北京:中华书局,2018:178,237.
⑪ 陶文鹏,丘万紫.陶渊明诗文赏析[M].南宁:广西教育出版社,1990:162.

不遇赋并序》《闲情赋并序》《归去来兮辞并序》《读史述九章并序》,除《归去来兮辞》外,无一首(篇)在序末标注创作时间,也无一首(篇)在文末标注创作时间。如果有时间的交代,也是放在序之开头,如《游斜川》序的开头:"辛丑正月五日"①,交代游斜川的时间,却并不一定就是创作时间。笔者还遍检《全晋文》,几乎没有任何一首诗或一篇文的序是在序末标注创作时间的,也没有任何一首诗或一篇文在诗末或文末标注创作时间。只有一篇例外,即《关尹子序》,在序末标注有写作时间:"咸和二年五月朔,丹阳葛洪稚川序"②,但这不是篇章小序,而是书序——《关尹子》(道藏本)的书序。

古今研究者几乎没有注意到这样的事实,即陶渊明处在手抄本时代,他的作品在其身前与身后的漫长时代,是以手抄本形式流传的。陶渊明《饮酒二十首》诗序说:"余闲居寡欢","无夕不饮"。"既醉之后,辄题数句自娱","聊命故人书之"③。手抄本在不断传抄的过程中,文本往往"被改动,删削,重写",处于"文本流动"状态④,因此,我们有理由怀疑《归去来兮辞》的序文是被改动、删削、重写的,其中一个重要的理由就是,《文选》收录的《归去来兮辞》(《文选》题作"《归去来》")的序文与通行的陶集文字不同。

《文选》所录《归去来》的序文是:"余家贫,又心惮远役,彭泽县去家百里,故便求之。及少日,眷然有归欤之情,自免去职。因事顺心,命篇曰《归去来》。"⑤不仅文字大大少于陶集通行本,而且序末没有标注时间。"《文选》所载陶渊明诗文乃选自萧统编本陶集,当更符合原貌。"⑥我们有理由相信,《文选》收录的《归去来兮辞》更接近作者原创的旧貌,如是这样的话,《归去来兮辞》创作时间的争论,也就可以"尘埃落定"了——《归去来兮辞》不是作于义熙元年(405),而是作于归田之初——笔者基本赞同逯钦立的观点:义熙二年(406)写成《归去来兮辞》,但不同意序文作于前一年的说法。

通过文本细读的方法,可以探究其创作时间。《归去来兮辞》说:"松菊犹存",菊花为秋月开花。《礼记·月令》说:"季秋之月","鞠(菊)有黄华(花)"⑦。逯钦立说:"陶东园有松菊。此句纪实,亦用以表示个人节概。"⑧陶渊明诗中多次写到菊

---

① 袁行霈.陶渊明集笺注[M].北京:中华书局,2003:51.
② [清]严可均.全晋文[M].北京:商务印书馆,1999:1234.
③ 袁行霈.陶渊明集笺注[M].北京:中华书局,2003:235.
④ 田晓菲.尘几录——陶渊明与手抄本文化研究[M].北京:中华书局,2007:204.
⑤ [南朝梁]萧统编.文选[M].[唐]李善,注.上海:上海古籍出版社,1986:2026.
⑥ 刘明.序言[M]//[晋]陶潜.宋本陶渊明集.北京:国家图书馆出版社,2018:3.
⑦ [汉]郑玄注,[唐]孔颖达等正义.礼记正义[M]//[清]阮元校刻.十三经注疏.北京:中华书局,1980:1379.
⑧ [晋]陶渊明.陶渊明集[M].逯钦立,校注.北京:中华书局,2018:180.

花,如"采菊东篱下,悠然见南山""秋菊有佳色,裛露掇其英"①等,也可以证明此处描写不是出于虚拟。菊花开放在农历九月初,"菊犹存"的时节应该是陶渊明归田的日子。而"农人告余以春及"则是辞官归田第二年(406)的实情,"木欣欣以向荣,泉涓涓而始流"是第二年春天的实景。虽然不能把句句都看作写实,但文章作于归隐的第二年即406年的可能性最大。

至于"悬想"一说,则显得幼稚可笑。王若虚说《归去来兮辞》是"将归而赋耳,既归之事,当想象而言之"②。周振甫也有类似观点,他举"木欣欣以向荣"数句,认为皆是"未归前之想象"③。首先,王若虚、周振甫等人被《归去来兮辞》序末的时间一叶障目,误将其作为创作时间,因此没有弄清《归去来兮辞》真正的创作时间,错将"既归之事"以及"木欣欣以向荣"数句当作想象之词。其次,《归去来兮辞》不是纪实性新闻报道,而是抒情性的文学作品,而"虚构性""想象性"是"文学的突出特征"④,中国文学理论与批评著作中,虽然没有"想象"这一概念,但不乏对"想象"的论述,如刘勰说:"文之思也,其神远矣。故寂然凝虑,思接千载;悄焉动容,视通万里。"⑤"在中国文学创作中,想象一样是居于重要的地位,也是无可怀疑的。"⑥文学是想象的产物,不是照相似的客观实录,若不懂这一点,那么在赏玩文学时,则难免像王国维所说"如雾里看花,终隔一层"⑦。

三、用韵与段落、层次划分

徐本《归去来兮辞》的正文为五个自然段,将其分为四个部分。教材虽然没有说明五个自然段分别归属哪个部分,但从每个部分的层义的概括上还是能分辨出来的,即第一部分,从开头至"觉今是而昨非";第二部分,从"舟遥遥以轻飏"至"抚孤松而盘桓";第三部分,从"归去来兮"至"感吾生之行休";第四部分,从"已矣乎"至文末。其中,对"舟遥遥以轻飏"等四句,即第二自然段的划分不当,没有考虑用韵等外在特征,值得商榷。

笔者认为,"舟遥遥以轻飏"等四句,即第二自然段,应归属于第一部分,而不应该归属第二部分;这样划分的主要根据是用韵。

《归去来兮辞》模仿楚辞风格,属于韵文体式,全文五次换韵,按照韵的转换

---

① 袁行霈.陶渊明集笺注[M].北京:中华书局,2003:247,252.
② [金]王若虚.滹南遗老集[M].《景印文渊阁四库全书》本,卷三四.
③ 钱钟书.管锥编[M].2版.北京:中华书局,1986:1226.
④ [美]勒内·韦勒克,奥斯汀·沃伦.文学理论[M].新修订版.刘象愚,等译.杭州:浙江人民出版社,2017:13.
⑤ [南朝梁]刘勰.文心雕龙义证[M].詹锳,义证.上海:上海古籍出版社,1989:975.
⑥ 徐复观.中国文学精神[M].上海:上海书店出版社,2006:81.
⑦ 王国维.人间词话[M].吴调孚,校注.北京:中华书局,2009:25.

分成五章，一章一韵，一韵一章。第一章的韵脚是：归、悲、追、非、衣、微，属于微韵。第二章的韵脚是：奔、门、存、樽，属于文韵。第三章的韵脚是：颜、安、关、观、还、桓，属于元韵。第四章的韵脚是：游、求、忧、畴、舟、丘、流、休，属于幽韵。第五章的韵脚是：时、之、期、耔、诗、疑，属于之韵。刘勰说："联字以分疆"①，即把一个个字联起来组成不同的句子；"总义以包体"②，即总括各句的意思形成整体。"章总一义，须意穷而成体"③，一章有一层意思，必须意思相对完整才能构成一个层次。由于"因字而生句"，"积句而成章"，换韵与分章有关；刘勰认为："断章有检"，即分章有一定规则；文章换韵转韵，即"改韵从调"，可以起到"节文辞气"④的作用，避免单调。

正文按照用韵划分，分为五章，而按照意思（即内容）划分，则应分为四个层次。用韵是划分层次的重要参考因素。韵脚的转换，显示着作者思维与情感的发展脉络，是划分层次的重要依据。"舟遥遥"等四句，韵脚是"衣、微"，与开头几句的韵脚"归、悲、追、非"都属于微韵，因此，从开头到"恨晨光之熹微"均属于第一部分，而不应像徐本那样，将"舟遥遥"等四句划分到第二部分。第一部分的意思应该概括为：申明归去心志，乘舟而行，归往田园。第二部分的意思应该概括为：描写抵家的情景。

郭维森等《陶渊明集全译》的层次划分也没有考虑用韵情况，与徐本犯了同样的错误。郭维森等将正文分为五个层次：①从"归去来兮"到"恨晨光之熹微"，"写归家途中"。②从"乃瞻衡宇"到"抚孤松而盘桓"，"写归后之乐"。③从"归去来兮"到"乐琴书以消忧"，"写与污浊的官场断绝"。④从"农人告余春及"到"感吾生之行休"，"拟想春耕"。⑤从"已矣乎"到"乐夫天命复奚疑"，"对今后躬耕生活的展望"。⑤ 其中第三个层次和第四个层次押的均是幽韵，不应分作两个层次，而应划为一个层次。

杨义、邵宁宁注评《陶渊明诗文选集》将正文划分为三部分，每部分"均以感叹句开始"，即分别以两个"归去来兮"和"已矣乎"为划分依据：第一部分，"写归家途中的轻快心情和居家生活的闲暇乐趣"；第二部分，"写亲戚邻里之间的交游和劳动的快乐"；第三部分，"表明自己对于人生的根本看法和态度"。⑥ 这种层次划分与我们不同，却注意到了文中句式的特点，即两个"归去来兮"在划分层次上的作用；

---

① [南朝梁]刘勰.文心雕龙义证[M].詹锳,义证.上海:上海古籍出版社,1989:1248.
② [南朝梁]刘勰.文心雕龙义证[M].詹锳,义证.上海:上海古籍出版社,1989:1248.
③ [南朝梁]刘勰.文心雕龙义证[M].詹锳,义证.上海:上海古籍出版社,1989:1253.
④ [南朝梁]刘勰.文心雕龙义证[M].詹锳,义证.上海:上海古籍出版社,1989:1250,1289,1276,1276.
⑤ [晋]陶潜.陶渊明集全译[M].郭维森,包景诚,译注.贵阳:贵州人民出版社,2008:239.
⑥ [晋]陶渊明.陶渊明诗文选集[M].杨义,邵宁宁,注评.武汉:长江文艺出版社,2019:201.

同时也考虑到了全文的用韵——将微部、文部、元部合并为第一部分，幽部为第二部分，之部为第三部分。这样的层次划分在教学中很有参考价值，可以告诉学生：特殊词句和换韵是划分层次的重要依据。

侯爵良、彭华生《陶渊明名篇赏析》则将正文分为两部分，每部分都用"归去来兮"起头，第一部分，"写诗人对出仕的悔恨和辞官后的愉快心情以及归田乡居的乐趣"。第二部分，"写诗人归田后的长久打算：息交绝游，不复出仕，耕耘赋诗，以乐天年"。① 这种层次划分，虽然考虑了"归去来兮"这个特殊词句和换韵，但是，没有考虑"已矣乎"这节文字的特殊性。钱钟书说："结处'已矣乎'一节，即《乱》也，与发端'归去来兮'一节，首尾呼应。"②《归去来兮辞》是具有楚骚体特点的作品。《离骚》结尾说："乱曰：已矣哉！国无人莫我知兮，又何怀乎故都？既莫足与为美政兮，吾将从彭咸之所居。"③"已矣哉"与"已矣乎"何其相似，只是前面未加"乱曰"而已。从音乐角度看，"乱"是古代乐曲的最后一章。《论语》："《关雎》之乱，洋洋乎！盈耳哉。"朱熹注曰："乱，乐之卒章也。"④从语言角度看，"乱"是辞赋篇末总括全篇要旨的话。关于《离骚》结尾"乱曰"一节文字，王逸注曰："乱，理也，所以发理辞指，总撮其行要也。"⑤《汉书·外戚传上·孝武李夫人》："乱曰：佳侠函光，陨朱荣兮，嫉妒阘茸，将安程兮！"颜师古注曰："乱，理也，总理赋中之意。"⑥较之王逸的注释则更加明晰。既然是"乐之卒章"，要"总理赋中之意"，而且用韵也与上文不同，则应该作为单独的一个层次，不应该将其划归到上一个层次。

陶文鹏、丘万紫《陶渊明诗文赏析》将正文分为四个部分，可以用来纠正徐本划分的偏差。第一部分，"以开篇的'归去来兮'为挈领，着重写其'归去'之意"。第二部分，"以'衡宇'为挈领，着重写其到家的喜悦，闲居的乐趣"。第三部分，"以篇中'归去来兮'为挈领，旨在强调'归来'后的种种情趣，表明自己躬耕的坚定意志"。第四部分，"以'已矣乎'为挈领，从人生哲理的角度，进一步肯定其归来的行动是必然的归宿"⑦。

与上书层次划分相同的，还有刘继才、闵振贵的《陶渊明诗文译释》，将正文划分为四个部分，第一部分，"自开头至'恨晨光之熹微'，写误入仕途的悔恨和辞官归家的喜悦心情"。第二部分，"自'乃瞻衡宇'至'抚孤松而盘桓'，是写归家后的生活"。第三部分，"自'归去来兮'至'感吾生之行休'，写隐逸情趣。"第四部分，"自

---

① 侯爵良,彭华生.陶渊明名篇赏析[M].北京：北京十月文艺出版社,1989：216.
② 钱钟书.管锥编[M].2版.北京：中华书局,1986：1226.
③ [宋]洪兴祖.楚辞补注[M].白化文等,点校.北京：中华书局,1983：47.
④ [宋]朱熹.四书章句集注[M].北京：中华书局,1983：106.
⑤ [宋]洪兴祖.楚辞补注[M].白化文等,点校.北京：中华书局,1983：47.
⑥ [汉]班固.汉书·外戚传上·孝武李夫人[M].[唐]颜师古,注.北京：中华书局,1962：3954-3955.
⑦ 陶文鹏,丘万紫.陶渊明诗文赏析[M].南宁：广西教育出版社,1990：166.

"已矣乎"至篇末,写他对过去生活的总结和对未来生活的展望"①。

以上两种层次划分,在教学中均有参考价值。

徐本的注释、评析较为完备,若教师没有任何创见地"照本宣科",学生也可能像《牡丹亭》中杜丽娘那样带着反叛的心理问一句:"依注解书,学生自会。"②在课堂教学中引入不同的观点,引起争论,开启学生心智,培养学生的求异思维、批判思维能力,活跃课堂气氛,大有裨益。

---

① 刘继才,闵振贵.陶渊明诗文译释[M].哈尔滨:黑龙江人民出版社,1986:264-265.
② [明]汤显祖.牡丹亭[M].徐朔方,杨笑梅,校注.北京:人民文学出版社,1963:26.

唐诗二首试说

唐荣昆[①]

试说《琵琶行》中的人物动态塑像

读白居易的《琵琶行》，最使我激赏迷醉，久久难忘，甚或终生牢记的，是诗中为人物传神写照的动态形体塑像。我初步发现最耀眼的有三尊：其一"半遮面"，其二"起敛容"，其三"良久立"。这些，都是在故事发展转折的情节细微之处，稍做点乱，却像嵌注在皇冠上的宝珠，光华灼灼；即为展现人物性格的柔婉多姿，主题思想的深刻、显豁，起着独特的作用。

这首长诗所展示的整个事件，即深秋夜晚，在长江江西段的浔阳江口一客船上，不期而遇地促成了一个音乐（琵琶）演奏会；在场听众人人全神迷醉，终场时个个掩泪哭泣；演出非常成功，堪称旷古稀有，甚或是独有。于是，此诗被人称作"天下第一音乐诗"。然而，从作者的创作动机、诗作本身的立意及整体结构来看，实是着意在塑造琵琶女这一杰出的女乐师形象，渲染她技艺高超，才华出众，品格高尚，性情优美、刚毅。然而，至晚年的琵琶女却生活困苦，处境悲凉。其实，诗中本有一联句，已明确告示了本篇的创作意图："莫辞更坐弹一曲，为君翻作《琵琶行》。"这样写作，完全符合白居易诗歌创作的总的宗旨："唯歌生民病，愿得天子知。"

看，第一尊人物活动塑像——"犹抱琵琶半遮面"。

这是全诗中心人物独具特色、耐人寻味的出场亮相。由于此前有了先声夺人

[①] 唐荣昆：武汉大学教授。

的"忽闻水上琵琶声"有力的铺垫,这一亮相便有石破天惊的特殊效果。诗中第一人称的"我"(官员白居易),在江头客船上与友人举酒语别,由于缺少音乐助兴,极感失落而凄惨。突然,江面一阵清风,吹来"铮铮然有京都声"的琵琶乐音,顿觉喜出望外。(注意,一个鲜明的突转。)于是,赶紧"寻声暗问"、"移船相近"、"邀见""添酒""回灯""开宴",甚至"千呼万唤"地恳请乐师给众人表演。女乐师经过"声停"、迟疑、思忖、辨明后,便慨然应允,稍做打点准备,遂手抱琵琶,仪态端庄地款款出场。

　　注意,这"犹抱琵琶半遮面"句,实是千锤百炼、意蕴丰富的诗句。正如欧阳修在《六一诗话》中所说:"状难写之景如在目前;含不尽之意见于言外。"对此,我们定要掩卷深思,久久默想,充分地顾及全篇、顾及全人(物)去充分想象、联想,真切的感悟、认知其言外之丰富深意。

　　有的讲析者,可能是由于轻快地只初读一过,便主观地认为"这妇女带着几分羞怯,推辞着","千呼万唤始出来"①。有的说:"(琵琶女)有一肚子'天涯沦落'之恨,不便明说,也不愿见人。诗人也正是抓住这一点用'琵琶声停欲语迟''犹抱琵琶半遮面'的肖像描写来表现她的难言之痛的。"②不对了,琵琶女自幼在良好乐工"善才"的悉心教导下,勤勉精练,学成高超的技艺,养成了从艺人应有的优良品德。她"曲罢曾教善才服",在演奏中常有独创的新意,得到导师的夸赞。在"教坊第一部"的京都演出场所,她的演艺长久地产生轰动效应,得到过无数奖赏。及至"暮去朝来颜色故"之时,她便被迫流落江湖,再加上婚姻上的不幸。但她始终保持着对音乐的珍爱,将此作为精神的寄托和抚慰,永葆爱乐、爱美之心。再说,女乐师以往在京都虽未曾与白居易大官人单独见面结识,但对白大人这位显官和著名诗人的名声德望,必是早有所闻。白居易平生对音乐,尤其对琵琶这一乐音情有独钟。他的诗中就有《琵琶》《听李士良琵琶》等直接道及琵琶的作品上十首之多。还有《霓裳羽衣歌和微之》这一首:"我昔元和侍宪皇,曾陪内宴宴昭阳。千歌百舞不知数,就中最爱霓裳舞。"作为"教坊第一部"中最出色的女琵琶手,她美妙的演奏,应是少不了白居易这位宪皇近臣的高贵听众的。若干年后,他们竟成了"同是天涯沦落人",在这浔阳江头惊喜相逢,这也算得上是他乡遇故知了。还有,作为技艺表演艺术家、音乐家、技艺爱好者,他们最看重、最心仪挚爱的就是知音听众了。春秋时代俞伯牙由于痛失知音(钟子期)而断琴的凄美故事,在中国亘古流传,使人人感佩。沉沦多年,凄苦多年,酷爱音乐而久失知音的琵琶女啊!她心中的寂寞感、失落感该有多强烈呢!真不知今夕复何夕,何幸在这远离故土京都的浔阳江头,竟能遇到白大人为首的众多知音如此热忱的抬爱。此情此景,她心中必是惊喜万状,感激涕

---

　　① 人民教育出版社,课程教材研究所,中学语文课程教材研究中心.教师教学用书(高中语文3)[M].北京:人民教育出版社,2007.
　　② 萧涤非等.唐诗鉴赏辞典[M].上海:上海辞书出版社,1982.

零的。然而,作为训练有素、舞台演出经验极丰富的表演艺术家,她善于也习惯于临场(感情)的含蓄控制(即"控场")。在她轻盈的迈步中,只用眉梢的微微颤动,来表达心中的惊喜。内心澎湃浩荡的感激之情,便用内藏深邃的眼神来温馨暗示。

"犹抱琵琶半遮面"的整个步履,是女艺术家翩翩风度的习惯动作。她双手怀抱琵琶,是艺术家对乐器的珍爱;将琵琶举在胸前,也是对"千呼万唤"如潮盛意的恭敬回应。"半遮面"绝不是为了"遮羞",所抱琵琶,必是她多年珍藏,质地最佳,专用于在盛大隆重场所演出的乐器。听她在客船坐定,"转轴拨弦",调定音准之后,接着所弹的,就是她此前在自家冷寂的孤船上"琵琶声停"中断未竟的,"梦啼妆泪"悲凉曲调的结尾段"似诉平生不得志","说尽心中无限事"。可见,她并不是对"天涯沦落""不便说明";她没有"迟疑",也没有"推辞",而是要倾全力来报答此生难得而终能幸遇的白居易大官人等众人,如此知音,如此知遇,是比山重、比海深的盛情。总之,"犹抱琵琶半遮面"的女乐师,是满负着盛情难却、无比感激之情上场的。

再看,这第二尊立体动态塑像——"整顿衣裳起敛容"。

这是女乐师为报答众人的抬爱,倾情演奏当时广为流传的多部著名琵琶曲:《霓裳羽衣舞曲》《六幺》等,必然付出极大的精神心力。若拿苏联著名戏剧教育家斯坦尼斯拉夫斯基的理论体系说,就是"进入角色"。名曲中演述了多种物相景观,千姿百态,悲欢离合,情状多端,无不穷形尽相、栩栩如生、逼真如实,或是成猛奇幅,或是缠绵悱恻。譬如演奏"铁骑突出刀枪鸣"时,女乐师已然不再是琵琶女,而是立马横刀、奋勇拼杀、斩将夺关、飒爽英姿的花木兰了,难免因动作幅度大、用力过猛,使得服饰脱了扣、松了带,变了形。演出结束必须"整顿"复原。尤其是神情、面容、气度、心态,都得恢复演员的原本状态,这就叫"起敛容"。——凡是德艺双馨、专业水平高、全身心地"进入角色"的演员、曲艺表演者,都惯于、熟练于"起敛容"。深爱艺术、懂艺术、了解艺人生活的文人、诗人,他们在描述介绍艺术家的生活情状时,往往不放过且十分重视这些与职务有关的动作、表情、细节,认为这些特殊的细节,同样会使人感佩而动容的。其实细节不细,它往往能将人物性情刻画描绘得多姿多彩,让人更觉得可亲、可佩,更令人喜爱。

又再看,第三尊立体动态塑像——"感我此言良久立"。

细心读过《琵琶行》的每位读者,定会得以认知,此诗展示出了两篇艺术佳作(一诗一曲)的创作缘起、过程及效果。白居易此诗是为琵琶女写真立传。所谓"翻作",就是当下、即时、即事动手完成创作任务。"莫辞更坐弹一曲",这"一曲"是指即时创作的新曲。这对琵琶女来说,实是有相当大的难度的。按社会一般惯常现象,善作词、曲者,不见得最善歌舞、弹唱。著名歌唱家,不见得是著名词曲作者。也许白居易对琵琶女才艺的高超早有所知、久有所闻,才相信她必能担当这一重大急切的任务。看来琵琶女也像10年前白居易35岁之时创作的抒情长诗《长恨歌》中的女主角杨玉环那样"善歌舞,通音律"(见《旧唐书·杨妃后传》),既擅长表演歌舞,又能创作曲调。二人都是才艺超绝的奇女子啊!

"良久立",是表现女乐师大胆、爽快又审慎、细心地接受了白居易的建议和要求,即时、现场创作新曲,并为全体听众弹奏。"良久立",是女乐师久久凝神地站立着,精思、构想,捕捉灵感。此曲创作的难度是非常大的,在诗中即做了种种暗示。首先,"同是天涯沦落人",必是新曲的中心题旨和立意,这一点不用怀疑。其次,琵琶女自己创作和弹奏的"夜深忽梦少年事,梦啼妆泪红阑干"的自诉、自叹曲,必是参考的首选。最后,白居易自述的"迁谪意",再推而广之,可感知许多迁客骚人的哀怨和不平之意。琵琶女深沉构想中,必然要把世间许多英雄落难、佳丽蒙尘的悲愁、怨恨融汇其中。果然,经过琵琶女"良久立"这神奇的提炼、铸造,"凄凄不似向前声"的包容深沉、广远的新的琵琶曲诞生了,且当场演奏,并获得了"满座重闻皆掩泣"的惊人效果,演出非常成功。女乐师"良久立"的凝思结想起到了不可代替的特殊的关键作用。

就这样,琵琶女这一"良久立"的多情、足智、飒爽英姿的高大形象,便永久烙印在爱读唐诗的千万读者的心上了。

州官与牧童的亲切对话
——杜牧《清明》主题人物新探

清明时节雨纷纷,路上行人欲断魂。
借问酒家何处有,牧童遥指杏花村。

读晚唐杰出诗人"小杜(甫)"这首小诗,我们首先要认识到,这是杜牧用白描写实的手法,记述自己实际生活的一则日记,日记中的一个片段,也就是生活实事的琐记、随笔。自古中国文人(诗人)习惯于、乐于以文(以诗)会友;杜牧即把众多朋友,以及每一个读者,当作知心好友,直白地袒露自己内心的真情实感:失望、愁苦和欢快。

我们阅读鉴赏任何文学艺术作品,首先接触的是其艺术形式。这首诗,在艺术手法上最明显的特点是通俗易懂;其次是情景逼真、清新,人物情态生趣盎然,音韵律调和谐、圆润、流转,吟诵起来朗朗上口。可以说,无论男女老少,无论其学识、才能或深或浅,生活经历或丰富或简单,任何人,只要能静下心来吟诵一过,必然可以得到爽心快意的美感享受而赞不绝口。难怪一千多年来,此诗竟流传得如此广远。

然而,笔者一再思索,反复揣摩,总觉得,我们最好是将此诗当作小说,尤其是一篇微型小说来深读、细品,即可将其内蕴的深刻性、丰富性,体悟得更真切、更透彻。按小说体式来要求,这仅有的 28 个字的小小篇幅,竟包容了起承转合的、耐人寻味的、完整的故事情节,而且还塑造了生活在典型环境中的、性格独具的、令人难忘的人物形象:进士出身的刺史州官,扮成平头百姓"行人"的"我",和活泼机灵的乡村"牧童"。诗中展现的景物、风情,鲜丽、独特,具有民俗地域风采。

看,诗的开篇第一联句:"清明时节雨纷纷,路上行人欲断魂。"——这第一个词语"清明",就紧扣题旨,且开门见山地为人物故事设定了至关重要的典型的自然风物环境和社会历史、民俗传统环境。我国早在西周时期就知道用"土圭"测影方法,判定春分、秋分、冬至、夏至。西汉《淮南子》中就有完整的二十四节气记载,而其中反映物候和作物生长情况的是清明、惊蛰、小满、芒种这四个重要节气。中国自古以农立国,凡是勤政爱民的官员,必然会特别关注天候节气状况。"风调雨顺,五谷丰登,国泰民安",即历朝历代官员和百姓心中念念不忘的生活期盼和祝愿。尤其是"清明",是春耕最重要的节令,俗谚说:"清明、谷雨两相连,浸种耕田莫迟延。""清明"是在"寒食"的第三日,两个节日连在一起,便成为祭祀扫墓及家人团聚的重要日期。唐朝人对此节日特别重视,为之安排四天休假,后来又增加至七天。中唐著名改革家诗人柳宗元在遭贬南荒之时,曾在《寄许京兆孟容书》中说过:"近世礼重拜扫,今已阙者四年矣。每遇寒食,则北向长号,以首顿地。想田野道路,士女遍满,卑隶佣丐皆得上父母丘墓。"(《柳河东集》第三十卷)可见,在唐代"清明"扫墓的礼习观念是多么强固。"雨纷纷",清明降下绵绵细雨,在江南地区是正常现象,对春耕是大为有益的,对踏青和扫墓之人,则会造成不便。

"路上行人",即诗人自己。按说,作为一个州的地方最高长官的刺史,他的出行是有一定的威仪规格的,一般该是八抬大轿或四驾马车,仪仗护卫,鸣锣喝道,等等。而诗中的这位刺史却是孤身一人,且以平民百姓的穿着出现,行走在乡村小道上。他这样做的目的和动机是什么?以往的评析文章,都没有做过说明。

"欲断魂"——这是"路上行人"当时典型的心态情状。《唐诗鉴赏辞典》对此做了讲解:"断魂","是十分强烈……可是又并非明白表现在外面的很深的感情","清明节本该是家人团聚,或游玩、观赏,或上坟、扫墓,而今行人孤身赶路,触景伤怀,心头滋味是复杂的"。——我认为,这样的解说是不符合当时的社会历史环境,也不符合人物的典型性格心态的。中国自古以来,许许多多登科入第而出仕任职的,称为"官游人"的官员,每逢春秋佳节,多是无法与故乡的父母家人团聚的。常言道"忠孝不能两全",所以只得"每逢佳节倍思亲",这是官场上习以为常的普遍现象。如果我们能细心审察中国传统社会这一典型历史环境,仔细地认知生活在晚唐社会具有独特思想性格的杜牧这个人,就会理解本诗一开头的"清明"这一词语所标示的意味,是多么强烈地叩击着他敏感的心弦。要知道,中国古代社会,尤其是唐代,为什么那么注重清明节祭祖扫墓呢?那是因为在标榜"以孝治天下"的封建统治者的掌控下,广大臣民,尤其是信奉儒家"治平"思想的知识分子官员,他们普遍崇奉"慎终追远"的习尚。孔子《论语·学而》中就有明确教示:"慎终追远,民德归厚矣。"这里所说的"慎终",就是对父母的丧事要依礼尽其哀;所谓"追远",就是扫墓、祭祖时缅怀追念父母先人生前的盛德、品行,自己要尽力效法、继承和传扬。而杜牧本人,恰恰就是最崇奉、景仰自己京兆万年(今陕西西安)杜家历代先贤的英名功业的、最理想的后继人;他心中最崇拜、最想效法的就是祖父杜佑——这位中唐三朝(德宗、顺宗、宪宗)的名相。杜牧有经邦治世之才,有强烈的事业心和奉献精神,可是由于晚唐处于内忧外患之境,奸宦干政,国势日衰,先后把持朝政的牛僧孺、李德裕两位宰相,各自结党相争。有远见卓识、个性刚正的杜牧始终得不到重用,心中壮志宏愿得不到施展,所以每当"清明"扫墓节令到来之时,"追远"的意念,总是在他心中强烈涌动,深感愧对父母先辈,愧对建树了丰功伟绩的列祖列宗。我认为,诗人"欲断魂"的愁苦心绪,就是在这样典型的生活境况中应时而生的。

由于晚唐社会环境造成的各种客观原因,使得杜牧没能像他祖父那样,成为国家的股肱之臣,但他还是担任了刺史一职,即一个州的地方行政长官。在这个职位上,他尽心尽力地为国家、为黎民百姓办实事、办好事。诗中写道,就在"清明时节"这一天,虽然他念及为先人扫墓时的"追远"怀宗而处于哀愁失意中,但却不像那些颓丧的古人那样"何以解忧,唯有杜康",只会一个人坐在家中醉酒解愁。他整顿好精神,利用这休闲之日,放下"刺史"父母官的身份,改扮成平民百姓,只身步行到乡野去深入调查墒情和民情。这一行动本身,足以说明他后来的心态是清明、敞亮、稳健欢快的。所谓"墒情"——就是土壤含雨水量的适宜程度,过之则是涝,差之则为旱。在清明春耕时节,"墒情"是最应关注的。不料途中春雨"纷纷",以致道路泥泞。在乡间阡陌小道上徒步跋涉,对一位文弱书生官员来说,实在难为他了。于是,他便想到,若是近处有间酒家,可以避避雨、歇歇脚,那该多好啊!真巧,不远的村道上,便迎面走来了一个雨中牵牛的"牧童"。于是,本诗顺理成章地接出了下一联句:借问酒家何处有,牧童遥指杏花村。

这里,我们必须看到,此诗上半段一二句中,就做了充分、有力的铺垫,在情境叙写中,着力刻画了处于历史传统和社会现实典型环境中的人物形象(官员的"我"):他身在其位,则倾力谋其政;他感情真挚、热烈、丰富;他葆有亲民、爱民之心(只身微服深入下层的行动即足以证明)。紧接着,在下半段三四句中,情节便进入高潮,另一人物出现,"路上行人"与"牧童"双方进行对话,诗作仍着力于处在具体生活环境中的典型形象的刻画,展示人物思想性格之美。

看吧,正当这位官员("行人")急于要寻觅"酒家何处有"时,凑巧,村野的一位"牧童"信步走来。"行人"便随情适性,出乎自然地以"借问"的语气向"牧童"询问。面对一个乡村儿童,他是那样温善、慈祥、和蔼相对,可见这位知识分子官员有极高的伦理道德修养,或用另一说法:他和善待人、与人为善的品格,他的亲民、爱民之心,实在令人感佩。而从小即投入农村劳动中的"牧童",也是一个活泼、机灵、重情重义的儿童。他当然无法料到眼前的外乡来客就是当地一个州的父母官,只知道他是有身份的客人。这位来客(老爷)对他竟如此谦和、温爱相待,他当然要以礼、以真心、以真情回报。按着下一句即"牧童遥指杏花村"。——应该看到,"行人"的

"借问"和"牧童"的"遥指",是诗中凸显典型人物性格的、具有丰富的"潜台词"的关键词语。有的评讲者却认为:"牧童以行动作答话,比答话还要鲜明有力。"这样理解显然是不符合实际生活情状,也不符合人物典型心态的。"牧童"不可能是聋哑儿童:"杏花村"的名称不是从他口中说出来的吗?这里的"遥指",是他认真、恳切地以肢体动作的姿势襄助说话。"遥",即目力所及的最远之处,那绿树繁花丛中的一点红(红色的酒帘,是中国酒乡特有的标志物)。"牧童"用手或鞭梢准确地指点出来,待这位"行人"满意地告知"见到了",才高兴地作罢。他是以尽心、尽意的话语和手势动作来报答"行人""借问"的情意的。我们知道,中国封建社会最广泛、最普遍,也是最本质的人际关系(即人伦关系)的特征是:等级森严。自古以来"只许州官放火,不许百姓点灯"。然而,在杜牧《清明》此诗中,却通过真实的环境描写,传神的人物性格刻画,展示了一位"州官"和"百姓"通过简短对话,他们的心灵实现平等的、融洽的交流,彼此竟成了亲密好友。看,这是多么美好的人性、美好的人情啊!

　　由于绝句的篇幅所限,诗只写到"遥指杏花村"而止,留给读者广阔的想象余地。据《唐诗鉴赏辞典》的理解:"剩下的"就是"行人怎样地闻讯而喜,怎样地加把劲儿趱上前去,怎样地兴奋地找着了酒店,怎样地欣慰地获得了避雨、消愁两方面的满足和快意"。——这样的扩展和想象,显然是对诗作的题旨和立意有所误解造成的。首先得认清,这位官员利用"清明"休闲之日,只身微服下乡的目的和意图是什么,难道就是为了"避雨"、借酒消愁吗?从诗中具体的叙说描写看,此诗是着力描写勤政爱民的官员,怀着一片爱民、恤民之心,深入底层调查摘情、民情的。我们完全可以想象到,这位"行人"进入"杏花村酒家"避雨、歇脚的同时,必然会与一些村夫野老亲切相见,一边喝酒,一边惬意交谈。这样,他就会得到许多他想要了解的民情信息。他这"清明时节"的冒雨独行,定会不虚此行。《新唐书·列传卷九十一》中所记:杜牧祖父杜佑"为人平易逊顺,与物不违忤,人皆爱重之"。可见,杜家待人谦逊和善,平易近人的好家风,是代代相传的啊!

孟子说诗之法视域下的《长恨歌》"风情""长恨"说[①]

窦旭峰[②]

摘要：白居易《长恨歌》备受读者的喜爱。对《长恨歌》要用"以意逆志"解其"风情"，用"知人论世"解其"长恨"，方不负白居易的创作初心。

关键词：《长恨歌》；以意逆志；知人论世；风情；长恨

"《长恨歌》自是千古绝作"[③]，一千多年来，深受读者喜爱，不仅被选为高中《中国古代诗歌散文欣赏》篇目，同时也被许多大学语文教材入编。"一篇长恨有风情"，现在就用"以意逆志"解其"风情"，用"知人论世"解其"长恨"。

一、"以意逆志"说"风情"

《孟子》："故说诗者，不以文害辞，不以辞害志，以意逆志，是为得之。"朱熹《孟子集注》："逆，迎也。……言说诗之法。不可以一字而害一句之义，不可以一句而害设辞之志。当以己意迎取作者之志，乃可得之。"[④]

[①] 本文系 2020 年甘肃省教育科学十三五规划课题"课程思政背景下地域文化融入大学语文教育研究"（项目编号：GS[2020]GHB4786）、甘肃省高校创新基金项目"乡村振兴战略背景下陇南民歌中农谚整理与研究"（项目编号：2020B-366）成果之一。

[②] 窦旭峰：陇南师范高等专科学校副教授。

[③] [清]赵翼.瓯北诗话校注[M].江守义，李成玉，校注.北京：人民文学出版社，2013：132.

[④] 四书五经[M].北京：北京古籍出版社，1995：197.

以意逆志，《辞源》："用自己的意思去揣度他人的意思。"①

以意逆志，《汉语成语分类大辞典》："逆，揣度。用自己的意思去揣度别人的想法。"②

以意逆志就是说，我们在解说、欣赏诗歌的时候，不能就表面意思去理解字词，更不能拘于个别字眼去理解诗句，而应该从作品的整体出发，由表及里、由浅入深地理解诗作的主旨，用自己的切身体会去推测作者的本意。③

《长恨歌》中李隆基一出场，就被冠上了"重色思倾国"（全诗"诗眼"）的帽子，寻寻觅觅，"御宇多年求不得"，然而，得来全不费工夫，将儿媳妇杨玉环占为己有。不管怎么说，这是有悖伦理的一桩婚姻，白居易给李隆基的定性已经带有鲜明的批判意识。

杨玉环以"天生丽质"（"倾国"之色）登场，艳压群芳，加上出类拔萃的音乐、舞蹈才能，很快就集"三千宠爱于一身"。于是乎，男"重色"，女有"色"，这一对男女从此风情无限，曾经励精图治、创造了"开元盛世"辉煌业绩的李隆基也"芙蓉帐暖度春宵。春宵苦短日高起，从此君王不早朝"，沉溺于声色之中，荒淫无度。"五月五日，明皇避暑游兴庆池，与妃子昼寝于水殿中。宫嫔辈凭栏倚槛，争看雌雄二鸂鶒戏于水中。帝时拥贵妃于绡帐内，谓宫嫔曰：'尔等爱水中鸂鶒，争如我被底鸳鸯？'"④李隆基色、思色、求色、得色，忘记了自己的初心和使命，一代明皇的光环因"色"而失"色"，"思倾国，果倾国矣"。

杨玉环由寿王妃变为贵妃是被动的。在封建社会，别说一个女人的命运，就连那些王公大臣甚至国家的命运都掌握在皇帝的手里。杨玉环被皇帝相中，只能听天由命，任由李隆基摆布，别无选择，否则就是死路一条。而且杨玉环也无须为李瑁殉情，武则天嫁与父子二人在本朝已开先例，杨玉环嫁与父子二人也就不算"丢人"的事，唐朝时也没有死节一说。所以，杨玉环被册封为贵妃后，就处在了风口浪尖的位置上。杨玉环为此打响了"生命保卫战"，因为她很清楚，面对"后宫佳丽三千人"，自己在年龄上已毫无优势可言，求生的本能促使她必须保住贵妃之位，本朝王皇后、萧淑妃就是例子（"武后闻之，大怒，遣人杖王氏及萧氏各一百，断其手足，投酒瓮中，曰：'令二妪骨碎！'数日而死，又斩之。"⑤），死则死矣，而死状之残忍令人不寒而栗。马嵬驿事件也证明了这一点，失去贵妃之位就迎来了生命的终结。杨玉环凭"天生丽质"，用"回眸一笑"，借肤如"凝脂"和"云鬓花颜"，而且"度春宵""娇侍夜""醉和春"，加之"承欢侍宴""夜专夜"，尤其是"侍儿扶起娇无力"更让唐玄宗欲罢不能。风情万种的杨玉环博得了"三千宠爱于一身"，又因"缓歌慢舞"的才

---

① 辞源[M].北京：商务印书馆出版，1979：167.
② 蔡向阳，孙栋，艾家凯.汉语成语分类大辞典[M].武汉：湖北辞书出版社，2008：876.
③ 语文·中国古代诗歌散文欣赏（高中）[M].北京：人民教育出版社，2006：2.
④ [五代]王仁裕.开元天宝遗事（外七种）[M].丁如明，等点校.上海：上海古籍出版社，2012：20.
⑤ [宋]司马光.资治通鉴（三）[M].长沙：岳麓书社，1990：615.

能,创造了"尽日君王看不足"的局面,为自己的"生命保卫战"创造了奇迹。

杨玉环"肌态丰艳,晓音律,性警颖,善承迎上意"①,使"六宫粉黛无颜色"。杨玉环登上贵妃宝座后,并未干预朝政,也没有对后宫其他妃子不择手段地压迫,11年时间,她的魅力让李隆基神魂颠倒,在历史舞台上,完美演绎了独具风情的"个人秀",谱写了不灭的神话。生前灿若星辰的杨玉环,让重男轻女的农耕社会从此"不重生男重生女"②,实在让人嗟叹不已。

好景不长,乐极生悲,安史之乱爆发,李隆基仓皇逃窜。逃至马嵬驿时,陈玄礼率军杀杨国忠,兵谏逼死杨玉环。李隆基只落得"君王掩面救不得,回看血泪相和流",这种从天堂到地狱的断崖式落差,几乎让读者无法接受。但李隆基只能面对现实,接受事实。于是其悲从中来,无论是返程路过马嵬坡的哀伤,还是回到长安大权旁落后对杨玉环的思念与老人凄苦的生活晚景,此情此恨,让人顿生怜悯。

李隆基回到长安后,失去了皇权,没有了"六宫粉黛"和"三千佳丽",只有老阿监和梨园的白发弟子,秋夜独寝,一种难以言状的恐惧袭上心头,虽"孤灯挑尽"却始终"未成眠",导致"翡翠衾寒","谁与共"便成了当务之急。此时此刻,李隆基对杨玉环的思念,也是对往日帝王生活的眷恋,是一个年过古稀的老人孤寂生活的真实写照。

《长恨歌》开头称"汉皇"是借汉言唐以避讳,其实这也是一处伏笔。当李隆基"魂魄不曾来入梦"的时候,白居易让"临邛道士""致魂魄",在"七月七日长生殿,夜半无人私语时",安排李隆基与杨玉环"天上人间会相见"。白居易导演了一场由李隆基和杨玉环上演的唐代版"人鬼情未了"的"汉皇"故事。而且,白居易在极笔李隆基回归长安后生活的凄惨境况,和安史之乱前的欢乐形成鲜明的对比,但讽刺意味却明显减弱了,甚至忍不住发出了"在天愿作比翼鸟,在地愿为连理枝"的美好祝愿。

毋庸置疑,杨玉环"一朝选在君王侧"和李隆基"从此君王不早朝"是恩爱缠绵的"风情";杨玉环死时李隆基"君王掩面救不得,回看血泪相和流"是生离死别的"风情";杨玉环死后李隆基"孤灯挑尽未成眠""翡翠衾寒谁与共""魂魄不曾来入梦"是孤苦相思的"风情";杨玉环在"仙山"上"梨花一枝春带雨""含情凝睇谢君王",是"一别音容两渺茫"时,"闻道汉家天子使"所表现出的寂寞相思的"风情"。毫不夸张地说,《长恨歌》就是"风情歌",只有读懂了其中的"风情",才能真正理解其中的"长恨"。

二、"知人论世"话"长恨"

《孟子》:"颂其诗,读其书,不知其人,可乎?是以论其世也。"朱熹《孟子集注》:

---

① [宋]司马光.资治通鉴(三)[M].长沙:岳麓书社,1990:838.
② 窦旭峰.一颗自我奋斗的流星——杨玉环[J].汉字文化 2017(23):37-39.

"论其世,论其当世行事之迹也。言既观其言,则不可以不知其为人之实,是以又考其行也。"①

知人论世,《汉语成语词典》:"知,了解。要了解某历史人物,必须认清他所处的历史背景。也指鉴别人物的好坏,评论世事的成败得失。"②

知人论世,即"我们在欣赏、吟咏古人的诗歌作品时,应该深入探究他们的生平和为人,全面了解他所生活的环境和时代,与作者成为心灵相通的好朋友。这就是所谓'知人论世'的欣赏方法"③。

白居易主张"文章合为时而著,歌诗合为事而作",并用他自己的创作实践诠释了诗人所具有的社会责任感,用诗歌批判现实并表达自己的政治理想成为其创作理念,并由此写出了大量的讽喻诗。

《长恨歌》中的杨玉环和李隆基的情爱故事发展到高潮后,结局却过于凄惨。天下没有不散的宴席,杨玉环生前和李隆基的欢爱是现实,杨玉环之死是现实,杨玉环死后李隆基对杨玉环的哀思是现实,李隆基"从此君王不早朝"到"回看血泪相和流""孤灯挑尽未成眠""翡翠衾寒谁与共",也是活生生的现实。白居易极尽"润色"之能事,用如椽大笔使李、杨的欢娱达到顶点,然后一下子跌落至生离死别的谷底,这种近似残酷的悲剧结局,振聋发聩。在杨玉环死后的入蜀途中,李隆基无法摆脱马嵬驿事件对心里造成的阴影,所见皆是"黄埃散漫风萧索",连那"蜀江水碧蜀山青"都表达的是"圣主朝朝暮暮情"。"明皇既幸蜀,西南行初入斜谷,属霖雨涉旬,于栈道雨中闻铃,音与山相应。上既悼念贵妃,采其声为《雨霖铃》曲,以寄恨焉。"④这真是"夜雨闻铃肠断声"啊!李隆基回长安后,此地已物是人非,孤苦伶仃无法入睡,感受的是"迟迟钟鼓",看到的是"耿耿星河"。白居易用对仗极工的诗句"春风桃李花开日,秋雨梧桐叶落时",形象地把杨玉环生前二人的美好生活与杨玉环死后李隆基独处的凄苦,通过景物描写做了对比概括。为遂李隆基"魂魄不曾来入梦"的心愿,白居易只能请来"排空驭气""升天入地"的"临邛道士""致魂魄"。基于"帝与贵妃,每至七月七日夜,在华清宫游宴"⑤和"上命小部音乐(小部者,梨园法部所置,凡三十人,皆十五岁以下),于长生殿奏新曲"⑥,在"七月七日""夜半无人"的"长生殿""天上人间会相见",表达了诗人的一种美好愿景。"七月七日夜"是杨贵妃生前与唐玄宗欢度"七夕节"的"游宴"时间,而"长生殿"是唐玄宗给杨贵妃庆生的地方,现在成了"天上人间"相会的时间和地点,平添了几分悲剧色彩。诗人用现实主义手法描写现实生活,用浪漫主义手法表现无法实现的美梦,现实主义和

---

① 四书五经[M].北京:北京古籍出版社,1995:208.
② 汉语成语词典[M].2版.北京:商务印书馆,2015:1440.
③ 语文·中国古代诗歌散文欣赏(高中)[M].北京:人民教育出版社,2006:3.
④ [五代]王仁裕.开元天宝遗事(外七种)[M].丁如明等,点校.上海:上海古籍出版社,2012:53.
⑤ [五代]王仁裕.开元天宝遗事(外七种)[M].丁如明等,点校.上海:上海古籍出版社,2012:19.
⑥ [五代]王仁裕.开元天宝遗事(外七种)[M].丁如明等,点校.上海:上海古籍出版社,2012:57.

浪漫主义的完美结合,使作品更具有文学性。"才调风致,自是才人之冠。"①同时,也更能使读者产生共鸣。

结尾两句点睛之笔,与"天长地久有时尽"做比照,明确"此恨绵绵无绝期",和诗题相呼应,再次点明这就是"长恨",堪称"古今长恨第一"(何良俊《四友斋丛说》)。诗人警醒人们从"无绝期"的"绵绵"长恨中,吸取血淋淋的教训,达到"意者,不但感其事,亦欲惩尤物,窒乱阶,垂于将来者也"的效果。《长恨歌》讥明皇迷于色而不悟也"②,耐人寻味,发人深思,白居易不失"为广大教化主"。③

《长恨歌》"意到笔随,景到意随,世间一切都着并包囊括入我诗内"④,正如王若虚《滹南集诗话》所说:"乐天之诗,情致曲尽,入人肝脾,随物赋形,所在充满,殆与元气相侔。至长韵大篇,动数百千言,而顺适惬当,句句如一,无争张牵强之态。"⑤所以,"白居易之死,宣宗以诗吊之,曰:'缀玉联珠六十年,谁教冥路作诗仙。浮云不系名居易,造化无为字乐天。童子解吟长恨曲,胡儿能唱琵琶篇。文章已满行人耳,一度思卿一怆然'"⑥。

---

① 陈友琴:白居易资料汇编[M].北京:中华书局,1986:234.
② 陈友琴:白居易资料汇编[M].北京:中华书局,1986:236.
③ 陈友琴:白居易资料汇编[M].北京:中华书局,1986:11.
④ 陈友琴:白居易资料汇编[M].北京:中华书局,1986:226.
⑤ 陈友琴:白居易资料汇编[M].北京:中华书局,1986:179.
⑥ 陈友琴:白居易资料汇编[M].北京:中华书局,1986:88.

第五章　佳作咀华

耿占春：毁灭、见证与救赎——读程韬光的《诗圣杜甫》

陈道雷：把笑的种子种在每个人的收底——李广田《笑的种子》评析

张爽：乡土小说生生不息——路遥的《人生》和黄佩华的《生生长流》的『母题』共性分析

毁灭、见证与救赎
——读程韬光的《诗圣杜甫》①

耿占春②

作为一个伟大的诗人,杜甫对中国文化乃至人们的思想情感影响深远。然而,长期以来,这个关注国运与民生的诗人一直滞留在由极少数人组成的圈子里被研究、被注释、被批评,很少有人让他回归到大众视野中来。即使进入"五四"以后,这种状况也没有得到根本的改变。傅东华的《李白与杜甫》(1927),冯至的《杜甫传》(1952),郭沫若的《李白与杜甫》(1971),如此等等,都是把杜甫作为学术研究的对象,而不曾把他还原为一个活生生的人。

最早有意改变这种状况的应该是闻一多。从1925年开始,他就以"'思其高曾,愿睹其景'的苦衷"为杜甫画像,并于1928年发表了部分成果,即《杜甫》。在该文的引言中,闻一多写道:"数千年来的祖宗,我们听见过他们的名字,他们生平的梗概,我们仿佛也知道一点,但是他们的容貌、声音,他们的性情、思想,他们心灵中的种种隐秘——欢乐和悲哀,神圣的企望,庄严的愤慨,以及可笑亦复可爱的弱点或怪癖……我们全是茫然。我们要追念,追念的对象在哪里?要仰慕,仰慕的目标是什么?要崇拜,向谁施礼?假如我们是肖子肖孙,我们该怎么样的悲恸,怎样的心焦!"因此,该文在注重史实的基础上致力于摹写这些"茫然",所使用的是极其充满感染力的文学语言。可惜的是,这篇文章并没有写完。1962年,冯至利用为杜甫做传的相关材料写了一个短篇小说《白发生黑丝》,用文学语言描述了杜甫与苏

---

① 本文系河南文艺出版社2010年11月出版的程韬光的长篇小说《诗圣杜甫》的序二,有删改。
② 耿占春:河南大学特聘教授,博士生导师。

涣交往的故事。这篇小说曾作为附录出现在《杜甫传》里,后来考虑到体例不合,作者又把它删去了。用冯至的话说,"传记尊重事实,小说依靠想象",这是两种不同的语言和笔法。从闻一多和冯至的创作中不难看出将杜甫"文学化"的难度。正是在这种情况下,韬光先生出场了。这个文学挚爱者不畏艰难,秉着对大唐诗人的无限敬意,立志将唐代三大诗人李白、杜甫和白居易变成小说的主人公,并尽可能在历史语境和日常生活的氛围里塑造出血肉丰满的诗人形象。

与前人相比,《诗圣杜甫》这部著作突出体现了对历史人物进行"文学化"叙事的魅力。闻一多和冯至都谈到过杜甫史料的贫乏,闻一多的《杜甫》篇幅较短可能与此有关;冯至在《杜甫传》的"前记"里说:"作者写这部传记,力求每句话都有它的根据,不违背历史。由于史料的缺乏,空白的地方只好任它空白,不敢用个人的想象加以渲染。"由此可见《杜甫传》对历史的忠实程度。而《诗圣杜甫》的突破正是从这个地方开始,它既忠实于历史、尊重事实,又依靠想象,在不违背史实的情况下加以虚构。因此,韬光先生的《诗圣杜甫》既是关于杜甫的文学传记,又是一部包含着虚构因素的历史小说,意义不言而喻。

文学叙事意味着一种被阅读活动与书写传统所授权的想象与虚构的权威,只有借助文学的想象力,才能对个人与人类社会的历史、对业已消逝的生活世界提供一种独特的认知。《诗圣杜甫》既是杜甫的文学性传记,又是一部历史小说。对于历史小说而言,最容易出现的问题是历史人物的"文学化"程度不够,使作品成为历史与虚构的大杂烩。因此,优秀的历史小说家必须解决的首要问题是将历史充分"文学化",或者说使文学完全统贯历史,将历史的真实纳入一个人的命运、他与外界的接触、他的需求和与他人的交往,以及由此产生的内心感受当中,从而使历史事件无一不在文学的框架和虚构的氛围里展开。从总体上看,《诗圣杜甫》基本做到了这一点,用文学想象力承载历史真实,用个人的生活史容纳历史与时代全景。全书以杜甫的出生、漫游、求仕、流亡和死亡为线索,将他一生的踪迹和时代遭遇融为一体,突出了个人与时代之间的张力关系:个人的命运明显受制于时代,个人的行动(包括言论和创作)又会对时代施加微弱的影响,从而在个人与时代之间形成互动关系。而对于杜甫,这种关系又是个人与社会、诗歌与权力、行动与感受、诗与史之间多重互动关系的一个呈现。

与《诗圣杜甫》丰富的社会历史内涵相应,作家在著述中倾向于追求一种百科全书式的写作风格。书中涉及大量的历史事件、地方掌故、宗教民俗、医疗饮食、书画音乐等方面的知识以及诗歌作品。《诗圣杜甫》有宏大叙事,也有微末之事的叙述。历史事变与社会生活构建了所叙之事之宏大,如安史之乱前后的唐代社会及其边境战况;个人生活的具体境遇需要日常的细小之事的叙述,小到日常事务、言谈举止、宴饮与食物的细致描写。在宏大叙事的参照之下是微小叙事的魅力。在这些方面,譬如杜甫与姑母打枣子时关于枣子的食用价值的谈论,也有如杜甫在江南漫游时所聆听的鉴真论医道那样极其精辟的专业洞察。《诗圣杜甫》的百科全书性质实属作者广阔修养的自然流露。

在《诗圣杜甫》中,无论是宏大叙事还是日常生活的叙事,大都被有效地文学化了,尽管有些环节文学化的程度不够充分,特别是某些历史事件与诗歌作品这两个方面。在作品中,历史事件或出自人物的亲历,或出自相关人物的转述,特别是书中对"安史之乱"前后杜甫本人遭遇的描写,极大地增强了作品的真实性和文学性。有时借助人物的目光和内心世界的主观叙述,有时则是作者使用第三人称的叙述。但也有个别事件明显只是出自作者本人的叙述,没有被充分文学化,反而具有一种可以进行考据的、学术性的叙事方式。第二十六章杜甫回味一路从朝廷所在的凤翔到家小所在的鄜州羌村的历程,作家致力于描写诗人"从君王身边走向人民中间,杜甫如同从山顶走到谷底",作家的叙述则大胆使用了学术性的话语:

> "会当凌绝顶,一览众山小"的杜甫,"忧端齐终南,澒洞不可掇"的杜甫,就着一豆灯光,怀揣着自己无法解决、无法回避、无力回答的矛盾纠结,凝聚着杜甫与国家、人民休戚与共的深厚感情,"肝肠如火,涕泪横流",以"奉儒守官"的思想修养和"别裁伪体"的方式,以《北征》为题,痛定思痛,写下"上关庙谟,下具家乘""博大精深、沉郁顿挫""具一代兴亡,与《风》《雅》《颂》相表里"的政治陈情表……
>
> 呜呼!盛唐诗人力破齐梁以来宫体之桎梏,杜甫此篇结合时事,加入议论,冲破旧诗藩篱,通诗与散文合一,波澜壮阔,前所未见,为后人以"笔"代"文"者开其先声。

这样一些叙事话语出现在小说中是比较罕见的,但却为理解杜甫这样的一个人物提供了一个必需的智性层面。与之同时,《诗圣杜甫》也涉及杜甫诗歌的"文学化"问题。杜诗既是历史事件的见证,是他内心感情的凝结,也是诗人生活遭际的记录。当作家把杜甫的诗歌放在特定的语境中展示出来时,他赋予了杜甫诗歌一个解读的语境,让我们在特定的历史、社会及杜甫个人的经验语境中解读这些诗歌。这样一种将诗歌嵌入叙事的做法具有文学叙事上的独创性,它不仅本身就属于文学,而且能起到与小说互相激发的感人效果。而且,作家有时在引用诗歌后往往进一步加以解释或评点,甚至引用古人的相关评语,似乎游离或暂时停滞了小说的叙事进度。从表面来看,这种非文学化倾向是作家受了杜甫诗歌学术研究传统的影响;从内在来看,这也和小说叙事的人称有关,作家本人并非小说中的一个角色,这时他却不自觉地扮演成了一个注释者和一个评说者,强行进入小说当中,致使作品出现了一种学术品格。与此相应的是,尽管这部作品全书采用的是第三人称,但由于作家对杜甫充满了理解的同情,有些地方直接书写了杜甫的心理活动,从而使它部分地获得了复合效果。也就是说,本书的人称可以视为第三人称与第一人称的融合体,这在一定程度上体现了作家充分理解主人公的努力。

与作家已经出版的《太白醉剑》一样,《诗圣杜甫》采用的写法依然是读者可以接受的"浅近文言",并且采用了章回体形式,全书显得古风浓郁、笔力深厚。推行白话文已百余年的今天,重新运用文言写作并非"复古",而是一种相当现代的行为,它在一定程度上刺激或恢复了当代读者对传统文化的认知感。当然,文言写作的语境如今已经相当稀薄了,运用这种语言再写出杰作的可能性比较小。但在白话语境中,它的偶然出现也不失为一种特色。事实上,作者用文言写作的初衷并不在于文体意识,而是因为他写的是古代诗人,用文言更能显示话语的真实性。同时,为了与主人公的话语以及书中的诗歌保持语境与风格的一致,作家的叙述也采用了"浅近文言",不少语句短小精悍,甚至连续出现一些四字句,使作品看上去显得异常凝练。

历史人物的"文学化"是《诗圣杜甫》的成功之处,而这部小说的学术品质则是它的一个实验性特点。《诗圣杜甫》作为第一部详尽描写杜甫生平与杜甫诗歌写作全部历程的历史小说,作家致力于写出诗人杜甫的实体感与复杂性,写出其诗歌精神的深度,并把杜甫放在一个从繁盛转向严重的社会灾难的时代进程中加以塑造,写出了杜甫对国君、对权贵、对贤臣、对民众、对叛军、对异族、对亲友、对自身以及对族人的复杂态度。这有助于一个全面而真实的杜甫形象走向大众,也让更多的人得以深入了解杜甫的伟大人格,领略杜诗的深远魅力。

对人们来说,杜甫的确是一个比较熟悉的"伟大诗人"的形象。然而,《诗圣杜甫》融历史材料与文学想象力于一体,它所呈现的不再是教科书里的杜甫,也不单纯是学者眼中的杜甫,而是文学家笔下的杜甫。这个形象初看之下并不伟大,相反,他显得那样令人心酸。他的仕途被奸佞所误,令人叹服的才能被"野无遗贤"的阿谀之词所遮蔽。虽然杜甫怀抱着有些迂腐的"致君尧舜上,再使风俗淳"的政治理想,但他长期被排斥于官府之外。他的政治理想很难在他所处的现实政治环境中寻找到实践的空间。即使介入幕府生涯之后,他也因性情的耿介与悲天悯人的诗人情怀而不适应现实的官场,遭到贬职甚至自身难保。在第三十二章中,作者写到严武治蜀期间曾邀杜甫进入幕府,起初杜甫并不情愿,他觉得做官与自己的个性不符;事实上在其任职之后,他也没有太大的作为,而且时常感到来自同僚的排挤和压力。作者在描写了杜甫与严武的亲密关系之时,也揭示了他们之间的隔膜和冲突。在第三十六章中,甚至出现了杜甫险些被严武杀害的情节。这表明真实是错综复杂的,是多维的融合。与学术著作相比,文学作品往往能更全面地呈现出隐秘的真实。

除了杜甫人生中的流亡、避难经历,以及已成杜甫生活常态的疾病与饥饿之外,韬光先生所描写的杜甫短暂的幕府生活,也没有忘记杜甫在人格上所饱尝着的屈辱与痛苦,那些使君、县令之流只知杜甫通诗文、通药理,用到他时只不过肥肉大酒相邀,酒肉之外,却并无对杜甫的理解与情谊。杜甫常常在他们设宴迎送的时候陪居末座,不得不写下陪宴和送别的诗,被迫感受着伤心与侮辱,他不会如同长安十年时期那样自称"贱子",在诗题中使"陪"字如此不堪地醒目。杜甫不是《太白醉剑》中李白那种"仰天大笑"的形象,他小心谨慎地应付着,末座陪酒赋诗,只为自身和家人免于冻馁,或获得些许资费,对这一心怀天下苍生的诗人来说,其中饱含着无限的辛酸。如韬光先生在第三十四回中所写:"想起自己于梓州为得活命,虚意应酬,违心迎合此地官吏,心中无限辛酸,悲沁骨髓。"这也是三十四回所引杜甫在《将适吴楚留别章使君留后兼幕府诸公得柳字》一诗的沉痛自诉:

> 我来入蜀门,岁月亦已久。岂惟长儿童?自觉老成丑。
> 长恐性坦率,失身为杯酒。近辞痛饮徒,折节万夫后。
> 昔如纵壑鱼,今如丧家狗……

这样不堪的个人书写,与那个书写着时代史诗的诗人为同一人。杜甫的伟大不只是由那些书写时代画卷的伟大诗篇所成就,也由这样的个人书写所成就。如"同谷七歌"的开篇所写——

> 有客有客字子美,白头乱发垂过耳。
> 岁拾橡栗随狙公,天寒日暮山谷里。
> 中原无书归不得,手脚冻皴皮肉死。
> 呜呼一歌兮歌已哀,悲风为我从天来!

如果说杜甫的"三吏""三别"及其《兵车行》《哀江头》《春望》构成了对社会与时代的批判,杜甫个人自诉的诗歌则构成了深深的自我省思。这是一个受难的儒者和充满罪疚感的诗人形象。二者体现了杜甫道德精神的内外两个层面。

统治阶级向来只愿意把诗人视为它的清客或帮闲文人,视为权力的一种虚伪点缀,难以容忍诗人和诗歌成为民众的声音,成为兴观群怨的率直表达。否则,他就会失去权力的庇护,陷于饥寒冻馁之命运,甚或遭遇迫害与放逐。杜甫悲剧性的伟大在于,尽管他能够洞悉这一切,他也不曾采取任何一种逃避方式。对国运之不幸的关心,对处于离乱灾变之中的民众的深切同情,构成了杜甫个人生涯与诗歌的核心内容。生活在一个繁华被毁灭的时代,杜甫的一生是沉重的甚至是悲惨的,早在"安史之乱"爆发之前,杜甫就已洞察到盛世之下社会内部的重重危机。当战火燃起,无限繁华化为灰烬,而人只不过是被毁灭的脆弱生灵。他看到了危机,亲历了灾变,但却无力改变;后来,他的归路被战火阻隔,最终在无尽的漂泊中客死异乡。是的,诗歌不能阻止权力、暴力与野心对生命的伤害,但却能够为一个民族铸造出一颗良心。

一个时代总是把它最深刻的印记打在那些身处边缘的人物身上。杜甫不仅见证了时代,他的动荡、毁灭、灾难与整个社会的苦难,也见证了在这个世界里一个诗人的屈辱与自我拯救。在这里,时代与个人、历史与诗歌之间的张力得到了高度的体现。这些屈辱生涯的摹写没有使杜甫失去自身的伟大与光辉,相反,杜甫提供了另一种新型的人格,那不是虚幻的诗人的高蹈与逃逸,不是幻想中的自我神化与仙化,而是严酷现实中真实的个人境遇。他就是这样一个人,将自身的屈辱与失败转化为一种道德感知的源泉,凝练成一个饱受创伤的社会与民族的良知的最终表达。

正如《诗圣杜甫》第二十九章写杜甫于秦州的生活及他的一批咏物诗里所描写

的,杜甫将其积年生活感受委婉道出:《萤火》写萤虫光亮细微,本无实才,却敢靠近太阳飞舞,实为讽刺宦官李辅国无德无才却把持朝政;《蒹葭》写秋天芦苇身遭摧折之状,借以寓身世之叹;《苦竹》写身居山野、自强不息之苦竹,借以赞美君子的避世情操;《废畦》写秋末田畦萧条冷落,叹息人生的始盛终衰……《空囊》一诗则道其秦州后期生活景况:

> 翠柏苦犹食,明霞高可餐。世人共卤莽,吾道属艰难。
> 不爨井晨冻,无衣床夜寒。囊空恐羞涩,留得一钱看。

事实上,杜甫的一生大多数时间里过着一种"朝扣富儿门,暮随肥马尘。残杯与冷炙,到处潜悲辛"的寒酸生活。在这样一个毁灭性的时代里,杜甫虽然饱受创伤与屈辱,却并没有被毁灭。"世人共卤莽,吾道属艰难",面对毁灭性的社会动荡、面对权力的腐败与社会道德感受力的溃败,在一个毁灭诗歌的时代,饥饿与贫病的杜甫仍然在以诗歌的形式馈赠着世界,而且一直到他生命的最后时刻。杜甫由于仕进的失败而认识到了政治集团的腐败,由于自身的饥寒疾病而切身感受到众生的苦痛。这正是杜甫的经历与诗歌所具有的神圣性:他从来都不是一个置身事外的单纯的观察者,杜甫深切地感受到了时代的一切苦难与不幸:在灾荒年月,杜甫的身影出现在从太仓领米的饥民队列里,在长达八年的安史之乱中,我们看见大唐最伟大的诗人混杂在流亡的人群里,他不幸又天命般地分担并体会着一切流亡者、一切无家可归者的悲惨命运。这种生活伴随着杜甫的一生,直至其晚年,他依然在如此据实论述他的"逃难"生涯:"五十白头翁,南北逃世难。疏布缠枯骨,奔走苦不暖……"

在杜甫的经历及诗歌中,可以体悟他对"吾道"的执着,除了上面所引《空囊》诗中的"世人共卤莽,吾道属艰难"的感慨,还有诸如《秦州杂诗》诗中的"万方声一概,吾道竟何之"的疑虑,《积草岭》诗中"旅泊吾道穷,衰年岁时倦"、《三川观水涨二十韵》诗中"浮生有荡汩,吾道正羁束"的叹息,《屏迹三首》诗中"用拙存吾道,幽居近物情"的发明,《发秦州》诗中"大哉乾坤内,吾道长悠悠"的彰显。"吾道"是杜甫思想的核心。他的"吾道"是社会的"男谷女丝行复歌",是他所期盼的"安得广厦千万间,大庇天下寒士俱欢颜",即使他的"茅屋为秋风所破",他也"吾庐独破受冻死亦足"。但杜甫坎坷一生,其社会伦理与政治理想或"吾道"终成为一道幻影。然而,这种失败感转而成为他诗歌写作的另一种不可磨灭的"吾道",只有他的诗歌承载了"大哉乾坤内,吾道长悠悠"的寄托,而不至于在无道的乱离之世道毁人灭。

从这个角度来说,杜甫用诗篇凝聚了一个时代的良知,从寄希望于明君改造社会到以诗人良知的自觉,从被动地承担社会苦难到自觉其受难所具有的社会伦理意义,《诗圣杜甫》最终通过对杜甫经历的描写锻造出一个时代的良心,并通过其诗歌语言将其呈现。就此而言,《诗圣杜甫》不仅通过一个诗人的生涯展现出一个时代的苦难,而且呈现出一个诗人和其诗歌写作之于一种时代苦难的道德意义与诗学意蕴。可以说,作家所着力塑造的并不是诗人所承受的苦难,而是一个诗人经过他的诗歌写作之道如何超越了那个毁灭了他的时代。一个被毁灭的人如何成就自我,《诗圣杜甫》中的杜甫对此做出了最好的回答。就此而言,杜甫也许是个成功的失败者。他的个人遭际与"吾道"共命运,他的诗歌写作则与"吾道"共存。这或许正是韬光先生对一个诗人(作家)与他的时代之间互动关系的一种回答。

《诗圣杜甫》最感人之处恰恰在于杜甫从充满不幸、苦难与失败感的生涯中通过诗歌使个人获得了新的生命支点:"此身饮罢无归处,独立苍茫自咏诗。"由此,杜甫从一个充满毁灭的时代拯救了自己,也是对一个时代的道德救赎,这一切不是通过科举成功,不是通过仕途抱负,而恰恰是通过那个时代所忽略的方式——通过诗歌和语言进行救赎。杜甫不仅由此奠定了自身诗圣的地位,更重要的是确立了诗歌本身在一个民族的历史与文化中的神圣地位,在正统的"道"日渐隐晦式微之时,以蕴含着个人情感的诗歌写作激发了悠悠"吾道"。

作为大唐诗人三部曲的第二部,杜甫的形象与李白构成了醒目的反差。如果说《太白醉剑》接近或突出了李白经历的传奇性的话,《诗圣杜甫》则"还原历史"般地呈现了杜甫的经历及其所置身其中的广阔社会图景,具有杜甫诗歌本身所突出的史诗性。如果说韬光先生所塑造的李白及其诗歌历程是一部个人情感的传奇,他所书写的杜甫就是一部道德受难的社会史诗。杜甫之所以成为"诗圣",不只是因为他的诗歌修辞功力深厚或者格律用得好,更重要的是他那种以个人微弱之躯承担社会伦理责任、从不回避现实苦难的人格精神,更在于他将这样一种人格精神融入诗歌自身的传统之中。掩卷之时,留在我们心中的是一代诗圣对人世的那些无尽的感叹:"逢迎少壮非吾道,况乃今朝更被除。""故人何寂寞?今我独凄凉。老去才难尽,秋来兴甚长……"他对自身的身世有着纷繁的诗歌形象的自喻,"乾坤一腐儒""天地一沙鸥"……如今韬光先生则通过这部小说再现了这一感人肺腑的因受难而显得愈发伟大的诗人形象。《诗圣杜甫》所表达的或许正是中国传统文化中的一次罕见的"道成肉身"。杜甫还曾感叹:"百年歌自苦,未见有知音。"而今千载之下,但愿通过韬光先生独具文学魅力的《诗圣杜甫》,有更多的读者成为杜诗的知音。

在为韬光先生祝贺的同时,我也由衷地为广大喜欢和热爱唐诗的读者感到喜悦。毕竟,千年以降,以洋洋两百万浅近文言来描述代表中华民族文明和中华民族象征的"诗仙""诗圣""诗魔"的文学作品是罕见的,它不仅需要作家有丰厚的生活阅历,更要求作家至少是一个唐诗和唐史的专家。韬光先生所成功创作的大唐诗人三部曲《太白醉剑》《诗圣杜甫》《长安居易》,必将随着时光的变迁而得到更多读者的青睐和厚爱。

把笑的种子种在每个人的心底
——李广田《笑的种子》赏析[①]

陈道雷[②]

摘要：绝大多数经典现代诗不仅具有建筑美、绘画美和音乐美，亦饱含童心、真心和诚心。"诗如其人，人如其文"的李广田所做《笑的种子》一诗无愧为具备"三美三心"的典范之作。"三美"的气韵和"三心"的热切则是通过一粒粒语言细胞、一个个意向系统来完成的。

关键词：笑的种子；朴素恬淡；意象；结构；语言

笑的种子

把一粒笑的种子
深深地种在心底，
纵是块忧郁的土地，
也滋长了这一粒种子。
笑的种子发了芽，
笑的种子又开了花，
花开在颤着的树叶里，
也开在道旁的浅草里。

[①] 本文为2020年重庆市教育委员会人文社会科学研究规划项目"高职院校中华经典'四诵四写四讲'文化协同育人体系创新研究"（项目编号：20SKGH360）成果，主持人陈道雷。

[②] 陈道雷：重庆电讯职业学院语言文学系讲师，语言文学系副主任。

尖塔的十字架上
开着笑的花，
飘在天空的白云里
也开着笑的花。
播种者现在何所呢，
那个流浪的小孩子？
永记得你那偶然的笑，
虽然不知道你的名字。

一、诗如其人溢泥香

李广田(1906—1968)，散文家。号洗岑，笔名黎地、曦晨等，山东邹平小杨家村人。他出生于王姓的农家，因家境贫寒，从小过继给舅父，遂改姓李。早年因传播进步书报被捕入狱，因支持反封建斗争流落各地。1929年考入北京大学外语系，次年开始发表诗文。他把自己的诗结集为《行云集》，与卞之琳的《数行集》、何其芳的《燕泥集》合为《汉园集》，于1936年出版。三人也因此被人称为"汉园三诗人"。在"汉园三诗人"中，卞之琳的诗淡泊，何其芳的诗绚丽，而李广田的诗则更显浑厚。李广田还于1957—1959年任云南大学校长，引领云南大学物理系、生物系蓬勃发展，在全国名列前茅。

李广田是一个淳朴正直的北方男儿，诗如其人，他的诗篇也飘荡着质朴和真诚的芬芳，就像一株素素淡淡的野花，没有雍容之态，也无艳丽之色，却充满着醇厚的泥土之香。其诗不事雕琢，而以朴素、恬淡、坦率、诚恳构成诗歌的灵魂。李广田的诗歌的想象力稍逊于何其芳、卞之琳的诗歌，诗作格式略显松散，不够精练，但它的价值仍然不可忽视。其诗不仅为现代诗派开创了一个新的艺术品种，更重要的是它以其诗艺新质的开拓，实现了对传统田园诗温柔敦厚、闲适空灵风格的创造性的背离。[①] 李广田的早期诗作表现出内涵忧郁、情调朦胧的灰色情思，进而触摸到了乡土那古朴而悲凉、美丽又忧伤的灵魂内核，正可谓"人之子，秋的味"，立足乡土向传统文学乃至西方文学空间做开放的吸收，但此时他尚未形成自己的风格；中期诗作以20世纪年代诗歌创作为基础和前提，开始重意象、暗示、象征，形成了以间接抒情为主的情思言说方式，在广泛利用中外诗歌艺术资源的基础上加以浑融、整合、创造，形成了自己的鲜明特色[②]，诗作风格由稚嫩走向成熟；后期诗作正如前期诗作从泥土中来一样，李广田又回到了泥土中去，此时回归"看山还是山"的意

---

① 祝晓耘."地之子"的深情与质朴清新的审美品质——评现代派诗人李广田及其早期诗歌[J].青海民族学院学报(社会科学版),2000(4):101-105.
② 秦林芳.论李广田三十年代的诗歌创作[J].中国现代文学研究丛刊,2001(4):14-27.

境——质朴、醇厚。坚持文学创作与文学理论研究并重的他，文学批评也独具品格：理论与审美并重，深刻与美感同在，平而不平，淡而不淡，平实中藏有批评家自我目光的深邃与独到，并传达出其睿智深刻的文学见解和独到的人生感悟。

二、人如其文蕴诗心

李广田不仅诗如其人，而且"文如其人，人如其文"。接下来，我们通过《笑的种子》赏其诗、品其人。

标题中的"种子"既是意象，也是此诗的诗眼，它蕴含着生长、希望、未来、收获的意思，给读者留下多维诠释空间。"笑的种子"可当作童诗，让孩子在诗意的花园里随意嬉戏；"笑的种子"也可在成年人生活废墟的土壤上生根、发芽、成长，甚至结出硕果；"笑的种子"亦可作为返老还童的长者的生命意蕴，供人把玩品味；当然，它也可以是擦肩而过的爱情之花，令人心灵温润可亲。"笑的种子"凝结过去，涵养当下，托付未来。如美学家朱光潜所言："文艺对于人生必须有彻底的了解与同情，把这了解与同情渗透到读者的心里，使他们避免狭隘与自私所必有的恶果；同时，它让心灵得到自由活动，情感得到健康的宣泄和怡养，精神得到完美的寄托场所，超脱现实世界所难免的秽浊而徜徉于纯洁高尚的意象世界，知道人生永远有更值得努力追求的东西在前面。""艺术之为艺术，并不在所用的材料如何，而在取生糙的自然在情感与想象的炉火里熔炼一番，再雕琢成为一种自然的意象世界。"①这儿，"笑的种子"就是诗人取生糙的、原野的"种子"，在情感与想象的炉火里熔炼、雕琢出来的意象世界，它让我们的心灵、情感与精神超脱现实世界而徜徉于这纯洁高尚的意象世界，可谓"美美与共"。

诗歌的建筑美主要通过诗歌的结构来体现。诗人要建高楼大厦还是庄园别墅，寺庙道观还是故宫白宫，抑或野外木屋等，由诗人的审美趣味、写作题材以及要表达的思想情感共同决定。建筑风格或整齐单一明朗，或雕梁画栋，或金碧辉煌，或复归自然甚至茅草棚屋。在外在形式与结构上，此诗一共四节，首先交代这粒笑的种子与诗人生活、情感的关联性，"深深地种在心底""纵是块忧郁的土地"也滋长了它。紧接着，诗人的情感在两组对比中进一步生长、绽放，写笑的种子发了芽、开了花，不仅开在"颤着的树叶里"，开在"道旁的浅草里"，还开在"尖塔的十字架上"，开在"飘在天空的白云里"。前者于自然深处开得率性朴素，徐徐铺开、娓娓道来，平常而不平凡，微妙而不微弱；后者在人所栖居的场所笑着开，开得清晰恬静，让十字架有了爱，使天空动了情。中间两节紧扣标题、升华主题，诗人的视野由低到高、动静互映、刚柔和合，构成一幅自然与人文和谐交融的优美画面。至此，诗意的芳魂浸染读者的心灵，飘在读者脑海的上空，这粒笑的种子也在我们或柔软、或坚硬

---

① 朱光潜.谈文学[M].上海：华东师范大学出版社，2018：29，30.

的机体里扎下根、发了芽,在我们的面前、在我们的生活里、在我们的梦中开了花,或淡雅、或清香、或扑朔迷离、或倍感欣慰。结尾,诗人方交代播种者原来是一个连诗人自己也不知道名字的、偶然间散发出笑声的流浪的小孩子,说不一定此时此刻小孩子仍旧在流浪。为什么流浪?是因为家庭原因,因为战争,还是因为人间的悲凉,我们不得而知。但是,笑的种子却种在了诗人内心的田园,种在了诗人情感的家园,种在了诗集里,种在了读过此诗的人的内心深处,种在了广袤无垠的中国大地上的每一个角落里,开着花,开着笑的花……

语言,是诗之树的土壤和根系、诗之体的心脏和血脉、诗之乐的音符和旋律、诗之舞的灵魂和线条,是诗歌在蓝天下做的梦,是诗人和诗约会的意境。诗歌的思想与情感在语言和语言"谈情说爱"的过程中生成,诗歌的意境与美感在句子和句子"约会"的"夜下"婉约散发。有的诗人对语言进行雕刻,塑成罗丹的《思想者》《米洛斯的维纳斯》;有的诗人对语言进行描绘,绘成凡·高的《向日葵》《星空》、达·芬奇的《蒙娜丽莎》;有的诗人把语言弹奏成了《高山流水》、贝多芬的《第九交响乐》;有的诗人则让语言随伊莎多拉·邓肯的生命之舞尽情跳跃、恣意徜徉。正如帕斯《诗人的墓志铭》一诗所言:"他要歌唱,为了忘却/真正生活的虚伪,为了记住/虚伪生活的真实。"①

此诗,"笑的种子"四字蕴含着蓬勃向上的生命力与朴素无华的淡淡的温情。种子,是过去的结晶,也是未来的伏笔与寄托,它是大地唯一的孩子,身披着暮霭与寒霜,歌唱着雨露与阳光,有的飘在空中,有的游于水里,有的深埋于黑夜的土层。笑,把有历史感、厚重感、责任感、忏悔感、忙碌与不安感、烦躁与空虚感的生活场景还原为一个点,似乎又建立了万事万物命运同体、气息共感的微妙关系,它能刷白黑的墙、冲走污的垢、点缀牛粪与钢铁。第一节中,首句"一粒"一词,展示了种子何其渺小柔微,简直就是沧海一粟,仍然"深深地种在心底",可见诗人对种子的重视和在意。"深深""心底"是诗人情的付出、心的留意、心动的第一表现。"忧郁的土地""也滋长了"说明诗人对种子的寄意,哪怕土地带着不好的"情绪","是块忧郁的土地",也要滋润、滋养,促使这粒笑的种子生长。一方面,展示了"笑的种子"具有生命的活力,不畏艰险、不惧风霜、迎难而上;另一方面,表明诗人和我们一样,生活旅程并不一定一帆风顺、欣欣向荣,可是"笑的种子"依然能逆风生长。当然,也可以解读为土地对种子无功利的自然接受与容纳。第二节,"笑的种子"发了芽、开了花,不仅开在"颤着的树叶里",也开在"道旁的浅草里",则表明"笑的种子"的适应性、接受性与给予性,适应、接纳陌生的环境,无论高贵或低微,不管昂头或颔首,以它的生命之花给予它能够给予的一切。第三节是对第二节的升华与拓展,"十字架上""白云里"皆开着笑的花,这两个词暗示,无论你是虔诚的苦行僧式的宗教信徒,或自由自在的身无分文的流浪汉,这"笑的种子"长大后开着的笑的花,都能浸润你

---

① [墨]奥克塔维奥·帕斯.帕斯选集(上卷)[M].赵振江,等编译.北京:作家出版社,2006:14.

钢铁般坚韧的心,都能给你死寂的心灵带来一缕缕独有的清香。因为这一粒"笑的种子",开着的笑的花,是自然质朴的,是清水出芙蓉、天然去雕饰、没有任何标签的,更没有功名利禄和炫耀虚张的成分在里面。播种者原来是个流浪的孩子?"何所"意指诗人希望他有自己的根、自己的家园,哪怕他只给诗人偶然的笑,是连名字也不知道的一个小孩子,但是一粒"笑的种子",开着笑的花,开在本该"诗意栖居的大地上"。

三、结语

《笑的种子》一诗用简洁明快的语言、简单凝练的意象,表达简易平实的情感,用语平淡而不平凡,句与句之间好似笑的种子正在发芽、正在开花,对比抒写中有温情弥漫的亲近感和自然随性的熟悉感,诗歌最后一节又表达了一种悠远惦念的牵引感和恬静温柔的陌生感。整首诗飘荡着质朴的气息和泥土的芬芳,诗风朴素、恬淡,浅声微吟中包含着一种感伤的韵味,同时又不乏醇厚的品质。①

---

① 明月生.精美诗歌[M].北京:中国华侨出版社,2013:60.

乡土小说生生不息
——路遥的《人生》和黄佩华的《生生长流》的"母题"共性分析

张爽①

摘要：乡土小说并不是仅仅只有乡土气息，它带着泥土的芬芳，平淡中有真味，路遥和黄佩华的乡土小说中包含的"苦难""才子佳人""师徒情谊""回归"等母题，能够引起不同生活背景的读者的情感共鸣。本文试图分析两部乡土小说在母题上的共性部分，这种共性呼应了读者深层的精神需求，也是历代小说中反复出现的母题。它是作家向自己的故乡、童年等寻找素材支持写作的明智之举，因其返璞归真，所以更能挖掘出可以引起读者共鸣的精神力量，这也让我们对当代乡土小说的创作充满信心和期待。

关键词：路遥；黄佩华；主题；母题；乡土小说

乡土文学的阐述最初来源于鲁迅，它是指自19世纪20年代开始，一批年轻作家受到鲁迅的影响，以农村生活为题材，以农民疾苦为主要内容，形成所谓的乡土文学。在一些乡土文学作品中，鲁迅的乡土文学作品中对故乡绍兴的描述，以揭露封建的愚昧和宗法的冷酷为主，作者笔法冷峻而深刻，显示了较强的批判现实主义风格。沈从文的乡土文学作品中则是对湘西充满眷恋的回望，为我们展现了那里的人情美、人性美，通过对城乡之间人们的生活状态、精神面貌的对比，赞美了翠翠等人善良、坚韧的性格，并借此提出重塑国民性格。不同于鲁迅冷峻而深刻的批

---

① 张爽：湖北幼儿师范高等专科学校讲师。

判,也不同于沈从文近乎神性的缅怀,随着改革开放的到来,人们的思想得到了很大的解放,从这个阶段开始,作家作品中关于启蒙和救亡等宏大主题的内容有所减少,作家们开始热衷于向传统文化寻找创作资源,或者开始在作品中重新关注人性,思索人的主体性精神。

路遥的《人生》创作于1981年,黄佩华的《生生长流》创作于2002年,前者立足于陕北黄土高原城乡交叉地带,后者立足于桂西北红河流域,二人都是有着鲜明地域色彩的作家,文字质朴但又蕴含着强烈的感情。路遥的《人生》影响着一代又一代的年轻人,小说同名电影也斩获中国电影金鸡奖等奖项。黄佩华的《生生长流》被称为"南方的《白鹿原》",《生生长流》通过书中八个主要人物反映了在时代的风云变幻中农氏家族百年的兴衰史,表现了在时代变迁中这个独特地域中的人们的精神面貌,刻画了民族性格,展现了民族精神。《人生》和《生生长流》同为当代畅销乡土小说,纵然时光流转、社会发展巨变,但在一代又一代读者心中,它们依然具有跨时空意义。本文试图分析两部乡土小说中在母题上共性的部分,这种共性不谋而合,呼应了读者深层的精神需求,也是历代小说中反复出现的母题。

母题是指在神话和文学中反复出现的一种人类精神现象,与原型类似。母题表现了社会群体的集体意识,并常常成为一个社会群体的文化标识,以类型化的结构或程式化的言说形态,反复出现于不同的文本之中。与母题有关的故事因起源并扎根于广袤的大地,其故事反映了人们普遍的情感,因此具有较好的群众基础,路遥和黄佩华的小说与"母题"有关的故事并不复杂却直击生活的内核,一如元好问的诗句"一语天然万古新,豪华落尽见真淳"。

一、"苦难"的母题

人物历经磨难的过程构成了作品的主要内容,如《西游记》的故事就是师徒历经九九八十一难取得真经的过程。"苦难"是很多中外小说中反复出现的一种精神现象,反映了人们为了更好地生存而与自然和社会所进行的不屈抗争的现实,这种"苦难"暗合了在远古时期人们就有的集体无意识,所以特别符合读者的审美心理需求。

"小说家的最高目的和最高成就是塑造出足以成为人性与时代之镜像的人物形象。"① 读者在阅读的时候就是和小说中的人物一起感同身受、一起经历的过程,所以小说中的人物经历的跌宕起伏、命运的无常、选择的艰难,尤其是在这个过程中人物对苦难的挣扎,扼住命运的咽喉,使读者能在阅读时经历自己在生活中无法经历的人生、承受无法承受的悲痛、拥有无法拥有的顽强,从而激起读者心灵的震撼,获得心灵的净化,这正是读者希望从作品中所收获的。路遥和黄佩华的这两部

---

① 李建军.被命运之石覆压的蒲公英——论郝红梅[J]. 文艺争鸣,2021(5):140-156.

作品均能带给读者以这样的感受——在对苦难的超越中，昭示了人物所蕴含的精神力量。如高加林对城市生活的向往、农宝田对"法国望远镜"的使用，均说明了二人不甘于平凡、积极追求文明与进步的可贵的心，这本身是符合历史进程、具有进步意义的，而因此受到的迫害或阻碍则是时代造成的悲剧。人物与环境抗争的结局并不仅仅是以悲剧收尾，真正的悲剧是启发人们对未来充满期待——希望随着社会的发展、文明的进步，悲剧不再重演，所以两部作品都具有一种极具震撼心灵的美。

路遥的中篇小说《人生》的主角高加林经历了很多次人生的磨难，第一次是他当了三年高中教师，工作岗位突然被别人霸占，只能回家当农民，干农活不擅长，卖馒头又拉不下脸面，导致他的生活境况跌到了谷底。第二次是他天降好运获得了在城里工作的机会，但他又在爱情和前途的权衡和冲突中做出了错误的选择，为此他不仅最终变得一无所有，回到农村后却发现自己也永远地失去了爱情。此时他终于明白：第一是要珍惜眼前所拥有的人；第二是人可以追求幸福，但不能以伤害身边的人为代价；第三是成功不能走捷径。所以故事的结局虽然令人扼腕叹息，但是却蕴含着最朴素的人生启示。

《生生长流》中的农宝田经历了丧妻之痛，他亲眼看到自己的两位妻子被滚滚的红河水淹没而来不及营救，这悲惨的一幕在他老年时仍然清晰得令人悲伤，但这种悲伤并未阻止他前行，对妻子的怀念是他起伏人生中的一抹亮色，常常令他缅怀。黄佩华还对农家寨捅刀子的杀猪客的生存境遇进行了细致描绘，杀猪客的家境通常不好，一家一户去帮人杀猪，筋疲力尽回了家，却往往连一片肉也没人送过来，这种凄凉和落寞与他们的勤劳能干形成了鲜明的对比。《生生长流》对如杀猪、制作辣椒骨、河水边清洗粽叶、水边洗衣以及为了生计赶鸭子等民俗的细节描绘，让我们看到了人民的智慧，体会到劳动人民生存的不易，不禁感叹他们的生命如蜿蜒的溪流，纵然一路崎岖不平，依然边走边唱，生生不息，汇入红河水，成就了独特的红河文化。这两部作品都写出了命运的无常给人生带来的磨难，然而并不悲观，虽然是悲剧的结局，却能给读者以无尽的力量。

路遥和黄佩华正如时代忠实的记录者，记录着时代加在诸人身上的磨难，以及主人公对命运的不屈服。如《人生》中，我们对高加林的评价也绝不仅仅是责怪他的忘本和野心，他的悲剧让人同情，第一，当时的户籍制度是人与人身份之间无法跨越的沟壑，这更加凸显了父母关系和人脉决定孩子在城里的去留和各种资源的享用等不公平现象。第二，高加林作为文笔好、会乐器、能修理等有诸多优点的优秀青年，却无法得到一个本该属于他的工作，他追求城市文明，想摆脱乡里的愚昧，希望能够一展自身的抱负，但却没有施展的平台和正常的向上晋升的渠道。第三，当他失去工作后，他清醒地认识到和恋人黄亚萍的差距，所以他选择平静地和她分手，他的平静是因为他的懊悔和承担，这时的他清醒得让读者佩服。当他知道之前的恋人巧珍已经嫁人并且还四处求人帮助他时，他一下子扑倒在德顺爷爷的脚下，两只手还紧紧抓着两把黄土。"手抓黄土"是他的思想从以前的困惑到现在变得清晰的标志,也许此时的他才明白自己最应该珍惜的是什么,故事至此戛然而止,但对高加林来说,这一定是一个新的开始……

无独有偶,那些历经苦难而生发的力量,足以令读者的心灵受到长久的震撼。《生生长流》中1957年出生的农才生,为了从县城职员变成省报记者付出了巨大的努力,他和高加林遇到的人生难题相似,也是因为编制和指标问题,历经了各种屈辱,诸如送礼、给画家做模特等,因为没有编制,他在报社分得的福利只能是别人分剩下、不好意思才"恩赐"给他的,他的住处也是在四处"打游击",不是住在办公室,忍受各种噪音和隐私被窥探的尴尬,就是住在老式房子,"楼层之间用厚木板隔着,踏在上面颤颤地,脚步声整幢楼都能听到,卫生间也经常弥漫着浓烈的尿臊味"。最后农才生在办好了自己的编制和老婆的指标后,静静地躺在那里,连站起来的力气都没有,仿佛身体都被掏空了。他经历的艰难和屈辱与高加林如出一辙,但在这个过程中我们看到了友情的可贵以及他的韧性、对爱情的坚守,这些如严寒世界冬夜的微光,让他在单枪匹马与那个异化的社会作战时充满勇气,最后虽筋疲力尽但也终得偿所愿。

二、"才子佳人""师徒情谊"的母题

《人生》中的高加林和巧珍,《生生长流》中农宝田和依月、依达,陈华和农玉秀,都很像"才子佳人"的组合。才子和佳人这一经典母题在我国传统小说中屡见不鲜,如《西厢记》中张生和崔莺莺、《牡丹亭》中柳梦梅和杜丽娘、《聊斋志异》中婴宁和王生等,故事中虽穷困但很有志气的书生在青灯苦读的时候,总会有一个佳人在侧,红袖添香。这些才子大都是穷苦平民出身,拥有满腔的才华和抱负,却处于人生的低谷期。而佳人大都外貌俊俏,社会地位较高,但是却被才子的才气所吸引,于是托付芳心、痴心一片。自古美人配英雄,这符合人们普遍的审美期待,拥有这种情节的小说自然深受读者的喜欢。

《人生》中的巧珍是村里数一数二的俊俏美人,因为父亲的关系在村里拥有较高的社会地位,她接近高加林时,高加林正处于刚失业、精神上有点自暴自弃的时候,但她却对高加林无条件地欣赏,对他生活上知冷知热,天冷了给高加林的床上添褥子,好吃的糕点也不忘从家偷拿出来送给高加林吃,约会时也不忘穿上高加林曾提到的衣服,事业上更是对其完全仰望与支持。当高加林被告发后,失去工作的他回到村里,村里很多人都等着看他的笑话,巧珍却恳求姐姐不要为难高加林,并且亲自去村主任亲戚那里为他求情,让村主任能给高加林一个当老师的工作机会。这真是一个有着金子般珍贵心灵的美丽女子!

《生生长流》中的依月和依达是一对姐妹,她们都嫁给了农宝田,两个人一共为农宝田生了13个儿女,真正长大的有6个。依月和依达两个人都非常勤劳贤惠,

姐妹感情很好，平时互相谦让，从来不争风吃醋，最后依月为救失足落水的依达，两姐妹都被大水吞噬。善良的两姐妹却有着如此悲惨的结局，让人唏嘘感叹。依月、依达和巧珍一样，她们的音容笑貌和道德品质在作品中熠熠生辉，她们是能够引领男主人公的精神支柱，是地域文化的代表，完全满足了读者对配得上才子的佳人的期待。《生生长流》中的姑姑农玉秀，文中对她的外貌有着精彩的描写，如眼睛是"一道特别的射线，专注中含有不可言喻的柔情，纯真而且自然""右嘴角下的一颗痣，后来竟长成了一个撼动许多人心灵的印记"。她凭借自己的刻苦努力，从桂西北农村考上了华南理工大学，面对班级里花花公子的追求，她明确拒绝，学业优异的她选择了志同道合且性格淳朴的陈华。他们经常在图书馆相伴读书，毕业后陈华放弃了留在广州的计划，跟随她回到了她热爱的、想要奉献终身的故乡。那时他们的决定是如此纯粹，但贫困的现实却也直接影响到了他们的新婚生活，为以后的生活埋下了隐患。才子佳人本是天作之合，然而这两部小说中的才子佳人却没有取得大团圆的结局。这种残缺和遗憾，不得不引起读者对人性、对时代的长久的思索。这些美好的女性是地域文化的化身，两位作者对她们的描绘也让我们看到了作者对乡土深深的眷恋之情。

另一个经典母题则是"师徒情谊"。看过《西游记》的人一定对两个场景印象深刻，一个是唐僧在灯影下为孙悟空缝补衣服，还有一个场景是唐僧要赶走孙悟空，孙悟空一声又一声地喊着师父，祈求师父能够原谅它。这种感人的"师徒情谊"让无数人为之动容。

"师徒情谊"胜在以情动人。《生生长流》中古老师对农才立有提携之恩，他慧眼识珠，千里迢迢把其貌不扬的农才立从农村带到他工作的省文化团，为他改编了《壮乡春早》的曲子，并推荐农才立为主奏者。农才立演奏的马骨胡悠扬动听，在音乐中仿佛把观众带到了春天的壮乡田野。演出因此大获成功，他也一举成名。这种师徒情谊纯粹而无私，感动了无数的读者。另一位主人公农才生，因为和罗阳一起合写过文章，罗阳对他惺惺相惜，费尽周折想要把他调到省城报社。尽管这实际已超出了罗阳的能力，罗阳十分讲义气地把自己单独的办公室借给农才生住，甚至不惜和领导翻脸。二人是亦师亦友的关系。在这之前农才生从未想过去省城工作，甚至有一段感情就是因为怕自己万一调不到省城工作而耽搁女方，所以放弃了女方，然而在罗阳的满腔热情下，他开始了艰难的"调动之旅"。小说中罗阳和古老师的无私帮助，不仅感动了农才立和农才生，也感动了读者的心。作品中涌动的高尚的情感无时无刻不在打动读者的内心。

还有《人生》中的德顺爷爷，从某种意义上来说是高加林的导师。看到高加林和巧珍这一对年轻人相恋，他是由衷地高兴。有一次，他与高加林和巧珍一起赶车时，为这对年轻人讲述了自己年轻时候的故事：他年轻的时候忙着做生意，错过了心爱的姑娘灵转，后来姑娘远嫁天津，他最终一辈子未娶，但是"只要活着，就一辈子把她揣在心里"。他是在用这个一生的故事，告诫年轻人要珍惜眼前人。当高加林落魄回乡的时候,德顺爷爷专门在村口等他,安慰他"劳动不可怕""心不能倒",同时也替他难过,"你把一块金子弄丢了"。高加林忏悔地扑倒在德顺爷爷的脚下,喊叫了一声:"我的亲人哪……"两部小说中都包含了"才子佳人""师徒情谊"的母题,人物之间感情真挚,符合读者的审美期待。

三、"回归"的母题

鲁迅的乡土小说中的主人公(读书人)大都经历了离乡、归乡、再离乡这样的过程,年轻的时候他们选择出去读书,偶尔回故乡,但是看到吃人的封建礼教在乡村肆虐,看到普通民众的蒙昧,最后"我"只能匆匆地逃离了故乡,甚至原本对故乡的留恋也最终土崩瓦解。而《人生》和《生生长流》均体现了"回归"这一母题,这两部小说中的主人公对故乡的感情与鲁迅笔下的主人公对故乡的感情完全不同。故乡是这两部小说中人物的精神大本营,也是主人公的精神支撑。

《生生长流》中,姑姑农玉秀在大学毕业时候选择回到她热爱的红河一带;农宝田在去世时,选择安葬在红河里;农氏家族的老兵农兴发(即七公)在老年时,千里迢迢也要从台湾地区回故乡看一眼。"他们离开家乡久了或远了,就会对家乡生出一种特别的怀念和敬仰。"七公说:"我每天都看落日,日头落的地方就是农家寨。我就想,红河还像以前那么红吗?河里还有肥鲤鱼吗?山上还有野兽吗?"文中有一个细节,七公在细雨蒙蒙中下车后,抑制不住内心的激动,只为能折几节故乡的甘蔗啃一啃。七公回故乡,还有一个乡里人都心知肚明但又不忍提起的原因,他是为了看他的未婚妻阿莲,两人因为买布在集市上相识,后来发展成为恋人,这故事的开始,美得像《诗经》里的故事。然而战争无情,二人天各一方,阿莲等待了好久都没有等回七公,最后只能匆匆嫁人。这个故事如同张爱玲的散文《爱》那样凄美动人,"于千万人之中遇见你所遇见的人,于千万年之中,时间的无涯的荒野里,没有早一步,也没有晚一步,刚巧赶上了……"不同的是,《爱》中的姑娘在桃树下见到少年的那一面,是最初一面也是最后一面,但毕竟成了她坎坷人生里的点点微光,使她在以后多次被卖的悲惨人生中得以自我慰藉。而《生生长流》中的阿莲,在晚年的时候竟然幸运地和七公再次相逢了,他们在祖宗牌位前上了三根香,正式结为了夫妻。第二天,七公回台湾地区了。但农家寨里所有的人包括阿莲后来的丈夫以及农氏家族长农宝田都对他们无奈的爱情给予了理解和同情。从这里我们也可以看到当地不同于中原文化的独特的壮族文化,民风是如此的宽容与淳朴,爱情自然而然地发生,没有过多的戒律和束缚,符合人情的即合理的,正如沈从文笔下的湘西风情。对故乡的眷恋、回归的主题在《生生长流》七公的故事中得到了淋漓尽致的体现。

路遥在《人生》中多次提到了大马河,黄佩华也《生生长流》中多次提到红河,大马河和红河都凝结着作者对故乡的深情与回望。《人生》中巧珍第一次送高加林去城里工作时,高加林"望着高家村参差不齐的村舍,望着绿色笼罩了的大马河川道;心里一下涌起无限依恋的感情。他觉得对这生他养他的故乡田地,内心仍然是深深热爱着的"!于是,高加林用手指头抹去眼角的泪水,坚决地转过身,向县城走去。小说结尾处,高加林"两只手紧紧抓着两把黄土,沉痛地呻吟着,喊叫了一声:我的亲人哪"。由此可见,无论是在地理位置上还是精神领域上,故乡情结都贯穿了两部小说中主人公的一生,给予他们滋养和前行的力量。

《人生》《生生不息》这样的乡土小说,虽然小说的背景发生在农村,但是依然不妨碍它们深受读者的喜爱,一方面是因为小说唤起了有类似经历的人们对乡土的回忆,另一方面是乡土小说中包含的"苦难""才子佳人""师徒情谊""回归"等母题,能够引起不同生活背景的读者的情感共鸣。哪怕这些读者从来没有生活在乡村,但因为这些作家的努力,乡土小说在当代依然有着很多的读者,并得以发扬光大,生生长流。

路遥、黄佩华等乡土作家的文学创作,立足于家乡,通过典型的人和事反映出一个时代的风云变幻,再现了地域或民族的风情和文化气质。路遥作品中的故事主要发生在城乡交叉地带,黄佩华的创作领域则延伸到了城市生活。《生生长流》后,黄佩华又创作了《公务员》等主要反映有着乡村背景的人在城市中的工作、生活和爱情的故事。在对黄佩华两部作品进行对比后,从中我们可以看出当代知识分子对故乡的重新审视和思考,是对本民族地域文化的认同。同时,作家通过城乡之间的对比,一方面向我们揭示了城市的腐朽生活造成了现代人生存的异化,另一方面希望重新发现未被现代文明异化的故乡文化,这也许可以改变当今社会光怪陆离的荒诞现象和异化的思想。而现代人在面对感情时所做出的选择也可以看到流淌在他们的血液中故乡的文化对他们的拯救和影响,所以从另一层面来说,作者是带着家乡和民族的使命感来进行写作的。

乡土小说并不是仅仅只有乡土气息,它带着泥土的芬芳,平淡中有真味,它是作家向自己的故乡、童年等寻找素材支持写作的明智之举,因其返璞归真,所以更能挖掘出可以引起读者深层精神共鸣的精神力量。

参考文献

[1] 刘兰萍.一个家族与二十世纪的风云——评黄佩华的长篇小说《生生长流》评论[J].西南农业大学学报(社会科学版),2007(2):138-140.

[2] 路遥.人生[M].北京:北京十月文艺出版社,2012.

[3] 黄佩华.生生长流[M].武汉:长江文艺出版社,2002.

[4] 李建军.被命运之石覆压的蒲公英——论郝红梅[M].文艺争鸣,2021(5):140-156.

[5] 樊星.当代文学与地域文化[M].武汉:华中师范大学出版社,1997.

[6] 欧造杰.桂西北小说的地域文化色彩[J].广西社会科学,2018(1):161-165.

第六章　学术集萃

周赛华：《南北方音》南音的几个问题

叶琼琼　张楠：论戴望舒诗歌"夜"意象的隐喻性

周治南：无为而治思想与生态文化观探源

张震：宋代中国有可能发展出内生型工业革命吗？——从官商关系与地理区位因素中寻找答案

《南北方音》南音的几个问题

周赛华

摘要：文章对《南北方音》中尖团音的分合、南音中杭州音和苏州音的判断、利用反切确定韵类的分合等几个问题进行了初步的探讨。

关键词：南音；《南北方音》；反切

《南北方音》（以下简称《南北》）是清末夏鸾翔所著的一部兼收南北方音的同音类聚文献，根据冯蒸先生考证，成书时间为1863年或1864年。

夏鸾翔（？—1864年），字紫笙，钱塘（今杭州）人，对音韵、天文、卜筮、篆刻等都有所涉猎，尤其精通数学，擅长绘画。曾任詹事府主簿、光禄寺署正等职，晚年应聘为同文馆教习。

《南北》中的北音主要是北京音，南音主要是杭州音和苏州音。书中凡例说："方音之近古者莫如顺天，分别四声阴阳莫如杭州，分别母韵莫如苏州，且所类甚多，所用尤博，故编中以此三种方言为主，间附齐、鲁、晋、楚、皖、越、闽、粤诸方音。"

目前此书的研究主要有：郭力2003年曾在《古汉语研究论稿》一书中引用过一些北音的反切材料；庄莉2013年在《〈南北方音〉南音简介与几个声母问题的讨论》中重点对南音声母部分的几个问题进行了探讨；2013年胡豫洁在《〈南北方音〉北音的入声归调初探》中重点对北音入声的归派做了研究；2015年冯蒸在《〈南北方

[①] 本文为国家社科基金重大招标项目"明代至民国汉语非韵书罕见同音类聚文献的音韵研究及数据库建设"（项目编号：21&ZD297）及国家社会科学基金"清代民国珍稀吴语韵书韵图等文献的音韵研究"（项目编号：20BYY126）的项目成果之一。

[②] 周赛华：湖北大学文学院教授。

音〉评介》中对夏氏的生平事迹、成书时间等做了详细地做了考证,并对书中的南音和北音做了比较详细的介绍;2018年郭曼龄在硕士学位论文《〈南北方音〉语音研究》中对南音和北音做了全面深入的分析。因此目前学界对《南北》的研究已初具规模,成绩显著。尽管如此,但《南北》中还有一些问题有待进一步深入研究,特别是在南音方面的问题。下面略陈几条,希望起到抛砖引玉的作用。

一、尖团音的分合

《南北》中南音的尖团问题,目前有两种观点:①不分尖团,即尖团合流,见庄莉(2013)、冯蒸(2015)文;②分尖团,即尖团对立,见郭曼龄(2018)文。从书中的情况来看,本文赞同分尖团。

1. 从文中凡例的叙说来看

"北音不分'将姜相香枪羌'六母,然北方如直隶之蓟州、山东之济宁州亦能分之。南音方如浙江之湖州府亦不能分也。江苏之淮扬、徐海亦能分也……"

从文中的叙述来看,南音湖州府不能分,言下之意是其他南音(杭州、苏州)能分。

2. 从尖团音字的反切来看

(1)"亲侵骎綅祲○钦衾嶔崟○清青鲭○卿轻倾","右条以圈界之,分为四种。南音第一种第三种皆读妻因切,第二种第四种皆读欺因切。北音第一种第二种皆读欺因切,第三种第四种皆读欺鹰切,音如南音之衾雍切。此条亦是南以母分,北以韵分。"

上述南音分为两类:一三种是清母字,二四种是溪母字。文中说"南以母分",可见南音尖团对立,北音尖团不分。

(2)"基姬饥箕綦其菁畿机几讥矶羁玑機鸡稽嵇淇鏒機曦卟○剂跻齎薺鄌",右条以圈界之,分为上下两种。北音概读今衣切,无区别。南音上一种读今衣切,下一种读津鹥切,北音亦间有分两音者。

上述两种北音(北京)无区别,南音分两种,有区别,即见母和精母在齐齿呼前不同音。

(3)"前钱涎媊潜○乾虔箝黔钤揵○泉全籛○权拳颧蜷踡",右条分四种,南音第一三种皆煎阳平或先阳平……第二种坚阳平……第四种捐阳平……北音第一二种皆顷寒切……第三四种皆区寒切……。①

上述南音分为三类:一三种为从母字;二四种为群母字,因齐撮分为两类。可见南音中从群母在细音前有区别。北音分为两类:一二为一类,三四种为一类,这是因齐撮分为两类,并不是声母不同。

---

① 此条又读较多,为了看得更清楚,省去了一些。另南音全浊音字为清音字阳平,不是浊音清化,是因为浊音不送气,与不送气清音清浊对立。

(4)"虚嘘墟歔吁盱訏呿魖姁欻○胥楈谞须婿繻需鹔",右条以圈界之,分为上下两种。南音上一种读薰迁切;或欣衣切,音希。下一种读心迁切;或心衣切,音西。北音概读薰迁切,无区别。

上述南音分为两类:一为晓母字,二为心母字。可见南音晓心母在撮口呼(或齐齿呼)前有区别。北音无区别。

纵观上述情况,南音在齐撮呼前见组和精组字很明确是对立的,因此分尖团。

但为什么有些学者会认为尖团不分了呢?这跟南音中见组细音字已经腭化,给人容易造成错觉有关。

南音中见组细音字已经腭化,主要有:

可以间接推断。比如前面"亲"条,北音欺莺切,音如南音衾雍切。说明南音"衾"与北音"欺"同母。上文欺字在北音中既是精组字的声母也是见组字的声母,北音尖团合流,因此南音衾已经腭化。又比如"穹焪熆",书中注曰:"南音钦雍切,北音区雍切,南为细音,北为粗音。"根据前面"钦衾"同音,可以推断钦字腭化。另外反切上字"钦"与"区"一为齐齿呼、一为撮口呼,互为粗细音,说明声母是相同的,只是介音不同而已,而北音"区"已经腭化,因此"钦"也应是腭化音。

直接说明南北同音。上述南音见组字反切"欺因切""薰迁切""今衣切",与北音相同。书中凡例说:"是编反切字样,意在取南北同音之字。庶南北人阅之,皆可了然。然其或未能,则注其下曰'从南音、从北音'。"又比如"钧均君军皲",书中注曰:"南北同音居薰切。又南音或读今雍切,或音今。"

二、南音杭州音和苏州音的确定

书中凡例说北音以顺天为主,因此首音是北京音。但南音中以苏州、杭州两地音为主,首音是哪个必须要弄清,否则研究难以深入。根据书中反切的读音和今方音的比较,南音中首音是杭州音,如果苏州音不同于杭州音,则首次又音是苏州音。

(1)"官观冠棺涫○关鳏瘝","南音姑剜切,或上一种姑剜切,下一种姑安切。北音概读姑安切"。

南音上述两组字分为两类,一类"官关"同音,一类"官关"不同音。这两种读音的情况与今杭苏音对应(杭州音见《浙江省语言志》,苏州音见《苏州市方言志》),比如:

	官	观	冠	棺	涫	关	鳏	瘝
杭州	uō	uō	uō	-	-	uō	uō	-
苏州	uø	uø	uø	uø	-	uE	uE	-

(2)"亏窥刲奎魁悝恢睽","南北同音枯威切,又亏字南音或读圈迁切,音区"。

止摄合口三等韵字杭州没有"支微入鱼"的白读音,苏州话少数字存在。

	亏	窥①	刲	奎	魁	悝	恢	联
杭州	kʻuei	kʻuei	-	kʻuei	kʻuei	-	-	-
苏州	tɕʻy/kʻuE	kʻuE	-	kʻuE	kʻuE	-	kʻuE	-

（3）"春皴椿鶞〇村"，"右条以圈界之，分上下两种。南音除皴字读音琛或音侵外，皆读催尊切，无区别。或皆读琛"。

臻摄合口三等韵知章组字和臻摄合口一等韵精组字，杭州读合口呼，而苏州读开口呼。

	春	椿	村	鶞	皴
杭州	ɥəŋ	ɥəŋ	ɥəŋ	-	-
苏州	nə	nə	nə	-	nə

（4）"锥追锥佳雏"，"南音谆威切，北音庄威切。又南音或读臧哀切，音哉"。

止摄合口三等韵知章组字，杭州读合口呼（舌尖圆唇音应是合口呼的变体），苏州读开口呼，与蟹摄开口一等韵字同韵。

	锥	追	锥	佳	雏	哀	哉
杭州	tsɥei	tsɥei	-	-	-	ɛ	tsɛ
苏州	tsE	tsE	-	-	-	E	tsE

（5）"遮"，"南音谆威切，音追；或臧窝切，北音真奢切"。"奢赊"，"南音'奢'字音搜，'赊'字音绥；或俱音簑。北音概读申遮切。"

麻韵开口三等韵章组字，杭州读合口呼，与止摄合口三等韵字同韵，苏州读开口呼，与麻韵二等韵字仍旧同韵。

	遮	奢	赊	威	绥
杭州	ɥei	ɥei	ɥei	uei	uei
苏州	o	o	o	-	-

（6）"沙纱裟髟梁"，南音桑渣切，或桑窝切。北音商渣切。"

麻韵二等韵字，杭州读前低不圆唇舌面元音，苏州读后半高圆唇元音，两者音值不同。

	沙	纱	裟	髟	梁
杭州	a	a	-	-	-
苏州	o	o	o	-	-

---

① 《语言志》"窥"的声母读浊音，文中据《杭州话音档》改为清音。

南音首音与杭州音同、首次又音与苏州音同的例子还很多，文中不俱举。在研究《南北》的时候，根据这种情况，把苏州音和杭州音分离出来，这样会使南音的研究更加精确，为吴语语音史的研究提供更可靠的资料。

三、注意反切后面的追加说明

有时反切无法准确反映南北音音值的时候，书中会有一些追加说明。如果只关注反切的联系，忽略了这些说明，容易把不同韵的字归为同韵。反之，如果重视这些说明，能更好地揭示出南北音某些字的音值或语音变化。

（1）"钩勾沟韝褠篝"，"南北俱根欧切，南如北之根卑切，北如南之歌字"。

此条虽然南北反切相同，但音值相差太大，因此反切之后有注释。南音根欧切应该是[kei]，北音根欧切应该是[kəu][①]。

另外根据牙喉音其他字的反切说明和端组帮组字的反切说明，比如：

"媮偷"，"南北俱汤欧切。南如北之汤卑切，北如南之拖字，南或汀攸切"。

"普浦溥剖"，"北音俱喷五切。南音惟剖字喷美切，余与北同"。

可以得出，当时杭州音中流摄一等韵字牙喉音、端组字和部分重唇音字已经读[ei]韵。

（2）"忧优悠攸幽穮嚘滺鏋呦鄾恘"，"南北俱因鸠切，南如北之因些切，北如南之因梭切"。

此条南北反切相同，但音值相差也大。南音因鸠切应该读[iɛ]，今杭州、苏州音读[iY]，语音还算近似吧。

通过上述两条对古流摄字的反切注音的补充说明，可以说明南音古流摄洪细音字已经分为两个韵部，因为北音"卑"与"些"是不同韵的。如果仅仅根据反切，不看追加说明，就有可能把古流摄字归为一部。

有时，反切的说明能体现南北音的不同，比如：

（3）"非霏菲妃绯飞扉餥厞馡斐騛"，"南音榧衣切，北音分归切。榧字从南音"。

榧字南音是齐齿呼，与衣相拼，是细音。北音榧是开口呼，与衣相拼，粗细不同。夏氏接受了《李氏音鉴》反切上下字分粗细的观点，反切上字管声母和介音，即声介合母。如果不注明从南音，反切拼出来的音就是洪音。

有些声母是南音中才有，北音是没有的，比如：

（4）"维惟潍微薇溦……"，"右条分三种，南音第一种未怡切。未字作南音。南音棐微自为母，北无此二母音，故切之上一字欲用南北喻之音，不可得也"。

苏杭音奉微母合流，读唇齿浊擦音。北音微母为零声母。两者不同，无法不标注。

[①] 今杭州话"歌"读[o]，但在《现代吴语的研究》中古果摄多数字主要元音前带有流音，读[⁽ᵒ⁾u]，苏州话读[əu]，所以歌字之南音有可能是杭州音，当时读[ou]，后来变读[ᵒu]。

四、利用反切确定韵类的分合

有些韵类经过系联,无法确定是否同类。利用反切,可以帮助判断其分合。

(1)"天添黇","南音汀烟切,北音汀安切"。"篇偏翩","南音批烟切,北音批安切"。"奸艰间悭菅监……","南音今烟切,北音今安切……"。

根据反切声介合母,反切上字相同,则切下字韵类必不同。上述南北音中,对应反切中反切上字相同,反切下字是山摄一等韵字和三等韵字,说明南音山咸摄开口三四等韵字(含开口二等韵牙喉音字)与开口一二等韵字已经不同韵。

(2)"枭嚣鸮枵骁歊虈熇髐○萧箫宵消霄绡膮潇痟逍掱","南音上一种兴腰切,下一种心腰切,北音概读兴腰切……"。"皋糕篙高羔膏鳌槔櫜鄗","南北同音根凹切,又南或音钩"。"包胞苞勹褒","南北同音奔凹切,又南或音逋"。

南音古效摄开口三四等韵字与北音韵类相同,古效摄开口一二等韵字也与北音同韵类。而北音中古效摄字洪细音字同韵,因此南音也应该洪细音字同韵。

《南北》比较详细记录了清中后期的北京音、杭州音和苏州音,是研究汉语史的宝贵资料。然而《南北》只是对同音字组进行注音,归纳其中蕴含的音系不太方便。如果能充分利用其中反切的特点,对于音系的探究整理是大有裨益的。

参考文献

[1] 苏州市地方志编纂委员会办公室编.苏州市方言志[M],1987.(内部资料)

[2] 庄莉.《南北方音》南音简介与几个声母问题的讨论[J].汉字文化,2013(1):52-57.

[3] 胡豫洁.《南北方音》北音(北京音)的入声归调初探[J].汉字文化,2013(2):67-71.

[4] 冯蒸.《南北方音》,北京:首都师范大学出版社,2015。

[5] 傅国通,郑张尚芳.浙江省语言志[M].杭州:浙江人民出版社,2015.

[6] 赵元任.《现代吴语的研究》[M].北京:商务印书馆,2017.

[7] 郭曼龄.《南北方音》语音研究[D].南宁:广西大学,2018.

论戴望舒诗歌"夜"意象的隐喻性[①]

叶琼琼　张楠[②]

摘要："夜"是戴望舒诗歌的核心时间意象之一,其隐喻内涵丰富新颖,主要蕴含四重含义:一是具有古典韵味的沉思之"夜";二是饱含绝望与抑郁之情的吞噬之"夜";三是充当心灵庇护所的温柔之"夜";四是暗含男女情欲意味的暧昧之"夜"。戴望舒的"夜"意象是个人、传统和时代融会下的产物,具有传统性、现代性以及基于个体的独创性。"夜"的传统性表现在古典的忧愁情感和传统的爱情书写上。"夜"的现代性表现在西方世纪末情绪、孤独的"夜行者"等隐喻内涵上。"夜"的独创性则表现在戴望舒对中西方文化传统的突破上。他为传统的"夜"注入了现代人的情绪,并以儒道文化对西方传统的"死亡、绝望"隐喻义进行改造,融入了积极入世与生死超脱的生命价值观念。戴望舒运用现代隐喻创造了独特又经典的"夜",是对新诗的现代诗质有意义的探索,推动了新诗的现代性进程。

关键词：戴望舒；隐喻；时间；意象；夜

时间与人的存在、生命息息相关,是人类感知、体验、想象的重要对象。诗人把自我的时间思考与时间体验转化为语言,使得时间成为古今中外诗歌的一个重要主题,时间意象也成为探索诗歌艺术文化空间的一个独特入口。

戴望舒作为近代新诗发展以来极具影响力的诗人之一,既偏好晚唐的婉约之词,又吸收了意象主义、象征主义等西方现代主义诗学的长处,擅长"将生活中常见

---

① 本文是国家社会科学基金项目"中国现代诗歌隐喻研究"(项目编号:15BZW134)研究成果
② 叶琼琼:武汉理工大学副教授。张楠:澳门大学人文学院硕士研究生。

事物本来的意义模糊化,赋予这些事物以一种超生活本意之上的喻指意义"①。他笔下的时间意象在继承古典之余,也间接地、隐喻地表达了诗人自我的时间体验,实现了现代性的转型。其中,"夜"这一时间意象贯穿诗人的整个创作史,是诗歌的核心时间意象之一。"夜"意象既凝聚着古典传统的情思,又包含着崭新的现代内涵,以隐喻的方式展现出诗人对时间的独特感受和领悟,它整体内涵的形成正是隐喻的创造功能得到发挥的结果。

那么,相对于古典诗歌以及西方象征主义诗歌中的时间意象原型,戴望舒诗歌中"夜"意象有着什么样的隐喻内涵,呈现出何种特征,对中国新诗的发展又做出了怎样的贡献?本文欲从"夜"意象隐喻内涵的角度切入,对此一一剖析。

一、戴望舒时间意象的使用情况

时间是人自身存在的维度和镜像,康德曾在《纯粹理性批判》中指出:人的意识首先表现为时间意识。② 时间体验影响着生命的存在方式,进而渗透到语言的各个方面,诗歌与语言同根同源,因而时间的抒写是诗歌中的常客。诗歌为时间体验提供了载体,时间体验也拓宽了诗歌的表意空间。

古人们对于时间的体验大多来源于对自然变幻、天体运行的观察,"在前形而上学时代,人们就已经直观到了气象运转、四季更替,这些现象促使他们把时间看作一种基本上不断循环的有机节奏"③。在循环的时间意识里,时间的流逝逐渐与人类生命的兴衰联系在一起。纵观中国古典诗歌中展露出的时间意识,诗人们多以时间感悟反观自身,以暮年的心态发出了"月有阴晴圆缺,人有悲欢离合""年年岁岁花相似、岁岁年年人不同"之类的感叹,在时间的循环往复中,对个体的存在转瞬即逝感到悲凉。季节,尤其是春秋,几乎是中国时间意象里不可或缺的因素。刘勰《文心雕龙》说:"春秋代序,阴阳惨舒,物色之动,心亦摇焉。"在中国传统的时间意识中,春的逝去使人生发出爱惜青春之情,秋的流逝则使人萌生对寒冬的恐惧心理,四季中的时间流逝正象征着人类生命力的兴衰历程。

随着西方意识对中国传统哲学、文学的浸染,人们逐渐接纳了崭新的现代时间观念。"'进化论'在新旧时间观的转换中起了决定性的作用。它不仅是摧毁传统文化时间观的利器,也是新时间观形成的内在依据。"④现代派诗人们接纳了"过去—当下—未来"这样进化的线性时间观念,并将其内化在诗歌当中,所创造出来的时间意象也有别于中国古典诗歌的表现传统。从梁启超"蓦然忽想今夕何夕地

---

① 孙玉石. 戴望舒名作欣赏[M]. 北京:中国和平出版社,1993:8.
② 李泽厚. 批判哲学的批判:康德述评[M]. 北京:人民出版社,1979:171.
③ 曹东勃. 时间意识的现代性嬗变[J]. 社会科学辑刊,2008(3):17-20.
④ 唐晓渡. 时间神话的终结[J]. 文艺争鸣,1995(2):9-17.

何地,乃是新旧二世纪之界线,东西两半球之中央……独饮独语苦无赖,曼声浩歌歌我二十世纪太平洋"(《二十世纪太平洋歌》)的振臂高呼起,创世纪时间的激情也随之扬起。诗人们在望向新世纪的同时,对时间的一去不复返也感到了焦虑,正如周作人所写的:"这过去的我的三个月的生命,哪里去了?/没有了,永远地走过去了!"①同时,"世纪""钟表""分秒"等具有现代意味的时间意象也直接地出现在新诗当中,比如陈迩冬的《猫》:"只要古铜镂花的旧钟/时针,分针与秒针/也叠成一条线,齐指着/罗马字Ⅻ/今夜便完了。"钟表是工业化的产物,时间在钟表上叠成一条线的瞬间便消失了,这种物质上的时间感知带来的是深刻的、现代性的时间焦虑。

有别于古人们"天人合一"的思考,现代诗人们基于线性时间意识之上,将时间抽象化、客体化,"时间作为一个外在于人的客观现象,得到了独立的审美的观照和凝视,诗人感受时间的方式已经发生了明显变化"②,新诗人们将对时间的主观感受投射到客观的物象之上,以隐喻的方式对时间进行了思考和抒写。就像王光明先生在《现代汉诗的百年演变》中提到新诗的语言转为隐喻性的诗意语言,"它的突出特征不再是主体融入物象世界,而是把主观意念与感受投射到事物上面,与事物建立主客分明的关系,并强调和突出了主体的意志与信念"③,新诗中对时间意象的抒写即其向隐喻性转变的具体表现。

作为现代派的领袖,戴望舒对现代时间的体验也站在了时代前列。尽管我们依然能在戴望舒的诗歌里看见传统的"暮年惜时"的感悟,比如《老之将至》中害怕自己随着"迟迟寂寂的时间"变老。但"时间"已经作为一个单独的词语出现在诗中,并且"是将重重地载着无量的怅惜的",诗人把自己"怅惜"的情感投射在客观的、人格化的"时间"意象之上了。戴望舒很擅长把自我的情感放入意象之中,时而直露地表达,时而隐秘地宣泄。同样地,在戴望舒诗行中,一些关于对"记忆"(过去)、"当下"的沉湎也体现出这样的技法,比如"在这幽夜沉寂又微凉/人静了,这正是时光","用我二十四岁的整个的心",都是将抑郁的情绪投射到客观的"时光""二十四岁"中。戴望舒千变万化的现代性时间体验常常被遥远地投射进意象当中,这一个又一个跳跃却连贯的时间意象筑成了戴诗朦胧多义的风格。

通过表 6-1 对戴望舒诗歌中时间意象的使用情况进行统计④,可知,在戴望舒近 100 首诗歌中,运用到时间意象的诗歌共有 47 首。这其中,诗人大多数的时间体悟总是通过与"夜"有关的意象来表达。这类意象既包括残月、梦、灯等在夜晚出现的事物,也包括直接的可感知的"黑夜"时间意象。为了表述方便,本文将以"夜"

---

① 周作人,止庵. 过去的生命[M]. 北京:北京十月文艺出版社,2011.
② 马春光. 中国新诗的"时间"抒写[D]. 济南:山东大学,2016.
③ 王光明. 现代汉诗的百年演变[M]. 石家庄:河北人民出版社,2003:97.
④ 梁仁. 戴望舒诗全编[M]. 杭州:浙江文艺出版社,1989. 本文引用诗歌全部来自此版本。

意象来指代这一大类意象群。戴望舒在创作初期就钟情于"夜"意象,1926—1933年所创作的诗歌中有22首诗歌里出现了"夜"意象。在诗人晚期诗作中,有9首诗歌里出现了"夜"意象,以"夜"为题的也有两首诗歌。"夜"意象依然频繁出现。

表 6-1 戴望舒诗歌中时间意象的使用情况统计

出处及年代	诗作及使用数量	时间意象类型	
		夜	其他
《新上海》(1926)	1《夜坐》	夜坐、中秋月夜	秋水
《我底记忆》(1929)	2《夕阳下》	幽夜、晚烟、晚云	落叶、白日
	3《寒风中闻雀声》	梦境	枯枝、死叶
	4《生涯》	梦儿、深宵	白昼、清晨、一天
	5《流浪人的夜歌》	残月、幽夜	
	6《断章》		春草、春天
	7《凝泪出门》	暮雨、未晓天、街灯	
	8《可知》	月、灯	旧时、今日、来朝
	9《静夜》	静夜、幽夜	时光
	10《山行》	落月	朝霞、晓天
	11《残花的泪》	明月、今宵	残花、春花、明朝、旧日
	12《不要这样》		死叶、昔日
	13《忧郁》		朝夕
	14《残叶之歌》		残叶
	15《闻曼陀铃》	梦水间	春夜、旧时、昔日
	16《夜是》	夜	
	17《秋》		秋天、死叶
《新文艺》(1930)	18《流水》	黄昏	
《北斗》(1931)	19《昨晚》	昨晚	时钟
《望舒草》(1933)	20《印象》		残阳
	21《烦忧》		秋
	22《我的素描》		初春、二十四岁
	23《单恋者》	夜行人	
	24《老之将至》	日暮	垂枯的枝条、时间

续表

出处及年代	诗作及使用数量	时间意象类型	
		夜	其他
《望舒草》（1933）	25《秋天的梦》	梦	昔日、秋天、摇落的树叶
	26《前夜》	前夜	时间
	27《三顶礼》	夜合花	
	28《款步二》		枫林、残秋的风
	29《过时》		秋草、秋风、好往日
	30《秋蝇》		木叶、秋蝇、下午
	31《夜行者》	夜行者、夜、黑夜	
	32《少年行》		烂熟的果子
	33《旅思》		芦花
	34《灯》	灯、灯光	
	35《寻梦者》	梦、暗夜	
	36《乐园鸟》		昼夜、春夏秋冬
《望舒诗稿》（1937）	37《霜花》		九、十月、秋叶、秋
	38《灯》	灯	春阳、枯枝
	39《秋夜思》	秋夜	秋衣、木叶
	40《赠克木》		空与时、春秋代序、春夏秋冬
	41《夜蛾》	夜蛾、夜台	未死的叶
	42《致萤火》	萤火	
《灾难的岁月》（1948）	43《我用残损的手掌》		春、春天
	44《过旧居》	灯下	清晨、过去、年岁、岁月、年代
	45《示长女》	晚上、暮霭、灯下	夏天、冬天、白天、岁月
	46《萧红墓畔口占》	长夜漫漫	六小时
	47《偶成》		春天
	总计：47首		

二、戴望舒诗歌"夜"意象的隐喻内涵

中国古典文学中写"夜"的诗歌浩如烟海，昼夜、日月的交替是古人们最直观的时间体验，因此与"夜"有关的，有时间意味的意象都可以纳入本文论述范畴，都属于"夜"的意象。学者刘传新曾指出，月亮意象传达了初民的生命观，回答了与人的存在息息相关的诞生与死亡的重大问题，是一种包含着无数次的人生体验，凝聚了初民的智慧、情感与意志的原始意象。① 传统诗歌中的"夜"意象包含了人们的时间经验，"夜"唤起了古人们对宇宙时间与个体时间的思索。"夜"与人们的经验思索之间的联结正是依托隐喻的经验基础而形成的，诗人们以身体经验、文化经验、社会经验为基础，把"夜"与自己的人生体验、社会政治结合起来中，"夜"不再是单纯的时间词，它被赋予了丰富的隐喻内涵。人们可以通过诗歌中"夜"的隐喻来理解、体悟诗人的思想情感。

作为时间的"夜"，是一天的终点，也是人们辛勤工作后可以休息放松的时刻。传统文人们喜好在夜间出行，欣赏幽美的夜景，夜饮作乐，如"子兴视夜，明星有烂"（《郑风·女曰鸡鸣》），"厌厌夜饮，不醉无归"（《小雅·湛露》），等等。夜的宁静也与生命的"虚静"状态有着共通之处。老庄认为人的内心要致虚守静，才能对万物进行认识和思考。人们在宁静的夜晚中，也有了时间来关注自己的心灵，关注自身生命的存在。因此，古典的"夜"引发了古人对大千世界的深刻思考。最早是关于时间流逝的哲思。对昼夜循环往复、星月周而复始的观察，引起了人们对时间永恒性的思索，如"夜光何德，死则又育？"（屈原《楚辞》）。"夜"永恒时间的隐喻内涵映射到人们对自身生命的体认和感悟上，个体的时间显得短暂而渺小，时间的流逝性愈发凸显。古人们便生发出了星月能够死而再育，人却不能死而复生的感叹："秋月仍圆夜，江村独老身"（杜甫《十七夜对月》），"江畔何人初见月，江月何年初照人"（张若虚《春江花月夜》）。

隐喻具有无穷的创造性，隐喻连接言象意，贯通语言、人和自然，使之成为有机整体，从而滋生出无限意蕴的功能系统②，"夜"意象的隐喻内涵不断拓展，与人们的亲情、友情、爱情以及家国情怀发生了映射，由时间之思延伸为人事之思。"夜"可以隐喻游子的思乡之情，如"露从今夜白，月是故乡明"（杜甫《月夜忆舍弟》）；可以隐喻人们对离人的相思之情，如"孤灯不明思欲绝，卷帷望月空长叹"（李白《长相思·其一》）；可以隐喻闲适、豁达之情，如"有约不来过夜半，闲敲棋子落灯花"（赵师秀《约客》）；还可以隐喻怀古的悲凉之情，如"牛渚西江夜，青天无片云。登舟望

---

① 刘传新.高悬于中国诗坛上空的月亮——中国诗歌的原型研究之二[J].东岳论丛,1992(2):105-110.
② 张目.隐喻：现代主义诗歌的诗性功能[J].文艺争鸣,1997(2):57-67.

秋月,空忆谢将军"(李白《夜泊牛渚怀古》)。这一系列隐喻义都是从"夜"启发人思考的核心意义衍生而来。戴望舒诗歌中的"夜"主要具有四重意蕴:一是沉思、忧愁的"夜",还保留着古典的韵味;二是饱含绝望与抑郁之情的吞噬之"夜";三是沉静温柔的"夜",是诗人心灵的庇护所;四则是暗含男女情欲意味的"夜"。

戴望舒的"夜"是在东西方诗歌传统的交互影响下形成的。西方诗歌中的"夜"首先与中国传统的黑夜观有着共同之处,即"夜"是启发思考的时刻。比如在象征主义诗歌中,阿波里奈尔的《密腊波桥》以夜的周而复始感叹个体时间的流逝,"旧月逝矣人长在",从而抒发了对逝去爱人的思念。魏尔伦《白色的月》中的"月"照着幽林,诗人由此月景也想起了自己在睡梦中的爱人。其次,"夜"在西方诗歌中还能够庇护灵魂,具有神性。黑夜是浪漫诗派的核心主题,"由于英国和德国的浪漫主义运动的影响,'黑夜'成为苦痛的灵魂的存在之时和寄托之地"①。诺瓦利斯的《夜颂》将死亡与黑夜联系在一起,但诗人是想为爱殉情的,所以死亡对他而言是希望,夜则是神圣的,是他灵魂的最后的救赎。最后,在西方诗歌中"夜"还有恐怖的一面,它在政治语境下象征着社会的黑暗和个体的绝望,比如洛尔迦的《骑士歌》以"赤红色的月亮"描写了可怖的夜晚,在"夜"意象当中映射了骑士对前途的绝望以及对死亡的恐惧。

在西方诗学与末世时代的影响之下,"夜"在中国新诗中也有了绝望、死亡的隐喻内涵。20世纪20年代中期的中国社会,黑暗再度袭来,反动统治下暗涌着革命的机会。知识青年们为此焦虑,内心的痛苦不安体现在创作中,即追求幻灭、颓废的情绪表达。在这一时期,白天与黑夜被赋予了普遍的隐喻内涵,白天隐喻着光明,是一个充满希望的美好未来;黑夜隐喻着黑暗,是当时内外交困、民生凋敝的现实。月亮意象在这一时期的诗歌中则与单纯指向黑暗的"黑夜"意象区别开来,丰富了新诗中"夜"意象群的隐喻意涵。徐志摩认为新月暗示着"怀抱未来的圆满"②,新月派诗人们在时间中产生了对历史兴亡的深刻感怀、对当下斗争的激昂之情,以及对美好未来的殷切期许,爱国情怀相当直白、浓烈。初期象征主义诗派的诗人们则关注"新月"隐喻的时间流逝性,李金发从新月、钟声等时间意象中感悟到了时间是不可重来的,在哀伤之后时间"永逃向无限"。李金发所存在的"这一刻"是构成他生命整体的无数碎片之一,李金发诗歌中新月、黑夜意象的隐喻内涵回到时间经验中,是对"刹那"这一瞬时的现代性感悟与思考。

在象征主义诗学的影响以及李金发等前人的探索奠基之下,戴望舒对"夜"意象也情有独钟。诗人很顺利地接纳了现代性的黑夜意识,正如孙玉石所说:"他们的诗与西方象征派诗的自我表现、注重内心挖掘、歌唱朽腐与颓废、倾向内心的感

---

① 沃尔夫冈·顾彬.黑夜意识和女性的(自我)毁灭——评现代中国的黑暗理论[J].赵洁,译.清华大学学报(哲学社会科学版),2005(4):48-53,67.
② 徐志摩.新月的态度[J].新月,1928(1).

伤的情调息息相通了。"[①]黑夜的寂静给了诗人感受生命和自我存在的机会，戴望舒在创作过程中，逐渐开始与法国象征主义诗人们一同探索起"黑夜"带来的死亡情绪。但戴望舒有着深厚扎实的传统文化基础，他同时也在古典诗歌中寻求情感的共鸣，以古典意象融合现代生活的情绪。

在戴望舒的诗歌中，我们可以很清晰地看到"夜"的意象是从古典诗歌中脱胎而来的。首先，表现为对个体时间流逝的书写，在《残花的泪》中，诗人以昼夜轮回交替对比残花的萎谢，实际上是以残花自喻，发出了个体生命短暂的感叹："今宵我流着香泪，明朝会萎谢尘土。"（《残花的泪》）其次，戴望舒的"夜"意象也由时间之思跨域映射到他的孤独寂寞的人生经历之中，那时的诗人经历了五四落潮后理想信念的幻灭，爱情也遭遇挫折，"昏昏的灯""沉沉的未晓天"（《凝泪出门》）、"落月的沉哀"（《山行》）、"幽黑的烦忧"（《忧郁》）等与"夜"相连的意象都承载着一股忧郁凄凉之感。其中，《凝泪出门》里诗人在未晓天里生出了凄凉的情绪，心上人儿（理想）还在沉睡，他凝着泪花，伤心地独自出门。夜的幽黑和寂静具有启思的力量，《可知》一诗中就展现出了诗人在夜里对"欢爱"的思念，"月暗灯昏"的时刻特别容易让他想起心中的爱人和理想，倘若诗人仍然追求不到这些所爱的人和事物，悲伤、怨恨将会和幽夜一同袭来。可见，"夜"意象在戴望舒诗歌中仍然继承了古典诗歌中令人感怀、沉思的基本隐喻内涵，并从他人生经历中获得忧愁的隐喻义。

随着戴望舒对西方诗艺的熟悉掌握，西方文学所流行的末世情绪、死亡情绪也入侵到诗人的"夜"意象当中了。戴望舒笔下的"夜"从轻微的忧愁发展为忧郁，甚至是抑郁。诗人经历的苦难越多，他的"夜"意象就更加悲观绝望，还有着更加浓厚的死亡气息。戴望舒在"夜"中已经萌生了自我毁灭的想法。当"幽夜"归来，他还不愿意离开，一个人彷徨着，心中是"消隐了忧愁，消隐了欢快"，无论是忧愁的、还是欢乐的情绪都消失得一干二净，此刻诗人仿佛连自我的存在也感受不到了。而同样是自比为流浪者的描写，《流浪人的夜歌》里的悲伤情绪较《凝泪出门》的"伤心愁苦"更加浓重，诗人直接地把"黑夜"与"死亡"联系在一起，他写残月，写怪枭，写饥狼，写荒坟……这种种丑恶全都掩藏在了幽夜当中，恐怖统治着他的世界，诗人的精神寻找不到寄托之地，最终落下泪来："我是飘泊的孤身，我要与残月同沉。""望舒"就是月，那么与"残月"同沉的诗人，他的求死之心已经昭然。

"压抑的夜"进而演变成"吞噬的夜"，在诗人心中，黑夜吞噬掉了自己的恋情与梦想，吞噬掉了他的情绪、记忆和生命。最早，在《单恋者》里诗人已经感觉到黑夜对自己的吞噬，他本应该是苦恋着什么，也许是"迷茫烟水中的国土""静默中凋零的花""记不得的陌路丽人"，但在黑夜的街头行走得久了，诗人逐渐忘记了他恋着的东西，他写道："我不知道是恋着谁……我常是暗黑的街头的踯躅者，我走遍了嚣嚷的酒场，我不想回去，好像在寻找什么。"诗人的"恋""梦"在黑沉沉的夜里逐渐被

---

① 孙玉石.中国现代主义诗潮史论[M].北京:北京大学出版社,1999:43.

吞噬，他却依然固执地走在夜里，似乎只有这样才能够宣泄出他内心酸胀的情感，诗人最后自我描述道："真的，我是一个寂寞的夜行人，而且又是一个可怜的单恋者。"他称自己为"夜行者"，仿佛与黑夜融为了一体，"夜是吞噬者"的隐喻在诗人的内心逐渐固定下来。戴望舒还以夜行者为题，在诗里他说自己是"夜最熟悉的朋友"，他深陷在夜里，有着夜一般怪异的脾气，迈着夜一样安静的步子。此时诗人虽然没有彻底被"夜"吞噬，但也濒临绝望，"从黑茫茫的雾，到黑茫茫的雾"，他看不到任何寻梦的期望。暗夜吞噬着梦，诗人不再相信梦是能开出妍妍的花的，也许当他双眼模糊、头发斑白，已然衰老之时，梦才会在"一个暗夜"里盛开。

在《灯》里，戴望舒更是毫不犹豫地称呼黑夜为"饕餮者的施主"，饕餮贪婪好吃，可怖的黑夜给了怪兽尽情吞噬万物的机会，令诗人发颤。戴望舒后期的诗作里也有着"夜是吞噬者"的隐喻。比如在《夜蛾》里诗人看见飞蛾绕着烛火循环，却回避了"飞蛾扑火"的传统隐喻，"不想起／已死的虫，未死的叶"，这些夜蛾留在了幽暗的黑夜里，成为诗人的灵魂外化，飞蛾"用彩色的大绒翅"覆盖逐诗人的影子，绒翅下的黑暗吞噬了诗人的灵魂，使他不再执着于梦，化作凤离开了这寂寂的夜台。而萤火，作为黑夜里的"一缕细细的光线"，在诗人看来也在将他的哀伤一点点蚕食："够担得起记忆，够把沉哀来吞咽。"（《致萤火》）"吞噬"的含义之一是吞吃、吞咽，即一口一口地把东西吃掉，被吃掉的东西失去了完整性，在人们通常的认知中是不再存在的。在这个意义上，戴望舒建立了"夜"与"吞噬"的相似性。五四落潮以后，在内忧外患、风雨飘摇的时代环境下，处在艰难贫困、前途渺茫的人生逆境下，戴望舒与同时代的知识青年们一样矛盾着，他们既热血澎湃地想要建立新的秩序，又因为不知道该如何实现理想而感到无措迷茫。而夜晚来临之际，黑暗将慢慢笼罩住世间，诗人被迫安静下来，对时间的消逝十分敏感，从而生出了无可作为的焦虑和痛苦。所以，戴望舒笔下的"夜"充满了来自时代的迷茫、焦虑和绝望感，包含了诗人对自己的存在价值的质疑、否定。所谓"吞噬"，是现实环境对青年人志气的消磨，是黑暗社会对现代心灵的裹挟，在这里，吞噬之夜是整个时代下知识青年们的心理缩影。

矛盾但并不奇怪的是，"夜"在戴望舒心中还有着沉静温柔的一面，他也常用"夜"意象隐喻他美好的人生体验，是指爱情甜蜜的"恋之色的夜合花"（《三顶礼》），也是指温馨家庭在"灯下的谈笑"（《示长女》）。用"夜"来隐喻美好的爱情回忆，最早是出现在《生涯》里。"娟好轻盈的百合花"无情地抛弃了诗人，冗长的白昼在诗人看来充满了寂寥、孤苦之感，唯有在夜里、在他的"甜甜的梦儿"里，诗人能够感受到爱人的温柔与安慰："我希望长睡沉沉，长在那梦里温存。"成长于传统家庭教育下的戴望舒，性格是内向且柔弱的，他的心理承受能力不是很强，在面对爱情失意的时候总是很难接受现实。但是诗人也无力改变现实，只能当一个"懦夫"，躲进他的梦里寻找温存，"夜"在这时便成为诗人心灵的庇护所。而当诗人幻想自己与爱人一同渡过夜晚的时候，"夜"在他看来变得更加温柔了，让低泣的爱人静下来，让自己的内向平和下来,诗人不由得写道:"人静了,这正是好时光。"(《静夜》)好时光的"夜"在《夜是》里同样也是"清爽而温暖"的,夜里"飘过的风带着青春和爱的香味",诗人靠在心爱人的膝上,为这种温柔落下了眼泪。夜,于戴望舒既是一种休憩和慰藉,也是一种逃避。戴望舒是一个"大处茫然,小处敏感"的时代青年。时局的动荡,个人经历的曲折,身体的缺陷,让天性敏感的他常常郁郁寡欢,是一个典型的零余人,这样的人,唯有在夜色的抚摸和拥抱下,才能正视自己的内心需求。在夜的保护下,他舔舐着白天的伤口,"忘却"白天的诸多烦恼,只用心去编织幻梦,在梦的温柔和快乐里增加活下去的勇气和信心。所以,戴望舒诗歌里的夜既是消极的,也是积极的。

"夜"除了是诗人心灵的庇护所,还具有一定的情欲意味。在《到我这里来》这首诗中,他对逝去的爱人发出了迫切的呼唤,他幻想中的爱人是"全裸着""披散了你的发丝"的模样,他渴望拥抱这样的爱人,让她在自己的臂间"找到舒适的卧榻"。诗人以身体经验和时间经验相互映射,他在想象情境中的动作如"呼唤""拥抱"是迫切的、激情的,意象便是充满了馥郁花香的"梦",在现实情境中是柔弱的"等待""沉思",意象便是一个寂静无语的"傍晚"。诗人以身体经验为基础,想象与现实的对照更加突显出他内心寂寞的情感和对肉欲的渴求,为他笔下的"夜"构建出了情欲的新隐喻义。灯意象在戴望舒诗中也有着情色的暗示,在《灯》一诗中他把黑夜里的"灯"看作是亲切的知己,"承恩的灯"是诗人爱情的同谋;"青色的灯"给夜罩上了憧憬之雾;"桃色的灯"则成为情色之屏,这样多变的"灯"向诗人说着"蜜语",让暗黑的夜也充满了情趣。在《不寐》中的夜晚,诗人的脑中也闪过了爱娇的影子,这些短暂而急促的瞬间是"桃色"的,他回忆着过去的夜晚,更察觉到了自己内心的情欲:"掌心抵着炎热的前额/腕上有急促的温息;是那一宵的觉醒啊?"诗人性意识的苏醒是他对抗生活焦虑的方式。在诗人旅法的日子里,他经济困顿,生活痛苦、压抑,所以,诗人看到床上的"白色的帐子",觉得那是禁锢他的"墙"。而情欲原本也是禁锢中国人的封建牢笼,对情欲毫不避讳地回想,是戴望舒对这堵墙的突破,是对限制、压迫他生命的一切事物的不满和反抗。但要改变自己的人生境遇并非易事,诗人还是找不到喘息之地,只能在情欲的"夜"里纾解压力。夜与情欲的相互映射,最终创造出新的隐喻内涵,夜一方面充满了躁动饥渴的暧昧气息,一方面折射出诗人对黑暗现实的反抗。尽管这种反抗略显无力,但它代表了戴望舒对美好的未来还抱有期望,在抗日战争爆发之后诗人便投入真实的革命中去,他的反抗愈发有力,愈发坚定。因此,20世纪30年代初的情欲之夜是他将为创造新时代、新未来奋起斗争的一个积极信号。

从古典的沉思之夜到抑郁的吞噬之夜,从庇护心灵的温柔之夜再到暗含情欲暧昧之夜,戴望舒的"夜"容纳了多种复杂甚至对立的情感,这源于隐喻无穷的创造性和内涵的多义性。诗歌隐喻属于"远取譬",在看似不相关事物之间发现、创造联系,并在这个过程中凸显某些特征,抑制另一些特征,从而展现一个新的与内心情感吻合的世界。① 戴望舒依照自己的情感和天才的想象力不断开拓夜的隐喻空间,创造出独属于他的夜之世界。他把自己关于人生、社会、时间、存在种种问题的经验与思考投射到"夜"的隐喻场里,时代的动荡不安、诗人坎坷的人生经历以及忧郁矛盾的性格特征在夜的四重意蕴中得到了全面的反映,新旧隐喻义碰撞出的火花让"夜"在戴望舒这里焕然一新。

---

① 叶琼琼,马红雪.论戴望舒诗歌"青"色世界的三重意蕴[J].江汉学术,2018,37(5):70-76.

无为而治思想与生态文化观探源

周治南[①]

摘要：生态文化观是促进人与自然和谐共生的发展理念。中国自古以来就提出了"天地之大德曰生"的生态文化观。老子继承了前人的思想遗产，写出了不朽的名著《道德经》，得出了"道法自然""无为而治"的结论，而且阐述了"道"对治国安邦的影响和作用。"道"即自然规律，"德"乃行为科学，谋求人与自然、人与社会、人与自我的和谐统一，是《道德经》的基本命题，是道德水平的最高境界。老子"道"的思想命题与亚里士多德的"自然理性"存在互通、互补和融合探讨的空间，仍然是我们建构自然生态和政治生态的思想法宝。

关键词：生态文化观；《道德经》；道法自然；无为而治；东西融合

有人预言，毁灭人类的将是人类自己！随着工业化的飞速发展，自然资源被掠夺性开采，大气、水体、土地被恶性污染，工业文明给世界带来的前所未有的社会危机和生态危机严重地威胁着人类自身的生存安全，阻碍着人类社会的可持续发展。环境破坏、生态恶化和社会危机激发全人类树立环境意识，物种保护、节能减排已经提上了联合国议程，成为国际社会的基本共识，生态文化观已经风靡全球，生态文明建设已经蔚然成风。

生态文化观是促进人与自然和谐共生的价值导向和发展理念。近日读杨建波教授的《大学语文教学中的道家智慧》一文，深有感触。生态文化观不是人类社会新近产生的观念，早在2500多年以前，它就已经鲜明地存在于我们的社会观念中，

---

① 周治南：武汉船舶职业技术学院教授。

中国先哲老子是生态文化观的创立者和奠基人。在今天全球生态文明建设的大潮中,道家智慧依然闪烁着独特的光辉,指导着我们的思想与行动。

一、"道法自然"是生态文明的基本法则

古代中国对宇宙乾坤的普遍认知是元气说,元气聚而有形,散而无形,元气不灭,生生不息。"道"的原理来自上古哲学奇书《周易》(亦称《易经》)的文化传承。《易经》主要阐述了"阴阳五行""相生相克"的自然法则。"易"是改易、演化的意思,《易经》总结和记录了中国上古时期人类关于自然发展观的统一认识,鲜明地提出了"天地之大德曰生"的生态文化观,并建立了一个阴阳平衡发展的八卦模型。《易经》是近代"进化论"和现代"科学发展观"的认知本源。不管是自然界还是社会领域,为了维护人类社会的可持续发展,世界正在依据阴阳平衡的发展原理构建着自然生态和政治生态和谐发展的新秩序。

老子继承了前人这种形而上学的思想遗产,并大胆地对其进行改造,从而产生了不朽的名著《道德经》,用以解释宇宙运行规律和谋划社会治理方略。《道德经》是道家哲学的经典著作,它奠定了道家(非宗教化)的思想基础。

老子所说的"道德"不是我们现在所理解的伦理学意义上的道德,而是指事物内在的变化规律和人对这种规律的理解、把握与利用。"道"即自然规律,"德"乃行为科学。谋求人与自然、人与社会、人与自我的和谐统一,是《道德经》的基本命题,是道德水平的最高境界。

《道德经》分两部分,即道经和德经。道和德是什么关系呢?道是老子哲学最基本的原则,而德则是服从道的行为规范,合乎道即为德,道乃天定,无为即大德。老子的《道德经》分为两卷,81章,5000余言(字),"无为"思想是其理论核心。《道德经》的思想体系可分为三个部分,即老子的宇宙观、人生观和政治观。这三部分内容相互交织在一起,表达了一种理想主义色彩浓厚的神奇思想——构建恒定有序、和谐美好的理想社会。老子的宇宙观集中表现在他对道的阐述上。道的本意为"黄道",即岁星(火星)在天球的运行轨迹,周而复始,恒定有序。老子比照"黄道",称宇宙本体为道,道广大无边,为天地万物之母,道是永恒的而又是运行不息的。正如老子在《道德经》中对"道"所阐述的那样:"有物混成,先天地生,寂兮寥兮,独立而不改,周行而不殆,可以为天地母。吾不知其名,强字之曰'道'。"老子强调:我们所说的道,只是我们对道的理解,并用语言符号进行了标识,但我们的理解和自然存在的道具有相对性。常道亦天道,天道是神秘的、神圣的、形而上的自然理性,不是我们现存的有限知识可以完全描述的。这就是人们所熟知的老子的一句名言:"道可道,非常道;名可名,非常名。"发轫于2000多年以前的中国道学就已经具备了朴素的唯物主义思想,把天道的神秘面纱撕开了一条缝隙,得出了"道法自然""无为而治"的结论,顺之者昌逆之者亡,这一定理得到了现代天文学、物理学的有力印证。

二、达到生态平衡就符合道德标准

老子不仅给"道"下了定义,而且阐述了"道"对治国安邦的影响和作用。按老子的观点,有道的侯王掌握着大道运行的基本规律,那么天下的人都去归附他,正因为天下的人都去归附他,侯王不对他们进行伤害,所以国家才能安定和谐。老子的人生观和政治观即所谓德行、德治观集中地反映在他的"无为"思想上。历代的统治者都标榜自己的统治是"无为"的,在故宫的养心殿里悬挂的大匾上就书写着醒目的"无为"两个大字。那么,"无为"是什么意思呢?按照老子的观点,道(自然规律、客观规律)是永远不做作的,却能"自强不息""厚德载物",涵养天地万物,而又无所不能,无所不为,即"道常无为而无不为"。这就是说:道家圣贤的行动是出自他的直觉的智慧,是自发的并与其周围的环境相协调的,他不需要强迫自己或自己周围的事物,而只是使自己的行动适应道的运动。这种行为方式,就是道家哲学的"无为"。有人从字面上来看,认为"无为"就是不采取什么行动的意思,这其实是一种曲解。李约瑟认为:"无为"是指抑制违反自然的行动。而庄子则认为:"无为"并不是什么事也不做,而是让每一种东西都按其本性去做,使它的本性得到满足。"无为"是要求人们尊重客观规律,按客观规律办事,即"道法自然",是"顺应自然"而不是"顺其自然",是合理"利用自然"而不是"破坏自然"。"道法自然"是现代社会"科学发展观"的总根,是中华民族优秀传统文化一脉相承、生生不息的集中反映。

老子说"万物负阴而抱阳",这便是世间万事万物都不是孤立存在的阴阳之道,阴阳二气相生相克,相辅相成,和谐发展,达到生态平衡是事物运行的最佳状态。在政治社会,调节平衡的力量是"道"(即"法律")而不是"威"(即"权力")。老子"无为"的政治观里含有朴素的法制精神,与现代个人行为、组织行为不能凌驾于法律之上的法理相通;老子的"无为"思想也与现代市场经济理论中资源自动配置学说在学理上具有相通性,和英国古典经济学家亚当·斯密在《国富论》里的说法一致,即那里"有一只无形的手",这只手能摆平一切,无须我们去指手画脚,做刻意的干预、计划和控制。"无为"思想极其深刻和伟大。

三、《道德经》之论属于东西方理性共识

进入16世纪以来,欧洲哲学界就广为流传老子的《道德经》。20世纪90年代,《纽约时报》评选有史以来的世界十大思想家,老子名列前茅,而孔子则榜上无名。联合国教科文组织统计被翻译成外文并流行最广的著作,第一名是《圣经》,其次就是《道德经》。可见老子的世界影响力更胜于孔子。中国传统文化的传承与复兴,应该挣脱历代统治阶级出于"维稳"需要而刻意编织的孔孟樊笼,还中国传统文化

的唯物主义传统和道法自然的科学精神!

庄子是继老子之后的道家学者。庄子继承和发展了老子关于"道法自然"的观点,认为世界上万物都是变化的,有与无、大与小、贵与贱、美与丑都是相对的,无差别的。他说:"天下莫大于秋毫之末,而泰山为小。"秋毫之末虽然渺小,但它的存在意义不能被忽略。巍峨泰山,相对于浩瀚的宇宙空间,仍然显得十分渺小。从观念层面讲,秋毫和泰山等量齐观。"庄周梦蝶"的故事就演绎了这个道理,睡梦中的蝴蝶与现实中的庄周可以实现角色转换,二者都是"道"的"物化"和穿越,不存在彼此之别。庄子提出事无巨细、一律平等,都有受尊重的权利,这种观念不仅表达了人与人之间的平等意识,也表达着人与自然之间的平等意识,启迪人们去热爱自然,去爱护环境,去保护物种,去构建生态平衡。

老子和庄子的思想是原始的道学思想,道学先驱们围绕"道"这一理性命题,阐发了他们对自然、对人性、对社会的理解,其世界观、人生观和政治观念都具有生态意识,含有积极因素。自从社会独尊儒术以后,教育被儒家教育所取代,所有学人均为儒生,正统道学思想式微,出现了一个历史断层。传统道家和兴起于东汉时期的道教虽然存在一定历史渊源关系,但并不是同一概念。黄老哲学、老庄思想与后来宗教化了的道教学说应该进行严格的区分。其实,真正的道家思想的继承人深藏在儒家群体里,宋明时代的理学群体就是其中的典范,史称"程朱理学",也称"程朱道学"。学者们不仅接受法定的儒家教化,也深受道学思想的感染,他们的研究命题就是天理天道,要存天理、灭人欲,不仅在于告诫世人,更在于规劝统治者,推崇社会公道、人人平等。儒家学者借"道"非"礼",表达了他们对礼教制度的深切关注,也发泄了他们的不满。程朱理学代表人物有周敦颐、邵雍、张载、程颢、程颐、朱熹等。苏轼等官场大儒,亦崇尚自然,待人平等,其气质风范,确乎"羽扇纶巾",独具气韵。

老子在《道德经》中提出了"道"的观念,并说"道可道,非常道",认为天行有常,常道是不以人的意志为转移的,甚至是不为人们所知的"天机"。大约200年后,西方先哲、雅典学者亚里士多德赞扬"人是理性的动物",人乃万灵之长,能够破解宇宙奥秘,并提出了"理性"的概念。显然,老子的"道"(包括中国后世的"理学"命题)和亚氏的"理性"(包括欧洲中世纪的"逻各斯"[①]命题)均属于同一哲学范畴,常道就是一种自然理性。"人是理性的动物"是说人有能力揭示理性,但人对理性的追求又是永无止境的。评价理性的标准很大程度上要受到时代和人的认识能力及发展水平的制约。人类的时代观念具有政治属性,时代就是某一类政治的历程,政治因素往往制约着理性思想的走向和发挥程度。正因为如此,东西方观念

[①] 逻各斯,是欧洲古代和中世纪常用的哲学概念。希腊哲学家赫拉克利特最早使用了这个概念,认为"逻各斯"是一种隐秘的智慧,是世间万物变化的一种微妙尺度和准则。这和老子提出的关于"道"的含义有相通性,意思是事物的发展变化是有规律可循的,人们可以感觉到,但要真真切切地说出所以然则存在一定的困难。

中的"道"或者称为"理性"的东西其起点是一致的,却沿着不同的方向发展并演绎着。西方人用"自然理性"来阐释"道",后世基督教用"上帝"来代表"道"。老庄的"道学"思想与西方17世纪以后出现的"自然神论""科学主义""自由主义"思想很接近,它们均不承认上天(西方称为"上帝")存在主观意志,任何事物都不具备世界主宰地位,只承认事物有其自身发展运行的客观规律,顺之者昌逆之者亡。但是,东方注重具体,突出社会的功利目标,沿着实用理性的方向发展,最终在后世道教宗师的操弄下陷入宿命论的泥潭;西方热衷于探索宇宙的奥秘,围绕实证理性大做文章,大胆质疑上帝的存在。比如在数学领域,古代中国和希腊都有很深的造诣,中国人发展数学,长期停留在算术层面,多用来度量世界;希腊人发展数学,则注重用数学语言和数理逻辑求证、归纳和演绎世界。2000多年来,西方人一直将理性奉为人生的准则,就连中世纪的基督教亦对之没有异议,且将其作为信仰的人性根据。理性所求证和推演的是人与人、人与社会、人与自然的紧张关系,并致力于消除紧张、谋求和谐,这一点几乎与《易经》及《道德经》的初衷无异。

《道德经》以"道"解释宇宙万物的演变,阐述了大量朴素辩证法观点,对2000多年来的世界思想文化的发展产生了深远的影响,其在世界的发行量仅次于《圣经》。2011年,韩国人潘基文连任联合国秘书长,他在就职演说中援引老子"天之道,利而不害;圣人之道,为而不争"的名言,强调应将这种不朽的智慧应用到今天的工作中,推动各方加强合作,使联合国更好地为世界人民服务。市场经济中的功利主义是利而有害的,是违反天道的,是妨害人类社会可持续发展的。生态文化观的核心思想在于如何趋利避害。

人间正道是沧桑,科学发展为引擎。如何处理或调整人与自然、人与社会、人与自我的关系,如何保持自由和谐的发展状态,如何保障社会可持续发展的硬性要求,世界各民族为此积累了不少有价值的认识成果。科学发展是对这些成果充分提炼后的合乎逻辑的概括。科学发展经历了从自发到自觉的历史演进过程,是人类社会发展的必然选择,是人类社会从必然王国向自由王国挺进的必由之路。前人所积累的知识和文化,没有封顶也不可能设限,永远面临着新的挑战、改革和超越。只有继续保持开放姿态,只有继续解放思想,只有不断追求发展理念的科学化,才能做到与时俱进,才能实现民族的伟大复兴。进行科学化建设的前提是具备科学发展观,提升科学发展观修养水平需要积极借鉴人类文明发展的有益成果,老子"道"的思想命题与亚氏"自然理性"的思想命题只是"同名各表"的区别,存在互通、互补和融合探讨的空间,仍然是我们现代建构自然生态和政治生态环境的思想法宝。

今天,我们在大学语文课堂上教学《道德经》,如果依照传统教学参考书照本宣科,不引进现代生态文明观念,我们培养的就是传统文人而不是具备现代意识的现代人,其中包括学术人才和技术人才!拘泥于传统,教学只能越教越迷惘,学生只能越学越困惑！曾几何时，笔者在《吉林师大学报（社会科学版）》发表了《语文扩展教学论》和《大学语文如何与时俱进》两篇论文，并出版了《东西方文化导论》一书，提出了"大语文"教学观和"语言文化"教学观。这和杨建波教授关于新文科教学观论述中的见解不谋而合，大学语文教学未来要走学科综合化的道路。本文即这些教学观点的相关性发挥。

宋代中国有可能发展出内生型工业革命吗？
——从官商关系与地理区位因素中寻找答案

张震[①]

摘要：宋代发展内生型工业革命的潜力和可能性，是经济史和亚洲研究两大学术领域一直在热议的学术命题。本论文综合参考了道格拉斯·诺斯、约翰·霍布森、彭慕兰、林毅夫以及郑永年等国内外著名政治、经济与历史学的学者们的观点和观点论争，并结合历史统计数据与具有对比性的史料，从官商关系和地理区位的角度，综合对比了以英国为代表的欧洲和中国在历史上所面临的情况差异，探讨了宋代中国发展内生型工业革命所面临的阻碍和历史局限性，并认为，纵然拥有繁荣的商业水平和空前提升的人均购买力，宋代仍然尚不具备开展内生型工业革命的完善条件。

关键词：经济史；现代化研究；工业革命；比较政治

一、介绍

在欧亚经济史和大分流话题的研究中，对中国是否有能力产生内生型工业革命的探讨一直是欧洲中心主义者和去欧洲中心主义化的学派所争论的一个问题。在 LSE 著名经济史教授邓钢的论文《经济转型与人口增长：揭开北宋增长与发展的神秘面纱，960—1127》当中，北宋繁荣的商业水平带来了人均工资和购买力的空

[①] 张震：伦敦政治经济学院中国比较研究硕士在读，兼任圣皮耶国际安全分析中心经济安全分析师。

前提升,这使得宋代是否有可能作为中国开展内生型工业革命的起点成为富有争论和探讨价值的研究课题。在这一课题上,林毅夫就"李约瑟问题"给出了自己的解释。加州学派则提出了化石燃料的开采与新世界的开拓的重要性,以及欧洲的"财政军事治国方略"与中国的"土地帝国模式"的区别。相比之下,本文将从官商关系和地理区位的角度,评估宋代产生内生型工业革命的可能性。

二、定义内生型工业革命:作为一种社会现代化过程

根据韦氏词典(2010)的定义,"内生型"一词意为起源于或自然发生于特定的地方,"工业革命"则是从农业和手工业经济向工业和机械制造业为主的经济转变的过程。① 与工业革命相似的概念还有"工业资本主义"。全球著名的经济史专家史蒂芬·班尼斯特(2016)认为,工业资本主义是一种生产模式,由大量集中控制的资本积累组成,用于为市场上的商品的生产方式融资,并通过报酬支付的方式雇佣工人为参与生产过程的有偿劳动力。②

综合这些定义,我们可以得出工业革命的基本特征包括:①以煤和铁为代表的新的能源和材料组成的机器生产力取代以人和牲畜为代表的生物生产力;②以工厂为代表的大规模集中化社会生产方式取代以手工作坊为代表的小规模分散化家庭生产方式;③以假设和实验为代表的现代科学方法论取代以经验为代表的前现代科学方法论。

总的来说,内生型工业革命是一个国家建立在内部的自主进化,而非外界干涉(通过入侵或者殖民)的基础上的社会现代化过程。因此,本论文的核心争论就是认为宋代并没有能力实现这样一种现代化过程,即使其拥有繁荣的商业社会和煤炭与钢铁的开采技术。因为首先,繁荣的商业社会并不能导向工业革命,而共谋型的官商关系才能。但是,宋朝的官商关系并不是共谋型的,而是官僚主导性质的。其次,煤炭与钢铁的开采技术能够得到持续应用的前提是宋朝对这些资源的产地拥有稳定的控制能力,而根据宋朝疆域不断萎缩的态势,显然其在历史过程中是不断地丢失而非增加上述资源的产地。

三、政治经济学因素:共谋型的官商关系的推动力

在政治经济学的层面上,尽管正如道格拉斯·诺斯与罗伯特·托马斯(1973)

---

① 参见韦氏词典对"内生型"与"工业革命"的定义,来自:https://www.merriam-webster.com/dictionary/indigenous 和 https://www.merriam-webster.com/dictionary/industrial%20revolution.
② 史蒂芬·班尼斯特. 工业资本主义——范伯伦和艾尔斯对奈夫和曼图的补充[J]. 联合社会科学协会年会,2016.

所提及的那样,制度在促成内生型工业革命中具有重要性。① 良好的制度为鼓励生产行为提供了规则和制裁。重要的是机构刺激基础广泛的非个人合作、承诺和大规模长期投资的项目。换句话说,特定机构中商人的政治地位和财产控制力将直接影响他们对财富的使用和大规模资本的流动方向。但是,如果进一步对比宋代中国和多个前工业革命时期的欧洲政权,我们会发现事实上一个官僚阶级与商人阶级间的共谋型的关系是非常重要的工业革命的前提。所谓的共谋型的关系,即在经济上相互合作,在政治上相互制约,彼此挟持对方的利益,谁都无法主导对方。

诺斯和托马斯(1973)强调了制度变迁在资本主义市场萌芽带来的不同结果中的作用。用他的话来说,17世纪晚期的英国是独一无二的,因为光荣革命直接促成了君主立宪制的建立。② 这种体制结构制约了议会对皇室权力的控制,议会被称为财富持有者委员会,以防止皇室权力任意治理和操纵市场。这意味着从1689年10月的《国民权利与自由和王位继承宣言》颁布后,英国国王不能再像从前的詹姆士一世和查理一世那样随意提高商人的税收或解散议会。他们声称这是塑造英国自由市场的基石,确保了可信承诺的可能性、产权的安全性以及行政和商业之间游戏规则的可预测性。

上述阐述提到了一个核心争论,即英国实现的并不是商业主导政治或政治主导商业,而是二者在政治权力上于议会和法院机构中的相互斗争和制约,以促进在经济扩张中的殖民地开发和跨国商业发展的合作。这是形成内生型工业革命的重要政治经济学前提,共谋型的官商关系的经济治国方略由此形成。类似的案例也发生在普鲁士,体现为大量的容克地主阶层转化为商人,并和政府相互影响。

在欧洲大陆,拥有繁荣的商业社会的政治实体曾经非常之多。在14—17世纪的汉萨同盟、威尼斯和佛罗伦萨,商人阶层是政治权力的主要把控者。垄断银行财团——美第奇家族的成员更是亲自担任佛罗伦萨共和国的统治者。③ 类似的案例还有独立于1588年的荷兰(联省共和国),其被广泛认为是世界上第一个赋予商人阶层充分政治权利的国家,其议会领袖和总督都是由商人集团投票选出。但是,在这些地方,内生型工业革命并没有自然地发生。相反地,在英国自18世纪中叶起率先开展了工业革命后,这些政权和他们的继承者才开始在英国的影响下进行模仿。而到了19世纪60年代后,这些国家的工业化速度甚至比不上较晚才开始全面工业化的德意志帝国。根据英国经济学家安格斯·麦迪逊(2007)的历史统计与

---

① [美]道格拉斯·诺斯,罗伯特·托马斯. 西方世界的兴起:新经济史[M]. 剑桥:剑桥大学出版社,1973:9-18,91-101,146-156.

② [美]道格拉斯·诺斯,罗伯特·托马斯. 西方世界的兴起:新经济史[M]. 剑桥:剑桥大学出版社,1973:9-18,91-101,146-156.

③ 文艺复兴时代的意大利银行家科西莫·德·美第奇(1389—1464)为第一位佛罗伦萨僭主,美第奇政治朝代的创建者,其子孙包括掌管罗马教廷权力的教皇利奥十世(乔凡尼·德·美第奇)、教皇克莱门特七世(朱利奥·德·美第奇),以及数代掌管佛罗伦萨及其周边地区军政大权的托斯卡纳大公。

评估数据,按照购买力评价计算,德国的 GDP 在 1870 年跃居欧洲第三(为 721.49 亿美元,仅次于英国的 1001.80 亿美元和沙俄的 836.46 亿美元),在 1913 年(2373.32 亿美元)则超越了英国(2246.18 亿美元)成为欧洲第一、世界第二,仅次于美国(5173.83 亿美元),并在第二次工业革命中成为领军者。①

这就说明一个问题,即完全由商人主导的社会并不能促成工业革命。尤其是当商人阶层主导官僚阶层之后,他们甚至会为了维系自己现有的商业收益而阻挠技术创新的产生。原因在于垄断性的商人集团并不希望看到自己的既得利益受到来自更先进生产力的挑战。在相反的情况下,当官僚阶级主导了商业力量的时候,同样也不鼓励技术创新以动摇他们所维系的稳定社会体系和带来贫富差距的增加。

回顾中国,即使在宋代,商人阶层也仍然是政权的附庸。对于他们来说,他们当时的财富和繁荣只是表面的。郑永年和黄彦杰(2018)将中国传统政治经济形式描述为"制内市场"(Market in State),即市场始终从属于国家,并在国家设定的边界内运作。过于强大与控制皇权和官僚集团导致商人无法享受充分的私有财产保护权利。② 由于许多关键行业(特别是盐、铁、酒的生产和销售)的经营权依赖来自政府和皇室的授权,商人不得不与地方官员结成不对等联盟(官僚总是处于更有利的地位)以获得特许经营资格。因此,这种被动依附关系的后果是商人缺乏足够的信心和扩大资本的动机,而是专注于提升政治地位和保守的土地征用。正如林毅夫(1995)总结的那样,中国的内生型工业革命之延迟是由社会政治制度造成的,社会政治制度为追求官场而不是商业和科学提供了激励。③ 大量的富商仍然通过让子女参与科举考试或是购置田地的方式来转化为官僚或者乡绅阶层。

这意味着,尽管正如彭慕兰(2000)指出的那样,在 18 世纪中叶之前,中国在财富和工业规模方面与英国相似,但事实上,商人阶层在这两个国家内的政治经济体系中的地位非常不同。因此,在宋代,共谋型的官商关系也并不存在,也就并不足以推动内生型工业革命的发生。

四、地理因素区位:控制煤炭产地的重要性

除了政治经济上的官商关系以外,另一个促成内生型工业革命的关键因素在于对煤炭产地的直接或间接控制。北英格兰地区,尤其是曼彻斯特以北,拥有大量易于开采的煤矿。另一个成功的案例是在 19 世纪迅速实现内生型工业革命并在

---

① [英]安格斯·麦迪逊. 世界经济轮廓,公元 1—2030 年:宏观经济史论文集[G]. 剑桥:剑桥大学出版社,2007:379.
② 郑永年,黄彦杰. 制内市场:中国国家主导型政治经济学[M]. 剑桥:剑桥大学出版社,2018:13-21.
③ 林毅夫. "李约瑟问题":为什么工业革命并不起源于中国[J]. 经济发展与文化变革,1995,43(2):269-292.

第二次工业革命中取得领先地位的德国及其前身普鲁士。在19世纪的上半叶,虽然普鲁士尚未拥有今天的鲁尔区(欧洲最大的褐煤产地)的全部直接领土,但是基本上保持了政治上对这一地区其他政权的威慑力和影响力,使得其能够在经济上方便且实惠地获得大量褐煤作为工业能源。① 而在1871年其通过三次王朝战争建立起统一的德意志帝国之后,更是进一步坐拥阿尔萨斯-洛林地区的矿产资源。② 可见,拥有通畅的能源产地和终端市场间的对接关系是极为重要的。

中国主要的煤炭产地包括今天的山西、陕西和宁夏,这些省份在北宋时期都处于边陲地区,受到来自西夏和辽等其他政权的威胁,这使得煤炭的开采并不能够成为一个安全且稳定的商业活动。尽管约翰·霍布森(2004)提及,在11世纪,中国开发了提取和利用煤炭作为能源的尖端技术,导致铁产量飙升。③ 但是,在经历了靖康之变后,南宋甚至已经丧失了这些煤炭储量极丰富的领土,其边界已经到了秦岭和大散关(今陕西宝鸡西南)以南。④ 而在贸易可能性的视角上,南宋王朝和金以及西夏的外交关系也时常处于敌对状态,所以不大可能通过贸易关系从这些外族政权的领地进口煤矿。此外,金和西夏的经济和技术发展状态也是远远落后于南宋的,甚至还不是成熟的农耕文明,也不存在开采这些资源并出口的能力。

但是,当我们回顾彭慕兰的《大分流:欧洲、中国及现代世界经济的发展》的时候,会注意到他把地理区位优势,尤其是煤炭资源的区位优势,做了特别的强调。彭慕兰(2000)认为这是推动英国率先展开工业革命的重要因素。正如他的原话,12世纪和14世纪之间的人口南移,导致了远离主要煤炭矿床的新中国工业中心的现象出现。⑤ 他提到,尽管在南方地区仍然存在一些小型煤炭矿床,但它们的使用有时会受到政府法规的限制。相比之下,英国拥有欧洲一些较大的煤炭矿床,而且都在相对紧凑的不列颠岛屿内。尽管对加州学派提出批评的著名经济学家,来自伊利诺伊大学芝加哥分校的戴尔得丽·麦克洛斯基教授(2010)认为,中国人可以将他们的工业转移到更靠近煤炭储量的地方,但是显然按照南宋的军事实力,他

---

① 在普奥战争前,普鲁士作为北德意志地区经济体量、人口和领土最大的国家,一直对鲁尔区的诸邦国保持着贸易规则的制定权,在普奥战争胜利后,普鲁士则基本统一了北德意志地区,使鲁尔地区基本上被整合进普鲁士及后来的德意志帝国的版图内。直到当代,鲁尔区仍然生产着德国80%的硬煤和90%的焦炭,并集中了全国钢铁生产能力的2/3。

② 1871年5月10日,普法战争在以普鲁士的胜利、以普鲁士为核心的德意志帝国的建立以及法国的战败而告终后,德法两国签订《法兰克福和约》。条约规定,法国向德国赔款50亿法郎,并割让阿尔萨斯-洛林的大部分地区(分别包括法国东部最大的铁矿产地隆维和煤炭产地蒂永维尔)。

③ [英]约翰·霍布森,美国学术协会理事会. 西方文明的东方起源[M]. 剑桥:剑桥大学出版社,2004:74-98.

④ 靖康之变后,北宋灭亡,其继承政权南宋则丢失了秦岭-大散关边界线以北的原北宋领土(包括现今的山西和陕西范围内的地区),是中国在宋代版图时煤炭储量最大的地区(仅少于当代中国版图中的新疆和内蒙古)。

⑤ [美]彭慕兰. 大分流:欧洲、中国及现代世界经济的发展[M]. 普林斯顿:普林斯顿大学出版社,2000:62-66,219-225.

们并没有战胜女真人(金朝)并向北方收复失地的能力。① 隆兴北伐(战争以双方恢复绍兴和议的秦岭-大散关边界而告终)的失败也印证了这个观点。② 因此,宋朝在煤炭能源的获取上并不具有可持续性的能力,这也是阻碍其开展内生型工业革命的地理因素。

三、结论

本文分别从政治经济学和地理学的视角探讨了两个推动内生型工业革命的重要驱动力,即共谋型的官商关系和对煤炭资源的直接或间接掌控。

首先,通过对欧洲不同政权的比较,尤其是英国和德国作为拥有共谋型的官商关系的正面案例和威尼斯、佛罗伦萨、荷兰、汉萨同盟等由商人阶层垄断政治机构的负面案例,来说明并不是商业活动越繁荣或是商人阶层力量越强大的社会越有可能产生内生型工业革命。相反地,主导政治力量的商人治国社会并不能形成很好的经济治国方略,反而会由于过度追求垄断地位和既得商业利益而阻碍技术创新的产生。而在共谋型的官商关系下,商人阶层和政治家既相互合作也相互制约,这个时候技术创新对双方都是有利的。所以,繁荣的商业社会和强大的商人阶层并不一定将一个国家推向内生型工业革命,即使在欧洲也是如此。回顾宋朝的情况,虽然那时中国的商业活动达到了有史以来最繁荣的水平,商人阶层也得到了更受尊重的社会地位,但是显然他们还无法通过代议制的议会系统参与经济和社会政策的制定,也要依靠来自王朝政府官员的授权才能拿到诸如盐和铁等重要资源的特许经营权。可见在宋朝,官僚阶层显然还是位于社会的主导者地位,王安石变法的破产更是印证了保守派官僚力量的强大。因此,在官商关系上,宋朝很难形成共谋型的双边互动。

其次,本论文也强调了宋朝对煤矿产地的控制权是不可持续的,尤其是在南宋时期,中国西北部的主要煤矿储地都被女真政权(金朝)所占领。如果丧失了基本的工业原料和能源产地,那么即使拥有政治经济上鼓励产业变革的基础,也很难在物质上和社会生产中实现英国式的工业革命。

因此,基于上述分析,本文认为,尽管存在高度发达的城市商业、前所未有的极高的人均收入与购买力,以及社会地位空前提高的商人阶层,宋代的中国仍然不具备发展出内生型工业革命的基本能力。原因在于共谋型官商关系的欠缺,以及对主要煤炭产地控制能力的不可持续性。二者共同阻碍了宋代造就本土工业革命的可能。

---

① [美]戴尔得丽·麦克洛斯基. 资产阶级尊严:为什么经济学不能解释现代世界[M]. 芝加哥:芝加哥大学出版社,2010:170-178.
② 隆兴北伐又称隆兴恢复,所谓"恢复",是指南宋孝宗即位以后,为恢复北方失地和提高南宋在宋金关系中的地位而进行的军事与外交上的努力。整个北伐过程为隆兴元年(1163)4月至隆兴二年(1164)11月,始于南宋方面的不宣而战,终于隆兴和议的签订。

参考文献

[1] 史蒂芬·班尼斯特.工业资本主义——范伯伦和艾尔斯对奈夫和曼图的补充[J].联合社会科学协会年会,2016.

[2] 邓钢,郑露西.经济结构调整和人口增长:揭开中国北宋增长和发展的神秘面纱,960—1127[J].经济史评论,2016,68(4):1107-1131.

[3] [英]约翰·霍布森,美国学术协会理事会.西方文明的东方起源[M].剑桥:剑桥大学出版社,2004.

[4] 林毅夫."李约瑟问题":为什么工业革命并不起源于中国[J].经济发展与文化变革,1995,43(2):269-292.

[5] [美]戴尔得丽·麦克洛斯基.资产阶级尊严:为什么经济学不能解释现代世界[M].芝加哥:芝加哥大学出版社,2010.

[6] [美]道格拉斯·诺斯,罗伯特·托马斯.西方世界的兴起:新经济史[M].剑桥:剑桥大学出版社,1973.

[7] [美]彭慕兰.大分流:欧洲、中国及现代世界经济的发展[M].普林斯顿:普林斯顿大学出版社,2000.

[8] 郑永年,黄彦杰.制内市场:中国国家主导型政治经济学[M].剑桥:剑桥大学出版社,2018.

[9] [英]安格斯·麦迪逊.世界经济轮廓,公元1—2030年:宏观经济史论文集[G].剑桥:剑桥大学出版社,2007:379.

第七章　文化撷英

杨志翔　流萤：民俗文化中的元宵节和元宵诗词

南瑛　张金龙：陇南口传故事《摇钱树》的文化意蕴与艺术特色

民俗文化中的元宵节和元宵诗词

杨志翔[①]　流萤[②]

摘要：本文从民俗文化的视角来审视元宵节与元宵诗词,指出民俗节日是一种民族情感、民族信仰的表达方式,是民族民俗文化的大集会、大展览,介绍了元宵节的来历和风俗,并解读了几首有代表性的元宵诗词。

关键词：民俗文化;元宵节;元宵诗词

民情,是指一个民族的成员生活、劳作以及风俗习惯等情况。民风,是指一个民族或一个地区群体所共有的认作行为规范的社会风尚。民俗,是指创造于民间又传承于民间的世代相习的传统文化现象。民风发展到稳定时成为民俗。中国古代的民情民风民俗构成了独特的中国文化风景线,这些民情民俗民风又集中地体现在中国人的民俗节日之中,古典诗词则是研究这些民俗文化最好的材料。本文即着重介绍民俗文化中的元宵节及其相关的古典诗词。

一、元宵节与上元节

民俗节日是传播民俗文化的重要途径。具有一般民俗文化的大众性,民俗节日参与的人群十分广泛,上至王公贵族,下至平民百姓;民俗节日的模式性也十分明显,一般都有一个固定的时间,而且有一整套规范、具体的程序。比如除夕晚,人们会祭祀祖先、吃团年饭、放鞭炮、守夜等;另外民俗节日还有民族性和地域性,民

[①] 杨志翔:北京师范大学、香港浸会大学联合国际学院助理教授。
[②] 流萤:湖北大学教授。

俗节日是属于民族的,是这一民族的生活方式、情感表达、思维定式的反映,但也会因地域的不同而有所区别,比如农历新年之前,有的地方腊月二十三过小年,有的地方则腊月二十四过小年。这些特征在本文叙述的元宵节中也得到了充分的体现。

在中国人的传统里,新年不仅仅是正月初一这一天。过新年是从腊月初八开始,直到正月十五元宵节后才结束,有的地方甚至还包括正月十六。

元宵节,又称上元节或灯节,是春节之后的第一个重要节日,或者说它本身就是春节的一个重要部分,是中国亦是汉字文化圈地区和海外华人重要的传统节日之一。正月是农历的元月,古人称夜为"宵",所以把一年中第一个月圆之夜正月十五称为元宵节。

相传西汉时期汉惠帝刘盈驾崩后,吕后一族控制了政权。吕后卒后,周勃、陈平等元老奋起剿平"诸吕之乱",拥戴刘恒登基,是为汉文帝。汉文帝励精图治,使汉帝国再次强盛起来。因扫除诸吕之乱恰值正月十五,为纪念这个重要的日子,汉文帝于每年是日必出宫与民同乐。各种民俗活动也相继开展起来,并相沿成习。这些习俗将从除夕开始的节庆活动推向又一个高潮。

在早期节庆形成过程之时,只称正月十五日、正月半或月望,隋以后称元夕或元夜。唐初受道教的影响,又称上元,唐末才偶称元宵。自宋以后,也称作灯夕。到了清朝,又称灯节。

民俗文化中的元宵节,又是道教文化中的上元节。上元节与道教崇奉的神灵有关。道教是崇拜多神的宗教,道教崇奉的神灵种类繁多,三清四御,不一而足,其中三官大帝就是早于三清且神阶很高、影响很大的神。三官大帝的信仰源于中国古代先民对天、地、水的自然崇拜。三官大帝即天、地、水"三官",有关其来历说法颇多,或说起源于中国古代宗教对天、地、水的自然崇拜,或说起源于五行中金(主生)、土(主成)、水(主化)三气,或认为是尧、舜、禹,等等。

南北朝时期,北魏寇谦改革天师道,将"三官"与"三元"相配而成为"上元天官紫微大帝""中元地官清虚大帝""下元水官洞阴大帝"。天官紫微大帝赐福,诞于正月十五,称上元节,也就是"元宵节"。地官清虚大帝赦罪,诞于七月十五,称中元节,又称"鬼节"或"盂兰盆会"。水官洞阴大帝解厄,诞于十月十五,称下元节。唐代三元节由皇帝下令全国禁屠,百姓于这三日"停宰杀渔猎"。明代以来,各地都建有三官殿、三官堂、三官庙。各地的人们为了祈福、祈罪和禳灾,分别在这三个日子举办上元会、中元会和下元会。

这就是道教的上元节、中元节、下元节。道教文化与民俗文化相互融合,交汇出独有的"十五"文化。

二、元宵节的习俗

1. 吃汤圆

吃汤圆是元宵节的一个重要习俗。汤圆,又名汤团、元宵。吃汤圆的风俗始于何时,有说始于春秋晚期楚昭王时,有说始于汉武帝时一宫女名曰"元宵",做得一手好汤圆,也有说始于清乾隆帝时,但学界多数人都认为吃元宵的风俗始于宋代。当时的汤圆称浮圆子,亦称汤圆子、乳糖圆子、汤丸、汤团等,生意人则美其名曰"元宝"。当汤圆成为元宵节的应节食品后,人们称其"元宵"。

如今,北方多叫元宵,南方多称汤圆。元宵依馅分,分有馅和无馅两种;按制作方法分,有手中搓制、元宵机制和竹匾水滚等诸种;按粉制分,则有糯米面、高粱米面等制作而成。

2. 赏花灯

赏灯是元宵节的一个重要内容,谁家的灯笼样式别致、画得漂亮,围观的人越多,这家人就越高兴,因为从道教的角度,大家相信天官在临凡观看,都希望以此获得天官的赐福和眷顾。

但更多的人认为,元宵节张灯是与佛教有关。在佛教教义中,灯是佛前的供具之一。佛家鼓动信徒们张灯,经典中反复宣传"百千灯明忏悔罪","为世灯明最福田",甚至鼓励佞佛者剜肉燃灯,以供养佛。所以历来朝山进香,以求佛佑者,总要供奉灯油,以示广种福田;而佛教盛会总需大明灯火,以光明法王。据佛教传说,佛祖释迦牟尼示现神变、降伏神魔是在西方12月30日,即东土正月十五。为纪念佛祖神变,此日需举办燃灯法会。佛教东渐,正月十五燃灯之风随之而来。①

中国始行元宵张灯,是在东汉。因汉明帝提倡佛法,适逢蔡愔从印度求得佛法归来,称印度摩揭陀国每逢正月十五,僧众云集瞻仰佛舍利,是参佛的吉日良辰。汉明帝为了弘扬佛法,下令正月十五夜在宫中和寺院"燃灯表佛"。此后,元宵放灯的习俗就由原来只在宫廷中举行流传到民间。即每到正月十五,无论是士族还是庶民都要挂灯,城乡通宵灯火辉煌。

元宵放灯的习俗,在唐代发展成为盛况空前的灯市,当时的京城长安已是拥有百万人口的世界最大都市,社会富庶。在皇帝的亲自倡导下,元宵灯节办得越来越豪华。中唐以后,元宵节已发展成为全民性的狂欢节。唐玄宗时的开元盛世,长安的灯市规模很大,燃灯五万盏,花灯花样繁多,皇帝命人做巨型的灯楼,广达20间,高达150尺,金光璀璨,极为壮观。

到了宋代,元宵灯会无论是规模还是灯饰的奇幻精美程度都胜过唐代,而且活动方式更为民间化,民俗特色更强。以后历代的元宵灯会规模不断发展,灯节的举

---

① 武子冈.大中华文化知识宝库[M].武汉:湖北人民出版社,1993:1257.

办时间也越来越长。唐代的灯会是"上元前后各一日",宋代又在正月十六之后延长了两日,明代的灯会时间则扩展到从正月初八到正月十八整整十天。

到了清代,满族入主中原,宫廷不再办灯会,但民间的灯会规模却仍然壮观。这一时期,灯会时间缩短为五天。

3. 猜灯谜

灯谜是元宵灯节派生出来的一种独特的民俗文化,属于文字智力游戏。将谜面贴在花灯上供人猜想,谜底多着眼于文字意义,并有谜格24种,常用的有卷帘、秋千、求凤等格,笔者见过的猜灯谜活动,主办者往往会送猜中者一些小礼品以供一乐。中国最大的一次灯谜盛会是1979年在南京举行的"九城市灯谜会猜",会上设有灯谜上万条,3天里参加的人次达两万多人。

4. 踩高跷

踩高跷是民间盛行的一种群众性技艺表演。高跷本属我国古代百戏之一,早在春秋时已经出现。我国最早介绍高跷的是《列子·说符》篇:"宋有兰子者,以技干宋元。宋元召而使见其技。以双枝长倍其身,属其胫,并趋并驰,弄七剑,迭而跃之,五剑常在空中。元君大惊,立赐金帛。"①从文中可知,早在公元前500多年,高跷就已流行。

高跷分高跷、中跷和跑跷三种,最高者一丈多。表演者以长木缚于足,不但能行走,还能跳跃和舞剑。据古籍中记载,古代的高跷皆属木制,在刨好的木棒中部做一支撑点,以便放脚,然后再用绳索缚于腿部。据说踩高跷这种形式,原本是古代人为了采集树上的野果为食,而给自己的腿上绑两根长棍最终发展出来的一种跷技活动。表演者脚踩高跷,可以做舞剑、劈叉、跳凳、过桌子、扭秧歌等动作。北方的高跷表演中,扮演的人物有渔翁、媒婆、小二哥、道姑、和尚等。南方的高跷表演中,扮演的多是戏曲中的角色,如关公、张飞、吕洞宾、何仙姑、张生、红娘、济公、神仙、小丑等。他们边演边唱,生动活泼,逗笑取乐,如履平地。

5. 舞狮子

舞狮子是我国优秀的民间艺术,每逢元宵佳节或集会庆典,民间都以狮舞来助兴。这一习俗起源于三国时期,南北朝时开始流行,唐代时狮舞已成为盛行于宫廷、军旅、民间的一项活动。诗人白居易《西凉伎》诗中对此有生动的描绘:"西凉伎,西凉伎,假面胡人假狮子。刻木为头丝作尾,金镀眼睛银帖齿。奋迅毛衣摆双耳,如从流沙来万里。"诗中描述的是当时舞狮的情景。

在一千多年的发展过程中,狮舞形成了南北两种表演风格。北派狮舞以表演"武狮"为主,引狮人以古代武士形象装扮,手握旋转绣球,配以京锣、鼓钹,逗引瑞狮。狮子在"狮子郎"的引导下,表演腾翻、扑跌、跳跃、登高、朝拜等动作,并有走梅

---

① 王强.列子全译[M].贵阳:贵州人民出版社,1993:247.

花桩、窜桌子、踩滚球等高难度动作。南派狮舞以表演"文狮"为主,表演时讲究表情,有搔痒、抖毛、舔毛等动作,惟妙惟肖,逗人喜爱,也有难度较大的吐球等动作。南狮以广东为中心,并风行于港澳地区及东南亚侨乡。

古人将狮当作勇敢和力量的象征,认为它能驱邪镇妖、保佑人畜平安,所以人们逐渐形成了在元宵节或其他重大活动里舞狮子的习俗,以祈望生活吉祥如意、事事平安。

2011年5月,藤县舞狮被列入第三批国家级非物质文化遗产名录,足见,这项有着悠久历史的民间技艺不仅受到广大人民的喜爱,还得到了国家的重视、保护和传承。

6. 迎紫姑

紫姑也叫戚(七)姑,北方多称厕姑、坑三姑。古代民间习俗正月十五要迎厕神紫姑,初以占卜蚕桑事,后并占众事。传说紫姑本为一户人家的小妾,为大妇所妒,正月十五被害死厕间,后成为厕神,所以民间多以女子做成紫姑之形,夜间在厕所或猪栏的旁边迎紫姑而祀之。迎紫姑活动真实地反映了劳苦民众善良、忠厚、同情弱者的思想感情。

另外有些地方还有走百病、偷菜、送瘟船等活动。

关于元宵节的情形,都被文人们写入诗中。如唐代诗人苏味道所作《正月十五夜》一诗。

正月十五夜
苏味道

火树银花合,星桥铁锁开。
暗尘随马去,明月逐人来。
游伎皆秾李,行歌尽落梅。
金吾不禁夜,玉漏莫相催。

元宵节是灯节,各种花灯璀璨夺目,形成火树银花的瑰丽景象。诗出成典,"火树银花"就成为形容节日里灯光与焰火炫丽景象的固定词语。唐代实行宵禁,平日里不准人们夜间外出,而在上元夜则解除了宵禁,城门大开(唐时一年只有三天不宵禁,即正月十四、十五、十六)。一批批骑马的贵人迎着月光,马儿的铁蹄扬起阵阵尘土,婀娜的歌妓打扮得花枝招展,尽兴地唱着《梅花落》。诗人此时只希望计时的滴漏速度可以慢一点,让人们多享受一下节日祥和快乐的时光(古代以漏刻之法计时,具体方法是用铜壶盛水,壶底打通一小孔,壶中立有刻度箭,壶中的水逐渐减少,箭上的度数就依次显露,就可按度计时,击鼓报更)。

苏味道的诗可以和唐玄宗时诗人崔液的《上元夜·其一》(崔液写有六首元宵节的诗)一起品读。崔诗前面两句的诗意与苏诗相同,也是说的宵禁解除,城门通宵大开,希望时间能够慢一点,节日的夜晚再拉长一点。但后面两句则别有意蕴,覆盖面更广。"谁家""何处",实际是指家家、人人,上至王侯将相,下至平民百姓,没有一个人愿意错过这月有灯的元宵节的夜晚,错过这难得的自由时光。人声鼎沸,车水马龙,灯火闪烁,繁华的京城元宵夜景尽在这两句诗中。诗中连用两个诘句,意在表明上元夜盛景迷人,令人心向往之,同时又产生了言辞浅白而意蕴无穷的艺术效果。

上 元 夜

崔 液

玉漏银壶且莫催,铁关金锁彻明开。

谁家见月能闲坐?何处闻灯不看来?

苏诗和崔诗写的是京城上元夜的热闹景象,而京城之外呢?是否与京城一样呢?清代诗人舒正增的诗是描写江城武汉上元夜时的胜景。诗人登上黄鹤楼,俯视武昌城的上元夜。此时任何词语都不足以道出上元夜的热闹景象。但见赏灯游人熙熙攘攘,彻夜不归,缤纷彩灯,眼花缭乱,美不胜收。诗人选择了游人、锦灯、圆月、金鼓、管弦、玉烛等意象,分别从视觉与听觉两方面渲染了上元节浓浓的节日氛围。颔联的"火树""银花"显然由苏味道诗点化而来。尾联首句与前两诗一样,表达了对官府解除夜禁的欢欣心情(三个诗人都写到上元夜解除宵禁,可见清代也有宵禁制度,而且地区不限于京城。此句透露了解除宵禁对上元夜的重大意义:因为平时不能夜出,人们才更加珍惜这样的机会)。最后一句则祝愿新的一年能够风调雨顺,百姓能有一个丰收年。

武昌城黄鹤楼上观上元放灯(其一)

舒正增

游人彻夜踏江天,锦样灯光照眼前。

火树齐开春不觉,银花乍放月初圆。

奔腾白泽喧金鼓,隐起青龙簇管弦。

定是金吾欢弛禁,频调玉烛兆丰年。

唐伯虎是明代江南四大才子之一。他的这首七律,前两联抓住元宵节最大的特点,极写灯、月、人三者的关系,而又由一个"春"字来统摄。元宵节之夜,没有料峭的寒风,而有丝丝的春意。灯、月、人,共同构成早春的色彩和元宵节的气氛。月要有灯来烘托,灯要有月来增辉。月和灯要靠人来激赏才有意义。元宵节之夜,满街都是戴着珠翠出来游玩的女子。大街上歌声飘扬,笙管悠长,热闹气氛赛过祭祀土地神之日。如果不尽兴游玩、开怀大笑至通宵达旦,怎么对得起这样的吉日良辰呢?

元 宵

唐 寅

有灯无月不娱人,有月无灯不算春。

春到人间人似玉,灯烧月下月如银。

满街珠翠游村女,沸地笙歌赛社神。

不展芳尊开口笑,如何消得此良辰。

元宵即南方人称的汤圆。元宵多以白糖、玫瑰、芝麻、豆沙、桂花、核桃仁、果仁、枣泥等为馅,用糯米粉包成圆形,北方人则习惯用摇筛的方式制作,可汤煮、油炸,风味各异。每当正月十五,各地民众纷纷制作元宵,元宵外形圆滚饱满,有团圆美满之意。古人认为元宵节吃元宵,能为家庭带来和睦与平安。

上元竹枝词

符 曾

桂花香馅裹胡桃,江米如珠井水淘。
见说马家滴粉好,试灯风里卖元宵。

符曾的这首竹枝词写的就是这种民俗。他绘制了一幅忙碌又温馨的富有动感的元宵节连环画。香甜的桂花馅料里裹着核桃仁,用井水来淘洗像珍珠一样的江米。马家的滴粉元宵远近闻名。一大早主妇就忙着准备做元宵的材料,淘米、磨粉,然后把磨好的浆粉放在吊着的白布里沥水(谓之滴粉)、研碎核桃仁与桂花做成馅。男人则忙着张灯结彩,制造节日气氛。当男人试着点燃彩灯、查看彩灯效果时,主妇已经吆喝着在卖元宵了。

元宵节的风俗源远流长。历经几千年,我们民族依然保留了元宵节的一些主要风俗,这些风俗具有极强的历史穿透力与凝聚力,是我们传统文化不可分割的重要内容。

蝶恋花·密州上元

苏 轼

灯火钱塘三五夜。明月如霜,照见人如画。帐底吹笙香吐麝。更无一点尘随马。　　寂寞山城人老也。击鼓吹箫,乍入农桑社。火冷灯稀霜露下。昏昏雪意云垂野。

此词表达的内涵与前几首明显不同。苏轼因为与推行变法的王安石等人政见不同,自请由京城外放。1074年其调往密州任知州,而此词作于1075年。全词用粗笔勾勒的手法,抓住杭州、密州的气候、地理、风俗等方面各自的特点,描绘了杭州上元夜和密州上元夜的不同景象,流露了作者对杭州的思念和来到密州时的寂寞心情。

题目为"密州上元",词开头却从钱塘的上元夜写起。钱塘即今杭州,苏轼曾于那里过了三个元宵节。上阕描写杭州元宵节景致。元宵节的最大特点就是"灯火"。东坡用一句"灯火钱塘三五夜",点出上元夜的盛况。"明月如霜",写月光之皎洁明媚,化用了李白的"床前明月光,疑是地上霜"。上元夜月正圆,灯月交辉,引来满城男女游赏,一句"帐底吹笙香吐麝"写尽杭州城官宦人家过节的奢华情景。"更无一点尘随马",化用苏味道《正月十五夜》诗"暗尘随马去,明月逐人来"句,进一步从动态写游人。"无一点尘",更显江南气候之清润。

下阕描写密州上元夜。"寂寞山城人老也"情调陡然一转,"寂寞"二字,奠定了下阕的感情基调。苏轼知密州时正值中年,却言"人老也",其中暗含了多少身世沉浮的潜台词!词人此时来密州不久,遇元宵佳节,上街看灯,不料其景象与钱塘之景完全不同。密州不比杭州,当时较为偏僻贫穷。这个上元之夜,没有圆月,词人随意闲行,去考察当地的民情风俗。听到箫鼓之声,走近一看,原来是村民正举行社祭,以祈求丰年(这可能是密州一带特有的风俗)。最后"火冷灯稀霜露下,昏昏雪意云垂野"二句,用一连串凄凉的意象,给读者描绘了一幅彤云四垂的惨淡画面,更反衬出密州与温暖的江南不一般的寒冷气候及词人"寂寞"的心境。无须多着一字,便觉空旷苍凉、清冷萧索。

苏轼在密州曾借中秋之夜,写了著名的《水调歌头·明月几时有》,小序写道:"丙辰中秋,欢饮达旦,大醉,作此篇,兼怀子由。"苏轼与兄弟子由已六七年不见了,何时才能与亲人团聚,只有"把酒问青天",可知在密州时苏轼总的心境如《蝶恋花·密州上元》所写的"寂寞"是一样的。

辛弃疾所作的《青玉案·元夕》所描绘的上元夜又是一幅不一样的画面。

青玉案·元夕
辛弃疾

东风夜放花千树。更吹落、星如雨。宝马雕车香满路。凤箫声动,玉壶光转,一夜鱼龙舞。　　蛾儿雪柳黄金缕。笑语盈盈暗香去。众里寻他千百度。蓦然回首,那人却在,灯火阑珊处。

《青玉案·元夕》上阕极写上元夜绚丽多彩、热闹非凡的场面。花团锦簇的枝丫、耀人眼目的焰火、豪华的马车、如玉壶般的月亮、鱼龙形状的彩灯,诸多意象绘就了一幅偏安一隅的南宋元夕图画。人们倾城出动,万人空巷,谁也不愿错过这喧嚣热闹的节日夜晚。下阕头两句则将镜头拉近,由全景式的描绘转到对特定人群的摹写。蛾儿、雪柳、黄金缕,皆古代妇女头上佩戴的各种饰品,这里指元夕时节盛装的妇女。最后描写的视角由一群群娇媚的观灯女性聚集到灯火尽头一个孤高淡泊、不同流俗的女子身上,整首诗的情调也变得冷清孤寂。"众里寻他千百度。蓦然回首,那人却在,灯火阑珊处"是千百年来脍炙人口的名句,整首词的主旨及意蕴亦由此而得到升华。词人寻此人寻得好苦啊,但得来全不费功夫,猛然一回头,他所要找的人就在灯火阑珊处。她为什么游离于节日氛围之外,置身于为众注意不到的地方?她是否有什么难言之隐?不必问词人此处是实写还是虚写,词人只是想借她的孤高和特立独行,来表明自己曲高和寡的心境。强敌压境,国势日衰,而南宋统治者却不思进取,偏安江左,"直把杭州作汴州",沉湎于歌舞享乐之中。洞察形势的辛弃疾,欲补天穹,却恨无路请缨。他的志向、哀伤、怨恨,不正如这位立于灯火阑珊处不被人理解的女子一样?词的结尾音韵含蓄婉转,余味无穷。

此外,丘逢甲所作的《元夕无月》则体现出诗人赤诚的爱国情怀。

元夕无月

丘逢甲

满城灯市荡春烟,宝月沉沉隔海天。
看到六鳌仙有泪,神山沦没已三年!
三年此夕月无光,明月多应在故乡。
欲向海天寻月去,五更飞梦渡鲲洋。

丘逢甲是晚清著名抗日保台志士、爱国诗人、教育家,生于台湾地区彰化县。《马关条约》签订后,台湾被割让给日本,丘逢甲组织义军抗日失败,内渡福建。这首诗写于台湾被割让三年后的一个元宵节晚上,借写元宵之夜抒发爱国之情。元宵节之夜,满城灯市。诗人却无心欣赏美景,心境与天色一样阴沉。因为海那边的"神山"(台湾)沦没已三年。三年后的今夜,此地没有月光,明月肯定在诗人的故乡台湾,诗人"欲向海天寻月去,五更飞梦渡鲲洋"(鲲洋,指台湾海峡)。诗人借"寻月"和"五更梦"再一次抒发收复台湾的志向,诗虽写得含蓄,但透过诗句,读者不难理解诗人拳拳的爱国之心和盼望有朝一日能收复台湾的远大志向。

写元宵的诗词非常多,借写元宵另抒幽情,织成了元宵诗词独特的风景线。诗人们在诗中表现自己的身世沉浮之慨和家国情怀,人格境界蕴含在诗词之中。许多诗人跳出了单纯描写民俗风情、节庆文化的层面,使元宵诗词多了一份深沉和凝重,体现了一种独特的艺术价值。

诗词是民俗文化重要的文字载体,透过这些穿越时空的诗词,今人得以从艺术的角度了解传统民俗节日的面貌,让我们从绵延数千年历史中获得民族自豪感,增进凝聚力。

一个民族的传统节日,特别是重要的节日,比如春节、元宵节等,是一种民族情感、民族信仰的表达方式,不仅具有民族特点,体现着民族生活状态,更是一个民族存在的标志。而且民俗节庆本身也在与时俱进,与整个民族的生存、发展相伴随。

参考文献

[1] 张兴发.道教神仙信仰[M].北京:中国社会科学出版社,2001.
[2] 林继富,王丹.解释民俗学[M].武汉:华中师范大学出版社,2006.
[3] 刘守华.文化学通论[M].北京:高等教育出版社,1992.

陇南口传故事《摇钱树》的文化意蕴与艺术特色[①]

南瑛[②] 张金龙[③]

摘要：《摇钱树》是流传在甘肃陇南的一个民间传说。它把美好的孝行融入风物传说之中，使二者互为因果，既描画出理想之孝，又说明了花椒树的来历，表达了民众对纯孝之情的追求和向往，以及对能给他们带来富足幸福生活的吉祥树木——花椒树的钟爱。故事传达出天人感应思想，想象奇妙而富有诗意，情节引人入胜，地域气息浓郁，文质兼美，是陇南口传散文作品中的上乘之作，值得学界的关注。

关键词：陇南；民间传说；《摇钱树》；孝；花椒树

《摇钱树》是一则广泛流布于陇南的口传故事，讲述了花椒树的由来。但这则口传故事不单单是一个风物传说，其内涵丰富、构思巧妙，是当地民间传说中的上乘之作。

一、故事内容

有一对小两口，一直无微不至地照顾着他们双目失明的老母亲。有一年冬天，

[①] 2020年甘肃省教育科学"十三五"规划课题"课程思政背景下地域文化融入大学语文教育研究"（项目编号：GS[2020]GHB4786）阶段性成果。
[②] 南瑛：陇南师范高等专科学校文学与传媒学院副教授。
[③] 张金龙：甘肃陇南市礼县崖城镇肖河小学教师。

老人因偶染风寒,卧床不起,十分想吃秋子(一种山中的野果)。但这个时节并不是秋子生长的季节,到哪里能寻到秋子呢?儿媳十分犯愁。凑巧的是,儿媳在茅坑边鸡刨的土堆里无意发现了一颗鲜红的秋子,就惊喜地捡起,洗净后喂给婆婆吃。婆婆吃着秋子,品尝着无限的绵香和甘甜。然而就在这时,天上忽然响起一声炸雷。媳妇心想,一定是自己给婆婆吃了茅坑边的秋子,要被老天怪罪。她赶忙从窗户伸出双手大喊:"老天爷啊!千万不要击我的头,我一死,老娘就没人伺候了,只怪我的手拣了不洁净的东西让娘吃,如要罚我,你就把我的双手取去吧!"躺在炕上的婆婆听到了儿媳的呼喊,于是也大声呼喊:"老天爷!只怪老身口馋多事,你就要了我的老命吧,千万不要伤了我的儿媳。"此时,一道电光从屋檐下闪过,院子里又响起一声炸雷,婆媳俩被吓昏了。在外干活的儿子看到天上雷鸣电闪,又见一个光团落在自家院子里,心里很是不安,跑回来看到昏倒的妻子手里居然捧着满满一坛银子。于是他叫醒妻子,唤醒娘,问明原委,才知道这坛银子是天赐的。

夫妻俩有了银子后,并没有急于添畜买地,而是首先去给母亲治病。但老人的病很难治好,已时日无多,于是儿子就去为老人置办寿衣。他跑遍了丝绸店,千挑万选,总算买好了衣料,但却不十分满意,心里暗自遗憾:"天这么大,地这么阔,怎么就给母亲选不到更好的衣料呢。"这时正好迎面走来一老者,说:"我这里有件寿衣,叫富贵珍珠衫,是金丝穿珍珠经纬而成,是银两买不到的,我见你一片赤诚孝心,情愿相送于你,如你母亲归天后穿上,后辈儿孙定然受用无穷。"儿子接过衣物,这时老者已不见了踪影。不久,老母病故,两口子便用珍珠衫覆盖遗体厚葬了老人。有贪婪者觊觎珍珠衫,第二天晚上就偷偷去墓堆扒土,孰料却扑在了一堆棘刺里,手和脸被扎得血肉模糊,只得忍痛而归。

第三天早上,儿子去母亲坟上复土圆坟,却发现墓堆不见了,而这里长着一株满身是刺的树,枝繁叶茂,结满小红粒果实,芳香宜人。他不明就里,又伤心又惊奇,哭着想:"为啥老娘这样苦,埋在土里连个墓堆都存不住?"泪眼中只见曾送给他珍珠衫的那位老者站在面前,笑眯眯地说:"你夫妻俩对母亲的孝心是赤诚的,得银不迷,见宝不贪,原原本本奉献给母亲,确实感天动地,所以埋下珍珠衫,长出摇钱树。赶紧采收树上的红果,拿回家晒干脱子,繁育扩种,精心培育,几年工夫就会有长久稳定的钱财收入。"于是夫妻俩就按老者的话去做了,果然几年后日子变得吃穿不愁。

这棵摇钱树就是花椒树,它的果粒犹如珍珠,不仅是贵重的香料和调味品,还能入药治病,其子富含油汁,食用可口,开胃健脾。至今,花椒仍然是陇南一种重要的经济树木,是人们发家致富的摇钱树。

二、主题意旨

（一）解释花椒树不平凡的来历

地处秦巴山区的甘肃陇南，大部分地区属暖温带半湿润气候，特别适宜花椒的生长。花椒是一种具有复合型价值的经济林木，其果皮不仅可制成高级香料，还有明目、镇痛的药用价值，其种子可以加工成调味油，制造成有机肥料、肥皂等。花椒树根系发达，能防止水土流失，保护生态环境，是可贵的林业资源。陇南自西汉时就已栽种花椒树，唐时已是贡品，明初则被列为纳税项目。今天，陇南花椒更以其优良的品质、醇厚的味道，为陇南赢得"中国花椒之乡"的嘉誉，是帮助当地百姓脱贫致富、奔向幸福生活的一种重要经济树木。因此，世世代代生活在这片土地上的民众，培植花椒，熟悉花椒，也钟爱花椒，对花椒有着独特的感情，也就为其创造出了一个美丽的传说，并且借这个传说，寄托了自己美好的期望。

（二）表达民众心中美好的孝愿景

《摇钱树》让一个动人的"孝"故事与一种珍贵的树木——花椒树发生关联，将儒家倡导的孝道自然地与当地典型风物融合在了一起。

孝道是儒家十分重要的一种道德规范。儒家先贤孔子、孟子都很重视孝。孔子曰"夫孝，德之本也，教之所由生也。……夫孝，始于事亲。"[①]即孝是一切德行的根本，是教化产生的根源。孝的基础，是侍奉父母，即所谓"事亲"。《说文解字·老部》"孝"字释："善事父母者。"[②]孟子也认为，"事亲为大"，"事亲，事之本也"（《孟子·离娄章句上》）。[③]孝作为古代社会的主流价值观，是中国人特有的文化机制。[④]中国文化是孝的文化。[⑤]陇南民众深受孝文化的濡染。二十四孝的故事在当地民间或以散体或以韵文的形式广为流传。当地民谚中有颇多孝道方面的内容，如："早交皇粮不怕官，孝顺父母不怕天"，"养儿防顾老，栽树避荫凉"，"檐水滴的旧窝窝"等。民歌中也不乏孝道的训导，如说春《孝堂春》："自从盘古开天地，开天辟地有人伦。五福堂中恩最重，五经四书孝为尊。……堂上父母要孝敬，敬孝胜过敬佛神。和睦兄弟侍奉亲，尽孝为人首一宗。"陇南口传故事中涉及"孝"的故事不少，唯独《摇钱树》对孝道思想的表达最为充分全面和深沉，故事中每一个角色的设置，每

---

① ［春秋］孔丘.孝经[M].陈书凯，编译.北京：中国纺织出版社，2007：52.
② ［清］段玉裁.说文解字注[M].上海：上海古籍出版社，1981.
③ 杨伯峻.孟子译注[M].3版.北京：中华书局，2010：164-165.
④ 肖波.中国孝文化概论[M].北京：人民出版社，2012：6.
⑤ 梁漱溟.中国文化要义[M].上海：学林出版社，1987：307.

一种行为的表现都渗透着讲述者对现实思考的描述和愿望的倾诉。①

首先,《摇钱树》所表现的是一种毫无功利的、发自内心的、真心真意的纯孝。"为人子者"不是"怀利以事其父",而是"怀仁义以事其父"(《孟子·告子下》),不仅给予老人悉心的生活照料,还尊敬老人,顺其意,欢其心,做到了养亲又敬亲。关于养亲是否出自真心,陇南民众诉求强烈。如口传故事《拾林檎》,有一贫一富两家,两家的老娘都因生病而想吃林檎。贫家之子林娃想办法去寻,四处找寻不到无奈将茅坑粪水里的一颗拾起,用水洗嘴唆,弄干净后给了娘。当老天爷下大雨,雷在房顶上炸响时,他以为自己做了错事,就坐在炕眼门上等着受惩罚,谁知惊雷响过,林娃瞬间面貌变得更清俊,脑袋也变得更聪明。而红艳艳的林檎果子就长在富家女家里的树上,但她为了变漂亮,于是有意模仿林娃,将林檎故意丢进茅坑,如法炮制,然后坐在炕眼门上等待奇迹的发生,结果却被恶雷劈掉了头。一样的行为,却有两般结局,真心假意,在黑白对比中,表达了故事讲述者对真情的渴望。《摇钱树》则重在描述这种真情及其产生的动人效应。故事中的媳妇,对婆婆的日常照顾无微不至,在危及性命之时,仍念念不忘关照老人。儿子在得到一坛银子后,也是先治疗母亲的病,并想方设法为母亲完成最后的心愿,并没有只想着满足自己的私欲。

其次,《摇钱树》中所呈现的孝道,与同类故事同中有异、有所区别。一般的"孝"故事,多强调子女对父母单向的感情与物质的付出,而对子女的状况鲜少描述。陇南谚语有云:"大人有疼心,小人有孝心。"说的是年老的父母与行孝的子女之间感情存在互动的问题。子女尽孝道当然是天经地义、理所当然的,但在复杂的现实层面,子女也可能需要长辈的感情抚慰。《摇钱树》对此则有难能可贵的体现。在儿媳妇给婆婆吃了不洁之处拾来的秋子后,自觉该受惩罚但仍顾念老人的生计,央求以双手代替脑袋,以留下自己的性命继续伺候。而躺在炕上的婆婆亦十分关心儿媳,并大喊:"老天爷!只怪老身口馋多事,你就要了我的老命吧,千万不要伤了我的儿媳。"试想,在生死面前,媳妇和婆婆,都甘愿为了对方,争着抢着去承受厄运,还有什么比这一幕更感人心怀、动人心魄呢?

因此,《摇钱树》中表现的"孝"理想,正是民众心中所向往的"孝"的状态。

三、艺术分析

(一)创造性的情节结构

《摇钱树》具备一般风物传说的特点,即故事情节富有传奇色彩。故事通过日常生活的方式,合乎生活逻辑地向前发展,同时,又提炼、剪裁、虚构、渲染、夸张生

---

① 康丽.角色置换与利益代言:从社会性别角色解读中国巧女故事[J].文化研究,2003(1):35-41.

活素材,通过奇妙的想象,运用"超人间"的细节,使故事充满奇幻色彩,既合乎情理,又出人意料,既真实,又荒诞,因而引人入胜。故事中,小两口伺候奉养生病的老母,原本是日常生活,生病婆婆想吃秋子,也是常事,但儿媳在寒冬要寻得一颗鲜果,在古代谈何容易! 此时,故事将婆婆思水果之切(病中)、媳妇求而不得的犯难、"踏破铁鞋无觅处,得来全不费工夫"的惊喜、得地(茅坑)之特殊、处理之精细、婆婆品尝之满足——叙来,极写儿媳高兴又忐忑、用心又迟疑的矛盾心理,为后面响雷的出现做铺垫。当响雷忽现,媳妇可能被击打,读者也跟着担心时,被吓昏的儿媳不但安然无恙,还意外得到一坛银子! 接着,在银子的用度上,夫妇同心,一要给老人治病,二要为老人置办寿衣。儿子把丝绸店跑了个遍,总算把衣料买成了,但觉着还是不十分满意,正为再找不到更好的而遗憾时,一位长者适时出现,并慷慨以千金难买的富贵珍珠衫相送。结尾,在霞光闪闪、光彩夺目的珍珠衫覆盖着下葬老人的地方,竟然长出了一株满身是刺的树,儿子惊惧得大哭,又是前述老者现身解疑,指点迷津。故事一波未平一波又起,匪夷所思,妙趣横生。

同时,《摇钱树》也具有一般"孝"故事的形式,可概括为"晚辈孝心型"一类。首先,这类故事通常讲某子女如何孝敬父母。如流传在宁夏地区的口传故事《孟冬哭笋》,大冬天母亲病重,想吃青笋。孟冬无法寻得青笋,因而伤心哭泣。而土地被孟冬的孝心所感动,居然长出了青笋,母亲得偿所愿,疾病得以痊愈。陇南民众十分推崇"孝"这一美德,民间至今广泛流传着二十四孝的故事。如《王祥卧冰》中,母亲因生病想吃鱼,王祥在数九寒天暖冰三天三夜,最终化开一个冰窟窿,并从里面跳出了一条鱼,他做成鱼汤呈给母亲,母亲喝下后病痛得以减轻。后来母亲得知这条鱼的来历,难过得流下泪来。另有《莱子娱亲》,胡子都白了的莱子为解父母烦忧,故作小娃娃手舞足蹈的天真状,以博父母一笑。《摇钱树》则用较长的篇幅讲述儿子儿媳尽心尽力孝顺生病老母的故事。其次,这类故事常常传达出天人感应的思想,故事中都有因孝心感动天地然后出现奇异的情节,即所谓"孝感"情节。如吉林地区的口传故事《金戒指》,婆婆因生病需要补充营养,儿媳想尽办法,总算在动物粪堆里寻得红枣,反复清洗,觉得十分干净了后拿给婆婆吃。但她内心里总是觉得不踏实,感觉做了对不起婆婆的事,故而电闪雷鸣时,认为老天要惩罚自己。谁知"轰隆"声后睁眼一看,一个漂亮的金镯子竟然戴在自己的手腕上! 而《摇钱树》中则先后出现三个"奇异":一坛银子、一件珍珠衫和一棵花椒树。

也就是说,《摇钱树》既不是单纯的风物传说,也不仅是一个孝道故事,而是将二者创造性地融为一体,形成了一个情节更为生动丰富、跌宕多姿,内蕴更为丰沛的民间传说,这正是其最为出彩之处。

(二) 构思立意之精妙

《摇钱树》把感人的孝道故事与珍贵的花椒树相关联,花椒树是真心善行上长出的良木,在对孝的非同寻常的内蕴的开掘中,赋予了花椒树更加深刻的含义,使其集伦理教育、经济效用于一身,寄寓着母慈子孝、家庭和睦、勤劳善良、造福乡梓的情怀,表达了对现实的深沉思考和对自然的细致观察,可谓匠心独运、别出心裁。

《摇钱树》整个情节,恰似贯珠,环环相扣,颗颗相连,粒粒熠熠生辉,而白银、珍珠衫、花椒树又何尝不是这对夫妇美好心灵的动态外化呢?一个个奇异事件的发生,仿佛一个个感叹号,把讲述者美丽动人的想象一一形象化,表达了故事叙述者对美好孝行的由衷赞赏和推许。

(三)风格朴素,地域色彩浓郁

《摇钱树》的故事完全用方言讲述,如"嘴里嗦"之"嗦"、"治病先生"之"先生"等,用质朴的语词说百姓平凡的生活,风格朴素,感情真挚。花椒、秋子一类风物的出现,也显示出独特的地域特色。

综上所述,《摇钱树》是一个既具普遍性又有独特性的风物传说,是陇南民间传说的代表之作,显示了陇南民众丰富的艺术情趣和活跃的艺术想象力,是陇南百姓智慧的产物,因此弥足珍贵。

参考文献

[1] 礼县志编纂委员会.礼县志[M].西安:陕西人民出版社,1999.

[2]《中国民间文学集成》全国编辑委员会,《中国民间故事集成·宁夏卷》编辑委员会.中国民间故事集成·宁夏卷[M].北京:中国ISBN中心,1999.

[3]《中国民间文学集成》全国编辑委员会,《中国民间故事集成·吉林卷》编辑委员会.中国民间故事集成·吉林卷[M].北京:中国文联出版公司,1992.

第八章　微型论坛

刘玮：小议家国情怀在古代诗词中的体现

邓占云：试析典故「三径」的出处

肖颖超　闵倩倩：教育戏剧在古诗文教学中的应用

小议家国情怀在古代诗词中的体现

刘玮

家国情怀是中华优秀传统文化的核心价值理念,是中华优秀传统文化的重要内容,它是维系中华民族赓续演进的重要精神力量,习近平总书记指出:"我们要在全社会大力弘扬家国情怀,培育和践行社会主义核心价值观,弘扬爱国主义、集体主义、社会主义精神。"家国情怀是建构社会成员国家认同、民族认同、文化认同的情感基础,是开展爱国主义知、情、意、行相统一,教育和培育中华民族精神家园的思想保证。弘扬家国情怀是传承中华优秀传统文化、培育和践行社会主义核心价值观、实现中华民族伟大复兴中国梦的必由之路。

一、家国情怀源于中国古代社会"家国同构"的社会格局

家国情怀来源于中国传统文化中"家国同构"的社会格局,其基本内涵是"家国一体"。《孟子·离娄章句上》曾言:"天下之本在国,国之本在家,家之本在身。"家是基本细胞,国是千万家的伦理组合,家国情怀建立在血缘和亲情基础上,体现出中国古代文人忠孝一体、家国同构的人格追求。古人常把爱家与爱国、齐家与治国相提并论,主张"身修而后家齐,家齐而后国治",家国情怀体现在个体的"孝"和对国家的"忠",主张"先国后家、为国而家",当家庭利益与国家利益发生矛盾时,以国家利益为先,彰显了国重于家、先国后家的价值遵循,建构了中国人既重二者结合

---

[1] 本文为2021年河北体育学院第一批课程思政优质课大学语文课程建设成果(项目编号:2021kcsz14)。

[2] 刘玮:河北体育学院副教授,社科部人文教研室主任。

又尚国家民族大义的价值取向。在家尽孝、为国尽忠是家国情怀的核心要义，责任和担当是家国情怀的精髓与核心。家国情怀对中华民族影响深远，它深深流淌在每一个中国人的血脉中。

二、家风是人格教育和成才教育的关键

家国相依，家是最小国，国是千万家，家风形成民风，民风汇成国风，良好的家风可以促进社会的进步、民族的凝聚和文明的发展。家风体现的是做人之道，以中国家庭教育为基础的家风教育，重视的是培育子女的人格品质和道德修养，家风是形成社会良好风气的基石，为文明进步社会的形成奠定基础。

习近平总书记在第一届全国文明家庭表彰大会中指出："我们要重视家庭文明建设，努力使千千万万个家庭成为国家发展、民族进步、社会和谐的重要基点，成为人们梦想启航的地方。要动员社会各界广泛参与家庭文明建设，推动形成爱国爱家、相亲相爱、向上向善、共建共享的社会主义家庭文明新风尚。"

家风教育要通过家庭教育引导孩子形成高尚的道德品质和帮助孩子具有美好的心灵，从个人层面要有做人的气节和风骨，要传播中华民族传统美德，倡导忠诚、责任、亲情、学习、公益的理念。从国家层面看，要教育孩子热爱祖国、热爱人民、热爱中华民族，将来成为对国家和人民有用的人。家风教育提高了社会个体的精神境界，培育了社会的文明风尚。

家风建设对于国家发展、民族进步、社会和谐具有重要作用，我们要从中华优秀传统文化、革命文化和社会主义先进文化中汲取养分，重视家庭教育的重要作用，弘扬新时代家风文化。比如流传千古的经典家训家规，是治家教子、修身做人的规范，起到"整齐门内，提撕子孙"的作用，成为中国古代涵育家国情怀的重要宝典。

三、诗词中的家国情怀

家国情怀作为中华传统文化的重要组成部分，是每一个中国人遵奉的人生信念和精神基因。"殷忧启圣，多难兴邦。"每当中华民族处于生死存亡之秋，国家处于险境之时，总会出现心系百姓、精忠报国的民族脊梁，用壮丽之笔写出家国情怀的使命担当，让中国人悲悯苍生、心怀天下、勇挑重担敢担当，使中国人敬天孝亲、依恋故土、知恩图报有情义。

翻开中国文学的浩瀚长卷，中国古代诗词深蕴着眷顾家庭脉脉深情的孝悌，凸显着保家卫国血脉偾张的忠贞，还承续着一脉相承中华文脉的"道"统。

我们要教育学生多读具有家国情怀的诗词。何为家国情怀，从屈原的"长太息以掩涕兮，哀民生之多艰"，到曹植的"捐躯赴国难，视死忽如归"；从高适的"汉家烟

尘在东北,汉将辞家破残贼",到王昌龄的"黄沙百战穿金甲,不破楼兰终不还";从李白的"愿将腰下剑,直为斩楼兰",到杜甫的"挽弓当挽强,用箭当用长";从李贺的"报君黄金台上意,提携玉龙为君死",到王翰的"醉卧沙场君莫笑,古来征战几人回";从范仲淹的"先天下之忧而忧,后天下之乐而乐",到陆游的"王师北定中原日,家祭无忘告乃翁";从文天祥的"人生自古谁无死,留取丹心照汗青",到于谦的"粉骨碎身浑不怕,要留清白在人间";从顾炎武的"天下兴亡,匹夫有责",到林则徐的"苟利国家生死以,岂因祸福避趋之";从黄遵宪的"杜鹃再拜忧天泪,精卫无穷填海心",到谭嗣同的"四万万人齐下泪,天涯何处是神州";从梁启超的"谁怜爱国千行泪,说到胡尘意不平",到秋瑾的"拼将十万头颅血,须把乾坤力挽回"。这一句句摄人心魄的呐喊,是华夏赤子深深爱国情怀的抒发。我们感念着这一代又一代民族脊梁的代表,溯民族精神之源流,辟与时俱进之路径,用家国情怀为生民"塑心",为实践"立行"。

语文课是开展家国情怀教育的天然土壤。《诗经》《楚辞》、汉赋、唐诗、宋词、元曲、明清小说等,共同铸就了灿烂的中国文学历史星河。充分挖掘这些优秀作品中的家国情怀的元素,对学生进行家国教育,是语文教师责无旁贷的天职。

四、大学语文课程思政的实践探索

习近平总书记多次在讲话中提到中华优秀传统文化是中华民族的精神命脉,是涵养社会主义核心价值观的重要源泉。在每一个历史时期,中华民族都留下了无数不朽的作品。从《诗经》《楚辞》、汉赋,到唐诗、宋词、元曲、明清小说等,共同铸就了灿烂的中国文学历史星河。大学语文课程中所讲授的众多作品抒发着对于国家命运、人文精神和情感世界的诸多关怀。

语文课是开展课程思政的天然土壤。作为人文素质教育的大学语文课,肩负着传承文化、提升素质、陶冶情操、塑造人格的教育使命。无论是教学目标还是教学内容,语文课具备了思政教育的良好土壤与天然路径。在教学中,充分挖掘其所蕴含的思政教育功能,完善教学设计,润物无声、隐性渗透,与思政课同向同行,有利于学生养成健康的心理,建构完善的人格,提升学生的文化涵养,增强学生的文化自信。

从课程内容体系方面看,应提炼大学语文课程内容与思政教育的结合点,深入挖掘课程中的思政元素,并全面融入人才培养方案、教学大纲、教案和课件中,深入挖掘其丰富的人文精神和德育资源,发挥其在价值取向、理想人格、思维方式、道德品质等方面的独特作用。借助儒家经典引导学生理解中国传统文化中的仁爱精神;通过文学经典中塑造的一个个民族脊梁的光辉形象,使学生厚植家国情怀;通过介绍古今经典文学作品,帮助学生塑造主体精神、理性精神和道德精神,帮助他们树立正确的人生观和价值观。

我们的大学语文课,应在民族精神和时代创新精神的引领下,培育学生高尚的文化素养、树立学生健康的审美情趣、培养学生乐观的生活态度,加强对学生世界观、人生观和价值观的教育,在新时代课程思政的要求下,落实立德树人的根本任务,从课程目标、内容、评价、模式等各个方面改革创新,为建设全面覆盖、类型丰富、层次递进、相互支撑的课程思政体系助力。

参考文献

[1] 李振跃.厚植家国情怀 培育精神家园[N].光明日报,2020-01-14(6).
[2] 刘金祥.中国古代文人的家国情怀[N].文艺报,2019-02-18(3).
[3] 曾朝锋,邹俊平.传承历史印记 培育家国情怀[N].湖南日报,2019-11-2(6).

试析典故"三径"的出处

邓占云[①]

"三径"是古诗词中常见的典故。例如,钱起《山园栖隐》:"三径与嚣远,一瓢常自怡。"翁洮《赠进士王雄》:"何事明庭有徐庶,总教三径卧蓬蒿。"

那么,这个典故出自何处?

大多数今人都认为,此典出自东晋陶渊明《归去来兮辞》。《归去来兮辞》中有"三径就荒,松菊犹存"一句,写陶渊明辞官归乡后,刚进院门,看到庭院中几条小路杂草丛生,即将荒芜,但松柏依旧傲然挺立,丛菊依然凌霜绽放。诗人通过描写庭院景色,表达自己见草木如见故人的欣喜和快慰之情。

此后,唐宋许多诗人词家借用"三径"典故或表达归隐山林之志,或抒发对友人隐居生活的赞美和欣羡。例如,王维《晚春严少尹与诸公见过》:"松菊荒三径,图书共五车。"叶梦得《水调歌头·秋色渐将晚》:"归来三径重扫,松竹本吾家。"辛弃疾《水调歌头·赋松菊堂》:"渊明最爱菊,三径也栽松。"

"三径"之外,诗歌中与陶渊明有关的常见典故还有陶潜菊、陶令菊、彭泽菊、篱下菊、东篱、陶巾、陶琴、五斗米、折腰、五柳、陶家柳等。陶渊明被誉为"古今隐逸诗人之宗",对后世的影响由此可见一斑。

然而,仔细翻阅资料会发现,典故"三径"有更早的出处。东汉赵岐《三辅决录》记载:"蒋诩字元卿,舍中竹下开三径,唯求仲、羊仲从之,皆挫廉逃名不出。"

蒋诩是西汉末年人,班固《汉书》卷七十二《王贡两龚鲍传》附《蒋诩传》:"杜陵蒋诩元卿为兖州刺史,亦以廉直为名。王莽居摄,(郭)钦、(蒋)诩皆以病免官,归乡

[①] 邓占云:山西省忻州师范学院讲师。

里,卧不出户,卒于家。"《汉书》成书于东汉建初年中(76—84年),远早于东汉末年问世的《三辅决录》,但《汉书》尚无蒋诩舍中开三径事迹记载。

到了明代,廖用贤编纂的《尚友录》记载:"汉杜陵人蒋诩,字元卿,哀帝时官兖州刺史,王莽居摄,告病归,卧不出户,尝于舍前竹下开三径,惟故人求仲、羊仲从之游,皆挫廉逃名不出。"显然,廖用贤是在前代诸多史料基础上对蒋诩事迹做的综合完善。

从王莽摄政的居摄(6—8年)年间,曾任兖州刺史的蒋诩辞官归隐,到东晋安帝义熙元年(乙巳岁,405年)陶渊明在彭泽县令任上辞职,写下与官场彻底决裂的宣言书《归去来兮辞》,前后近四百年。这四百年间,蒋诩归隐并于舍前开辟三径、求仲和羊仲追随仿效蒋诩归隐的事迹,应该是广为传颂的。对博学多闻又厌恶官场的陶渊明而言,蒋诩的事迹当是其耳熟能详并且心向往之的。

尤其值得注意的是,从《归去来兮辞》正文和序文的关系来看,《归去来兮辞》并非实写,而是出于作者在决定归隐时的悬拟想象,所以,受蒋诩事迹和品格的影响,陶渊明在创作时,将现实生活中并非实有而又极富归隐意蕴的典故"三径"付诸笔端,就是顺理成章的了。

魏晋以后,蒋诩典故"蒋诩径""蒋生径""蒋径"在诗歌作品中屡见不鲜,常用来描写隐士家园和隐居生活。例如,杜甫《舍弟观赴蓝田取妻子到江陵喜寄三首》:"卜筑应同蒋诩径,为园须似邵平瓜。"陆长源《酬孟十二新居见寄》:"爱君蒋生径,且著茂陵书。"钱起《秋夜寄袁中丞王员外》:"应怜蒋生径,秋露满蓬蒿。"陈陶《旅次铜山途中先寄温州韩使君》:"悠悠思蒋径,扰扰愧商皓。"等等。

甚至受《三辅决录》影响,出现了许多以"求羊""二仲"为典故的诗歌。例如,皇甫冉《送魏六侍御葬》:"张范唯通梦,求羊永绝踪。"皎然《因游支硎寺寄端公》:"论文征贾马,述隐许求羊。"法振《病愈寄友》:"微踪与麋鹿,远谢求羊知。"耿湋《春日即事》:"室与千嶂对,门唯二仲过。"钱起《宿毕侍御宅》:"心惟二仲合,室乃一瓢空。"上述诗歌中所用典故"求羊""二仲",正是指追随蒋诩隐居的求仲、羊仲两人。

其实,对于典故"三径"的出处问题,南宋时期杰出诗人杨万里已经说得再清楚不过,且看他的《三三径》:"三径初开自蒋卿,再开三径是渊明。诚斋奄有三三径,一径花开一径行。"既然"三径"最早的关联者是蒋诩,那么,最早记载蒋诩开三径故事的《三辅决录》就是典故"三径"真正出处。

综上所述,典故"三径"最早出处是东汉赵岐所著的《三辅决录》,而陶渊明《归去来兮辞》则扩大了这个典故的影响力。

参考文献

[1] 李文学编纂.唐诗典故辞典[M].西安:陕西人民出版社,1989.

教育戏剧在古诗文教学中的应用

肖颖超[①]　闵倩倩[②]

一、教育戏剧在高职课堂的适用性

教育戏剧是运用戏剧与剧场之技巧,从事于课堂教学的一种教学方法。[③] 在教育戏剧中,多采用角色扮演的形式,由教师在课堂上设计一项任务,引导学生积极参与教学活动,让学生扮演各种各样的角色,进入角色情境,去处理问题和矛盾,以达到加深对专业理论知识的理解并能灵活应用以解决实际问题的目的。现代职业教育教学观念基本上是将"以学生为本位、以能力为核心、以就业为导向"作为主要指导思想,着重培养学生的动手能力和工作技能,使得学生一毕业参加工作就可以马上把在学校学到的专业知识和技能应用到实际工作中。"在做中学,在学中教",强调实践的重要性。因此,注重"表演实践"的教育戏剧非常适合当前高职课堂的教学需要。

教育戏剧发挥文化体验功能的教学模式是有效的。在文本理解方面,教育戏剧能促进学生还原文字的本意,领会作品的深意;在角色代入方面,角色转换能提升文化体验的广度和深度,双重角色能促使学生连接文化和自我。[④]

高职学生往往存在一些弱点:文化基础相对薄弱,学习主动性、自觉性不强,缺乏刻苦学习的精神等。但他们也有容易被忽略的闪光点:精力旺盛、活泼好动、喜

[①] 本论文为武汉市社会科学界联合会2021年度课题"新文科建设背景下传统文化在高等师范院校教学中的渗透研究"阶段性成果(项目编号:WHSKL2021153)。
[②] 肖颖超:湖北幼儿师范高等专科学校副教授。闵倩倩:湖北幼儿师范高等专科学校讲师。
[③] 张晓华.教育戏剧跨学科教学课程设计与实践[M].北京:中国戏剧出版社,2017:1.
[④] 池夏冰.语文学科教育戏剧的文化体验研究[D].上海:华东师范大学,2020.

欢参与、热衷表现自己、动手能力强等。

在新文科建设背景下,采用"角色扮演"的教育戏剧正是利用了高职学生的优点,变课堂学习为"动脑、动口、动手、动情"的活动,有助于激发学生的沟通与交流意识,提高学生的表达与交流能力,深化学生对传统文化的感知和体验。

二、教育戏剧在《廉颇蔺相如列传》教学中的初次尝试

在《廉颇蔺相如列传》教学中,利用"完璧归赵""渑池相会""负荆请罪"等情景故事情节紧凑、矛盾冲突明显、画面感强、非常适合排演成戏剧的特点,笔者调动学生学习兴趣,让学生用"角色扮演"的方式开展教育戏剧。例如在第一场"完璧归赵"剧中,分别选三人扮演蔺相如、秦王和赵王这三个主要角色,另有两人饰演秦宫里的大臣、两人饰演嫔妃、一人饰演地图官及一人读旁白。在讲解字词、疏通文义之后,让学生开始用"角色扮演"学习方法,将司马迁笔下的故事搬到课堂上来。学生扮演得十分生动、贴切,课堂气氛十分活跃。在扮演结束后,笔者又趁热打铁,引导学生思考,大家扮演的两大主角"廉颇"和"蔺相如"分别有着什么样的性格特点?作者从哪些方面运用哪些方法来表现人物的性格特点?采用启发式的提问方式,为学生创设情境,使学生由直观的感性认识上升到理性认识,从而将课堂转向本课的教学重点——《史记》刻画人物形象的方法。得益于角色扮演的亲身体验,学生能很快地讨论分析出结果。这样一堂课下来,学生既体会到了教育戏剧的乐趣,寓教于乐,又掌握了本课预设的教学重点,达到双赢的教学效果。

三、教育戏剧在《孔雀东南飞》中的成熟使用

经过《廉颇蔺相如列传》教学中使用教育戏剧的尝试,学生体会到表演学习的无穷乐趣。笔者在课后调查发现,学生对课文的理解更深刻,对人物形象的分析更深入,对语文课堂的兴趣更浓厚。这一喜人的教学效果得益于教育戏剧教学方法的合理使用。后来,在讲授长篇叙事诗《孔雀东南飞》时,学生就主动要求用角色扮演来学习这篇课文。

教育戏剧使用的前提之一是,让学生明确课文发生的环境背景,理清故事情节的发展脉络,揣摩人物形象的性格特点,从而编制出一个简单又不失精致的剧本。为此,笔者将《孔雀东南飞》四课时的授课时间安排为:前两课时疏通文言文文意;为课文分段,拟定小标题,理清故事情节;讨论分析人物形象,明确人物性格特点。后两课时分角色扮演,教师总结点评。前两课时其实是为编制剧本表演做准备,准备充分后,将学生分组,选定组长充当导演的角色,挑选各角色演员由学生自行安排,教师只做协调,充分相信学生,不过多干涉。学生课余时间编写剧本,表演排练,最后将《孔雀东南飞》在课堂上表演出来。

最后表演环节涌现出不少创意和惊喜。有的组侧重突出刘兰芝婆婆的凶狠，添加了一个刘兰芝给婆婆敬茶的情节，扮演婆婆的学生面对刘兰芝低眉顺眼、毕恭毕敬献上来的茶，嫌茶太凉，拒绝喝。刘兰芝把新换的茶再次端到婆婆面前，婆婆刚喝一小口就把茶杯摔在地上，大喊："你这个黑心的，想烫死我！"学生把婆婆的角色扮演得蛮横无理，与课文中的婆婆百般刁难刘兰芝、冷面无情的形象刻画十分吻合。有的组则用心添加了一个媒婆的角色，从媒婆的角度讲述刘兰芝与焦仲卿的爱情悲剧。扮演媒婆的学生为求逼真，模仿影视剧，在脸上画了一颗醒目的"媒婆痣"，拿着手绢道具，翘着兰花指，说话夸张、搞笑，令人捧腹。有的组别出心裁，在尊重课文原著的基础上，做出适当改编，为刘兰芝和焦仲卿设计了一个喜剧结局，体现了学生的美好心愿及对封建礼教的憎恨，符合新时代学生男女平等的观念。有的组插入了音乐剧的元素，让主人公在诉说自己的遭遇，到最打动人心的地方时，自然地唱了起来，让学生们享受了一场视听盛宴。学生在创新的剧本中展现了精彩的人物形象，教师也在他们创造的精彩人物中感受到他们的创新能力。

在分组角色扮演结束后，教师对学生的表演进行了点评，由全体学生投票评选出"最佳表演者""最佳导演"和"最佳表演组"，在教师的鼓励与同学们的肯定下，学生的自信心得到极大提升，思考和创造潜能得到激发，认识和分析问题的能力得到培养，对文本及人物的认识上升到一个新的高度，对语文课的兴趣空前高涨。笔者相信，这堂让学生唱主角的角色扮演课和《孔雀东南飞》这个故事给笔者和学生们都留下了难忘的回忆。

四、教育戏剧从初次尝试到成熟使用的摸索和改进

从《廉颇蔺相如列传》的初次尝试到《孔雀东南飞》的成熟使用，对教育戏剧在古诗文教学中的应用，笔者和学生经历了一个不断摸索和改进完善的过程，具体体现在以下几个方面。

首先，形成了剧本，系统性强。在初次使用角色扮演法的《廉颇蔺相如列传》课堂上，由于经验不足，未要求学生拟定表演提纲、撰写简单剧本，学生表演时缺失剧本支持，表演不太连贯。例如在"完璧归赵""渑池相会"情节之后，故事的矛盾冲突由赵国与秦国之间的较量转到廉颇和蔺相如二人的冲突摩擦。此时，理应有一个衔接转换，应当安排一个旁白角色道出廉颇与蔺相如二人不同的发迹史及当时战事连连、尊崇武将的时代背景，铺垫出廉颇对蔺相如凭口舌之功跃居高位的不服气和嫉恨愤懑，但学生忽略了这一点。再如，在表演"负荆请罪"时，"蔺相如"对身边人发表了"先国家之急而后私仇"的论断后，紧接着扮演"廉颇"的学生就上台"负荆请罪"了，剧情转换稍显突兀，若能安排一个旁人把蔺相如"先国家之急而后私仇"的言论转述给廉颇听的情节，则更符合事实逻辑。以上这些细节上的缺憾皆因笔者未要求学生构思表演逻辑、拟定表演提纲、撰写表演剧本，因此在表演上稍有瑕

疵。有了首次的经验,在《孔雀东南飞》中笔者做出了改进,要求学生拟定剧本,为学生疏通文义、理清故事情节、分析人物形象,为剧本定稿做准备。其中一组的剧本用心添加了一个媒婆的角色,从媒婆的角度讲述刘兰芝与焦仲卿的爱情悲剧,各个故事的背景、情节的转换衔接都由媒婆之口娓娓道来,线索明晰,逻辑性强,表演形成了系统,整体十分连贯。

其次,不拘泥于原文,有合理改编,有惊喜涌现。《廉颇蔺相如列传》是历史题材,不太好做创意改编,因而,学生的表演基本上是"照本宣科",完全按照课本来,中规中矩,稍欠惊喜。而在故事情节生动、人物形象鲜明的爱情悲剧《孔雀东南飞》中,学生在尊重原文的基础上做了合理改编。比如,加入媒婆角色;改编为大团圆结局的喜剧,有情人终成眷属;转换故事年代背景,表演刘兰芝和焦仲卿的现代爱情故事,展开古今对比;加入音乐剧元素,唱出心中的情感,等等,涌现出不少惊喜的情节设计,让人眼前一亮。这些合理的改编是学生充分发挥主观能动性的结果,学生的创造能力也因此得到了培养,想象思维得到了锻炼。

再次,学生准备充分,排练预演,正式表演更加自如。在初次应用角色扮演法时,学生是直接在课堂上表演,未经排练,有脱词、跳词,甚至忘词卡壳的现象出现。而在成熟应用时,学生利用课余时间排练磨合,正式登台表演时没有了初次登台的紧张,表演更自如,各个角色之间的配合也更默契,表演得更流畅、更自然。

最后,添加了学生投票评选和教师点评环节。在《孔雀东南飞》表演结束后,笔者对各个角色进行了点评,并添加了学生投票评选"最佳表演者""最佳导演"和"最佳表演组"的环节,在教师的鼓励和同学们的肯定下,参加表演的学生自信心得到极大提升,思考和创造潜能得到激发,认识和分析问题的能力得到培养,对文本及人物的认识提升到一个新的高度,对语文课的兴趣空前高涨。

五、结语

采用教育戏剧的课堂看起来对教师没有什么要求,实际上,它对教师的要求更高。角色扮演虽然由学生主导活动,教师担纲顾问的角色,但教师起的作用是不容忽视的。因为,教育戏剧并不是为了表演而表演,它的重点在于演出之前的资料收集、讨论交流、表演后的评价反思等,而这每一个环节都需要教师的协调支持,可以说教师起的是宏观调控的作用。把热闹的活动和宁静的思考结合起来,把局部的品味与整体的学习结合起来,把语文课与表演课甄别开来,力求体现出语文课的"语文味"。因此这种教师角色的转变,并非对教师的要求降低了,相反是增加了。因为,一旦操作失当,就可能只有热闹可看而没有思考可言。所以,教师必须在宏观上积累丰富的教学经验并不断更新自己的教学观念,在微观上亲身参与每个环节,具备一定的应变能力,一旦有状况出现,及时协调、适时调整。这样,才能使采用角色扮演形式的教育戏剧在古诗文教学中更加得心应手。

交稿规范

真诚欢迎广大大学语文教师以及研究者们赐稿！来稿请遵循以下格式规范。

1. 作者简介

主要包括作者姓名、工作单位、职称、联系方式、通信地址等。

2. 内容提要

在 300 字以内，以第三人称概述论文所探讨的问题、所用的方法和所得的结论。不举例证、不叙述研究过程，不做自我评价。

3. 关键词

主要罗列用来检索文献的主题词，3～5 个为宜。微型论坛不需要提供内容提要与关键词。

4. 注释

文中出现的注释一般是解释性说明文字，一般是在正文中标序，以页下注的形式出现在页面底端。

5. 参考文献

参考文献是文章所参考的书目，在文中不标序，直接放在文章末尾，具体格式见下。

- 普通图书的著录格式举例如下。

[1] 杨叔子,杨克冲,吴波,等.机械工程控制基础[M].5 版.武汉:华中科技大学出版社,2005:110-121.

- 期刊的著录格式举例如下。

[1] 陶积仁.密码学与数学[J].自然杂志,1984,7(3):73-75.

- 论文集的著录格式举例如下。

[1] 中国力学学会.第 3 届全国实验流体力学学术会议论文集[C]//天津:[出版者不详],1990.

- 学位论文的著录格式举例如下。

[1] 张志祥.间断动力系统的随机扰动及其在守恒律方程中的应用[D].北京:北京大学,1998.

• 报纸的著录格式举例如下。

[1] 丁文祥. 数字革命与竞争国际化[N]. 中国青年报,2000-11-20(15).

• 电子资源(不包括电子专著、电子连续出版物、电子学位论文、电子专利)的著录格式如下。

[1] 江向东. 互联网环境下的信息处理与图书管理系统解决方案[EB/OL]. (1999-10-15) [2000-01-18]. http//www. chinainfo. gov. cn/periodical/qbxb/qbxb99/qbxb990203.

征稿启事

在国家全面启动"新文科"的背景下,《大学语文论丛》应运而生了,这无疑是全国大学语文教师乐见的一件盛事。

《大学语文论丛》是由湖北大学文学院主办、湖北省大学语文研究会组编,华中科技大学出版社出版的有关大学语文的学科研究、课程研究和教学研究的系列丛书。

希望《大学语文论丛》能成为一个展示全国大学语文教师学术成果与教学成就的窗口,成为一个囊括东西南北中同仁们智慧、思想、资源的聚宝盆,成为一个任有心人采撷的文学、语言、历史、哲学、教育乃至科技的新文科百花园。期盼《大学语文论丛》能为建立我们民族自己的高等母语教育体系做出为人称道的贡献。

《大学语文论丛》拟设"课程与教学""教材与教法""教师与学生""学术集萃""文化撷英""佳作咀华""微型论坛"等栏目。还可以依来稿适当增减栏目。每年出版两辑。真诚欢迎广大大学语文教师以及研究者们赐稿!来稿请发送至1844049229@qq.com邮箱。